AVANT-PROPOS

Le manuel de G. Renouard et M. Montoussé a l'avantage de fournir des repères clairs permettant de structurer l'horizon des connaissances des étudiants de DEUG ou de faciliter l'approche de la sociologie aux néophytes qui en dehors d'un cursus universitaire, auraient envie de l'appréhender. Il constitue donc à ce titre, un instrument pour donner les bases indispensables permettant de connaître et de situer aussi bien les courants de la sociologie que les questions qui traversent la discipline. Il permet de rendre compte de la diversité des courants et des méthodes constitutifs de la discipline et plus sûrement supplémentaires qu'opposés qui constituent la discipline qui se complètent souvent plus qu'ils ne s'opposent.

Il a de plus, la vertu d'éviter les grandes oppositions, souvent faciles mais non pertinentes sociologiquement, comme par exemple celles qui sont faites communément entre liberté/déterminisme, structure sociale/acteur, société/individu, etc. Ces oppositions sont souvent affectionnées par les manuels de présentation des courants sociologiques, mais au prix d'une simplification qui fausse la vision de la réalité sociale et des analyses qui en sont faites par les sociologues.

Loin de prétendre fournir une connaissance approfondie et suffisante des auteurs et des questions traitées, il en fournit une présentation qui doit constituer une invitation à s'intéresser de plus près aux théories et aux analyses qui structurent le champ de la sociologie. Son caractère synthétique permet néanmoins d'aborder ces livres avec les bases qui doivent en faciliter la compréhension.

Sandrine GARCIA
Maître de conférence en sociologie
à l'université de Savoie

SOMMAIRE

PARTIE IV - LA SOCIALISATION

PARTIE V - LES SOCIÉTÉS

PARTIE VI - LE CHANGEMENT SOCIAL

PARTIE VII - GROUPES SOCIAUX, EXCLUSIONS ET SOLIDARITÉS

PARTIE VIII - LE TRAVAIL ET LES RELATIONS PROFESSIONNELLES

PARTIE IX - EMPLOI ET FORMATION

PARTIE X - FAMILLE, CONSOMMATION ET MODE DE VIE

PARTIE XI - POUVOIR, ÉTAT ET POLITIQUE

PARTIE I

LA SOCIOLOGIE ET SES MÉTHODES

FICHE 1

LES SCIENCES SOCIALES

La sociologie peut tout aussi bien être regroupée avec l'économie et la science politique... pour former les sciences sociales ou avec la philosophie, la psychologie et l'histoire... au sein des sciences humaines. Dans le premier cas, on insiste sur l'analyse de l'organisation sociale ; dans le second, sur l'étude de l'homme en société. Le développement de ces sciences sociales a été initié par le renouveau de la philosophie politique au XVIIe siècle, mais ce sont les sciences de la nature qui leur servent le plus souvent de modèle.

1 ISSUES DE LA PHILOSOPHIE POLITIQUE, LES SCIENCES SOCIALES FONT SOUVENT RÉFÉRENCE AUX « SCIENCES EXACTES »

A La philosophie politique est à l'origine des sciences sociales

- La philosophie politique grecque est la source la plus lointaine des sciences sociales modernes. Neutralisée par la subordination des activités humaines à un principe divin, la réflexion sur la politique est étrangère à la société médiévale. Elle réapparaît à la Renaissance sous la plume de Machiavel et surtout chez Hobbes qui est considéré comme le père de la philosophie politique moderne. Cherchant à déterminer rationnellement ce que serait l'organisation politique la plus apte à d'empêcher les guerres civiles, ce philosophe anglais légitime le pouvoir absolu.
- En Allemagne, cette origine philosophique des sciences sociales est assumée par les sociologues. Pour Weber, les phénomènes sociaux ne peuvent pas être assimilés à des phénomènes naturels et le sociologue peut emprunter des concepts ou des exemples à ce qu'il appelle les sciences de la culture. On retrouve une démarche analogue chez les fondateurs de l'école de Francfort dont l'ambition était de développer une philosophie sociale. Cette tradition reste vivace dans la philosophie politique moderne dont certains auteurs (à l'image de J. Rawls) s'interrogent toujours sur les caractéristiques d'une société juste.

B Les sciences sociales modernes font référence aux sciences exacte

- À la Renaissance, l'apparition des sciences modernes crée les conditions d'une réflexion nouvelle sur la société. À partir de Galilée, la nature perd partiellement son caractère divin pour devenir une donnée que l'on peut penser et mesurer. À la connaissance religieuse qui est livresque se substitue une connaissance scientifique faite de théories et d'observations. La subjectivité est bannie de la recherche et les mathématiques deviennent l'instrument obligé de tout savoir scientifique.
- En raison de leur abstraction, ces mathématiques ne peuvent pas servir de modèle aux sciences sociales ; par contre, leur utilisation et celle des statistiques sont souvent considérées comme un signe du caractère scientifique de la recherche.

La référence des premiers sociologues a plutôt été la physique à l'image d'A. Comte qui voulait fonder une « physique sociale ». À la fin du XIXe siècle, Durkheim fait ouvertement référence aux sciences médicales quand il oppose le « normal » au « pathologique ». L'un comme l'autre avait l'ambition de pouvoir expliquer l'ensemble du social à l'aide de lois comparables à celles des sciences de la nature.

2 La naissance de l'économie et de la sociologie

A La science économique se distingue de la science politique

- On s'accorde à penser qu'Adam Smith aurait fondé l'économie en publiant *Recherches sur la nature et les causes de la richesse des nations* en 1776 et que cette discipline serait devenue une science, un siècle plus tard, avec l'apparition du courant de pensée néoclassique (ou utilitariste). Le modèle mis au point par ces économistes s'appuie sur deux hypothèses : la première est celle d'un individu rationnel cherchant à maximiser son utilité (sa satisfaction) ; la seconde est celle d'un marché concurrentiel dans lequel il n'existe pas de relation de pouvoir. En utilisant les outils mathématiques mis au point au XIXe siècle, les néoclassiques ont montré que le marché pouvait se réguler de façon efficace sans intervention de l'État dans l'économie.
- Ce faisant, la science économique s'est émancipée de la réflexion politique. Alors que la science politique s'intéresse à l'État, à sa conquête et, plus généralement, au pouvoir, la science économique se donne pour objet d'étude la création de la richesse et de sa répartition.

B La sociologie se distingue de l'économie mais lui emprunte parfois ses modèles

- Au tournant du XXe siècle, la sociologie est, à son tour, devenue une science tout en s'opposant au caractère réductionniste de l'économie. En France, Durkheim réfute les théories utilitaristes qui réduisent la vie sociale à l'échange marchand. Il affirme au contraire que le fondement de la vie sociale réside dans la morale c'est-à-dire dans l'ensemble des règles sociales. Au même moment, Weber reproche à Marx de ramener l'ensemble des phénomènes sociaux à une infrastructure économique et insiste sur le rôle joué par les valeurs dans l'apparition du capitalisme. Au-delà de leurs différences, Durkheim et Weber ont en commun de s'interroger sur la dimension culturelle de la société, dimension que l'économie méconnaît.
- Depuis quelques décennies, le modèle économique de l'individu rationnel a été importé aussi bien en sociologie qu'en science politique. En sociologie, l'individualisme méthodologique explique les phénomènes sociaux par agrégation des comportements d'individus rationnels même si cette rationalité est moins parfaite que celle de « l'homo œconomicus ». Les domaines d'études de ces deux disciplines restent distincts mais un même modèle est parfois mis en œuvre dans l'une comme dans l'autre.

Les sciences sociales naissent du refus d'expliquer la société en faisant référence à une cause qui lui serait externe, c'est-à-dire à Dieu. La philosophie politique constitue une première tentative pour penser la société, mais l'économie et la sociologie ont généralement adopté une conception de la vérité héritée des sciences de la nature.

FICHE 2

L'EXPLICATION SOCIOLOGIQUE

L'histoire de la sociologie montre qu'il serait vain de chercher une définition de cette discipline et une méthode commune à l'ensemble des sociologues. Cependant, tous les sociologues ont en commun un certain type d'explication dont les principaux axes sont l'explication du social par le social, la recherche de l'objectivité et l'utilisation du principe de causalité.

1 L'EXPLICATION DU SOCIAL PAR LE SOCIAL SE RÉALISE SUR UNE BASE SCIENTIFIQUE

A Le sociologue doit expliquer le social par le social

- La sociologie, à l'image des autres sciences sociales, s'est constituée à partir du refus d'expliquer les phénomènes sociaux à l'aide d'une cause extérieure à la société, c'est-à-dire Dieu. Alors que la biologie ou la psychologie rendent parfois compte du social par des phénomènes génétiques ou psychiques, la sociologie se singularise par sa volonté d'expliquer le social par le social.
- Dans son sens le plus large, le social désigne l'ensemble des phénomènes qui dépendent (au moins indirectement) de l'organisation de la société et intéressent aussi bien l'économiste, le politologue, que le sociologue. Quand il s'agit de définir positivement le social, les sociologues divergent : Durkheim assimile le social à la société tandis que Weber limite le social aux relations entre les individus.

B L'adoption d'une démarche scientifique est indispensable

- La sociologie a pour ambition de rendre visibles et compréhensibles des phénomènes sociaux qui ne sont pas immédiatement apparents. Les sociologues contemporains ont ainsi montré que la réussite scolaire dépendait du milieu social des élèves alors que tout le monde était, auparavant, persuadé qu'elle dépendait de leur mérite individuel.
- Au même titre que toute personne impliquée dans la vie en société, le sociologue a des croyances, des certitudes, des sympathies ou des antipathies dont il ne peut pas faire abstraction. Il ne faut pas chercher à exclure les passions de la démarche sociologique puisqu'elles sont, bien souvent, à l'origine d'un travail de recherche. Cependant, le sociologue doit maîtriser ses préjugés s'il veut faire une œuvre scientifique.
- Il doit pour cela adopter une démarche scientifique qui se déroule en trois étapes :
  - la formulation d'une question ;
  - la construction d'hypothèses et d'indicateurs pour les tester ;
  - la vérification des hypothèses en confrontant les observations réalisées aux indicateurs retenus.

  Le respect de ces contraintes confère aux découvertes du sociologue un niveau de vérité supérieur à celui des opinions communes.

2 Le principe de causalité a souvent débouché sur l'énoncé de lois sociologiques

A L'analyse de la dépendance entre deux variables

- Au cours de son travail, le sociologue met en valeur des régularités statistiques. On observe, par exemple, que la réussite scolaire d'un élève est d'autant plus probable que le revenu du ménage auquel il appartient est élevé. On dit que ces deux variables statistiques (ici réussite scolaire des élèves et niveau de revenu des ménages) sont corrélées puisqu'elles dépendent l'une de l'autre. Dans la mesure où le revenu des ménages est un phénomène antérieur aux études des enfants, il est logique de faire du revenu une des causes de la réussite scolaire même si ce n'est ni la seule, ni la principale *(cf. fiche 84)*.
- Déterminée sur une base statistique, cette causalité ne peut pas être appliquée à un individu. Il n'est ni nécessaire, ni suffisant d'être riche pour réussir ses études. Une partie des enfants issus de milieux à faibles revenus réussissent leurs études là où certains élèves provenant de groupes favorisés échouent. Il existe toujours des individus (et ils sont parfois très nombreux) qui échappent aux régularités statistiques.

B La recherche de lois en sociologie

- L'observation de ces régularités statistiques peut-elle déboucher sur l'énoncé de lois dont la portée serait générale ? Jusqu'à ces dernières décennies, tous les sociologues ont cherché à mettre en valeur des lois sociales qui, selon eux, régissaient l'évolution des sociétés. C'est le cas de Tocqueville (l'égalité des conditions), de Marx (le dépassement de la contradiction entre rapport de production et forces productives), de Durkheim (l'accentuation de la division du travail et ses conséquences sur la solidarité) ou de Weber (la rationalisation des comportements) pour ne citer que les plus célèbres.
- Il existe aujourd'hui un consensus chez les sociologues pour affirmer qu'il n'existe pas de fatalité inscrite dans le social. L'avenir d'une société est indéterminé et aucune loi ne peut en rendre compte. À partir de ce constat, les opinions divergent : certains cherchent à déterminer des lois qui seraient historiques et qui s'appliqueraient tendanciellement, alors que d'autres refusent jusqu'à l'idée de loi en sociologie. Les premiers cherchent à comprendre la dynamique du jeu social et l'expriment sous la forme de lois valables à un moment donné dans une société donnée. Les seconds construisent des modèles ponctuels permettant d'illustrer les choix des acteurs *(cf. fiche 24)*.

À défaut de s'entendre sur une définition de la sociologie, les sociologues ont en commun la volonté d'expliquer le social par le social, l'adoption d'une méthode scientifique et la recherche de relations de causalité entre les variables sociologiques. Un point qui retient tout particulièrement l'attention et qui permet de distinguer le discours sociologique du sens commun est celui de la démarche sociologique (cf. fiche 3).

FICHE 3

LES ÉTAPES DE LA DÉMARCHE SOCIOLOGIQUE

Les sociologues doivent rendre compte scientifiquement de la réalité sociale. À cette fin, la recherche sociologique se déroule en trois étapes : le sociologue pose tout d'abord une question tout en écartant les préjugés, puis il construit un modèle d'analyse pour, enfin, vérifier ses hypothèses.

1 DE LA RUPTURE AVEC LES PRÉJUGÉS À LA CONSTRUCTION D'HYPOTHÈSES

A Le sociologue doit poser une question et écarter les prénotions

- La recherche sociologique part d'une question dont l'origine peut être la méconnaissance d'un phénomène, le doute face à une opinion toute faite ou l'intérêt suscité par un phénomène paradoxal. Une première phase d'exploration a pour but de cerner le problème. Elle consiste à lire ce qui est disponible sur le sujet, à réaliser quelques entretiens préliminaires et, éventuellement, une enquête légère. Cette première phase peut conduire à reformuler la question afin de mieux la délimiter, de rendre possible une réponse et de supprimer les jugements de valeur de sa formulation.
- Durkheim conseille d'écarter les prénotions ; le sociologue doit donc poser des questions sans préjuger des réponses. Grâce à une enquête portant sur le comportement des soldats américains au cours de la Seconde Guerre mondiale, P. Lazarfeld a montré que nombre « d'évidences » étaient fausses. Ainsi, contrairement à l'opinion commune qui voudrait que les intellectuels soient psychologiquement plus fragiles que les manuels, ce sont les soldats faiblement instruits qui ont développé le plus de névroses.

B Il doit, ensuite, construire un modèle d'analyse

- Le choix d'une problématique, c'est-à-dire d'une perspective théorique est une étape charnière entre le questionnement et la mise en place des hypothèses. Les problématiques sont nombreuses, mais la plupart peuvent s'intégrer dans l'un ou l'autre des trois grands courants que sont la sociologie de l'ordre (les fonctionnalistes, les culturalistes…), la sociologie du conflit (Marx, Dahrendorf, Bourdieu…), et celle de l'individu (M. Crozier, individualisme méthodologique…). La définition des concepts utilisés se fait en liaison avec la problématique retenue puisque leur signification varie selon les théories.
- Issues de la problématique, les hypothèses se font sous une forme qu'il sera possible de vérifier à l'aide d'observations. Cela exige que l'on détermine les indicateurs qui seront utilisés afin de les tester. Ainsi, à partir de l'hypothèse selon laquelle l'intégration familiale protège du suicide, Durkheim choisit

comme indicateur de cette intégration le statut matrimonial (célibataire, marié, veuf).

2 La vérification des hypothèses

A La recherche d'observations

- Afin de tester les hypothèses, il faut maintenant rassembler des informations.
  - La sélection des données qui permettent de tester les hypothèses est indispensable car il est impossible et inutile de recueillir l'ensemble des données potentiellement disponibles.
  - Le choix d'une méthode quantitative ou qualitative est inséparable de celui des données à recueillir *(cf. fiche 4)*. Une méthode quantitative privilégie les données statistiques ; une méthode qualitative s'appuie de préférence sur des ouvrages littéraires, des textes officiels et, surtout, sur des entretiens réalisés par l'équipe de sociologues.
- Ces données peuvent-elles être le résultat d'expériences provoquées par le sociologue ? L'étude des interactions au sein de groupes restreints se prête à ce genre de pratique. Cependant, les expériences ne sont jamais renouvelables à l'identique et ne s'apparentent donc pas à celles réalisées dans le cadre d'une science de la nature.

B L'analyse des observations

- L'analyse des observations dépend de la méthode sociologique utilisée.
  - Dans le cadre d'une sociologie quantitative, il faut classer les données statistiques, mettre en évidence des corrélations et, à partir de là, des causalités, puis enfin, comparer les hypothèses aux résultats. En cas d'écart entre les hypothèses et les observations, il faut interpréter ce résultat en s'interrogeant sur la possibilité d'un biais statistique.
  - Dans le cadre d'une méthode qualitative, il faut analyser le contenu des documents en mettant en valeur les thèmes et le vocabulaire utilisé par les individus ou organisations à l'origine de ces documents.
- Conclure consiste à délimiter les acquis du travail de recherche pour ce qui est de la démarche et de la connaissance théorique.
  - Lorsque la démarche a donné satisfaction et qu'elle est jugée novatrice et pertinente, il faut déterminer les conditions requises pour qu'elle puisse être réutilisée avec profit au cours d'un travail ultérieur.
  - La connaissance théorique progresse que les hypothèses soient confirmées ou infirmées : dans le premier cas, elles doivent être tenues pour vrai (du moins provisoirement) ; dans le deuxième cas, le travail aura permis d'écarter une hypothèse fausse.

La sociologie a adopté une démarche en trois étapes qui confère à ses conclusions le statut de vérité scientifique. Cela permet d'échapper à un relativisme absolu qui voudrait que toutes les affirmations se valent. Mais, s'il est acquis que certains énoncés contiennent plus de vérité que d'autres, cela ne signifie pas que leur vérité est éternelle. Un énoncé doit être tenu pour vrai tant qu'il n'a pas été démontré qu'il était faux. Mais le social évolue et se transforme ; la vérité sociologique n'est pas universelle.

FICHE 4

MÉTHODE QUANTITATIVE, MÉTHODE QUALITATIVE

Afin d'expliquer un phénomène, la sociologie met en œuvre deux méthodes différentes. La première, dérivée de celle utilisée dans les sciences de la nature, donne la priorité à la recherche de régularités statistiques. C'est une méthode quantitative, dont l'usage est préconisé par Durkheim et qui se prête bien à l'analyse de pratiques ayant une certaine fréquence (le suicide, le mariage, la réussite scolaire, etc.). La seconde est fondée sur la recherche de relations logiques entre deux phénomènes sociaux. C'est une méthode qualitative utilisée par Weber notamment pour expliquer l'apparition du capitalisme et qui convient pour l'étude des phénomènes uniques dans l'histoire.

1 LES MÉTHODES QUANTITATIVES : LA RECHERCHE DE RELATIONS STATISTIQUES

A La construction des variables

- Toute recherche sociologique commence par la formulation d'une question puis se poursuit par la construction d'hypothèses qu'il faut, ensuite, tester grâce à l'observation de la réalité *(cf. fiche 3)*. Il faut, pour cela, transformer le concept utilisé dans la question en une variable, c'est-à-dire quelque chose de mesurable. En principe, une variable devrait pouvoir prendre un très grand nombre de valeurs (le revenu est une variable au sens strict) ; en sociologie, une variable est un critère de classification quelconque (le sexe, bien qu'il soit un critère de classification binaire, est une variable sociologique).
- Le vote dépend-il de l'intégration au catholicisme ? Dans cette question que se posent Guy Michelat et Michel Simon *(cf. fiche 99)*, le concept qu'il faut transformer en variable est « intégration au catholicisme ». Les auteurs le définissent comme étant le degré d'adhésion au système de valeur prôné par l'Église catholique. La variable dérivée de ce concept est une classification qui distingue les pratiquants réguliers (assiste à une messe au moins une fois par mois), les pratiquants non réguliers, les non-pratiquants et, enfin, les non-catholiques.

B L'analyse des relations entre les variables

- Il est maintenant possible de chercher des régularités statistiques entre ces deux variables que sont le vote et l'intégration religieuse. On s'aperçoit que la probabilité d'un vote à droite croît avec la pratique religieuse.
  Un travail analogue en prenant comme variable non plus la pratique religieuse mais la possession (ou non) d'une résidence principale montre que les propriétaires votent plus fréquemment à droite que les locataires. Or, les catholiques pratiquants sont plus souvent propriétaires que les autres.
- Qu'est-ce qui est le plus important pour expliquer le vote à droite ? L'intégration religieuse ou la possession d'un capital foncier ?

Le croisement des variables nous apporte la réponse : seule une minorité de non-pratiquants possesseurs de leur résidence principale votent à droite alors que c'est le fait de la majorité des pratiquants réguliers qui sont locataires. Le vote de droite s'explique bien plus par l'intégration religieuse que par la possession d'un capital.

2 LES MÉTHODES QUALITATIVES : LA RECHERCHE D'IMPLICATIONS LOGIQUES

A La recherche d'homologies de structure

- La méthode qualitative consiste à chercher la cause d'un phénomène sans faire intervenir de données statistiques. Une première façon de faire est de montrer qu'il existe une relation logique entre deux phénomènes. Leur comparaison permet de déterminer leurs caractéristiques communes et, éventuellement, leurs différences. Si les principales caractéristiques de l'un et de l'autre sont identiques, on dit qu'il existe une homologie (identité) de structure entre ces deux phénomènes. On peut alors établir une relation de cause à effet entre eux.
- Cette démarche est utilisée par Weber pour expliquer l'apparition de comportements capitalistes en Occident. Pourquoi, en effet, le capitalisme n'est-il pas apparu dans d'autres régions du monde ? Pour répondre à cette question, il compare les mentalités des capitalistes à celle des protestants, des catholiques, des musulmans, des bouddhistes, etc. à l'aide de types idéaux qui sont des représentations simplifiées de la réalité *(cf. fiche 12)*. Sa conclusion est qu'il existe une identité entre les valeurs du capitalisme et celle du calvinisme. Pour Weber, l'éthique protestante a favorisé l'apparition du capitalisme.

B L'analyse fonctionnelle

- L'analyse fonctionnelle qui consiste à expliquer un phénomène ou une institution par le rôle qu'ils jouent dans la société est également une méthode qualitative puisqu'elle ne fait pas appel à une quantification de la réalité. Bien souvent, elle consiste à expliquer une pratique en la replaçant dans un ensemble plus vaste qui peut être une institution ou la société toute entière.
- L'exemple le plus célèbre nous est donné par Merton *(cf. fiche 18)* lorsqu'il s'interroge sur les raisons de l'hypertrophie des partis politiques américains et du maintien en place d'hommes politiques corrompus. Il montre que ces phénomènes s'expliquent par des fonctions latentes : les partis suppléent les dysfonctionnements de l'État en devenant des prestataires de service moins impersonnels que les administrations. Un phénomène social (l'hypertrophie des partis politiques américains) s'explique par ses fonctions (fournir rapidement et personnellement des services).

La méthode quantitative présente l'avantage de se prêter à la vérification. Il est donc possible d'obtenir l'accord de tous les sociologues sur la constatation d'une régularité statistique. La méthode qualitative se prête difficilement à la vérification et ne provoque jamais l'unanimité. Il est toutefois possible d'utiliser ces deux méthodes de façon complémentaire.

FICHE 5

Sociologie de l'action sociale, sociologie du fait social

Qu'est-ce que la sociologie ? Max Weber et Émile Durkheim nous ont légué deux des plus grandes grilles de lecture en sociologie. Le premier a centré son analyse sur l'étude des « actions sociales » alors que le second a privilégié celle des « faits sociaux ».

1 Les théories de l'action sociale

A Le sociologue doit étudier les actions sociales

- Les actions sociales constituent, pour Max Weber, l'objet d'étude de la sociologie. Une action étant un comportement volontaire, une action sociale présente trois caractéristiques :
  - L'individu ou l'acteur (cela peut être un groupe) doit agir en tenant compte des autres acteurs. Ainsi, deux individus qui lisent des revues dans une salle d'attente n'ont pas à proprement parler de relation sociale puisque le départ de l'un n'affectera pas la conduite de l'autre.
  - L'action sociale doit avoir un sens pour les autres. Tendre la main pour saluer quelqu'un est l'exemple même de l'action dont la signification est claire pour tous.
  - Enfin, pour être sociale, une action doit tenir compte de la façon dont elle va être interprétée par les autres et de la réaction qu'elle va susciter.
- Il existe plusieurs types d'actions sociales *(cf. fiche 13)*. Le premier type, caractéristique de la société moderne, est l'action rationnelle par rapport à une fin qui consiste à se fixer un but et à se donner les moyens de la réussite. Cette action a émergé dans le domaine économique (réaliser un investissement en est un exemple) et s'est, ensuite, étendue aux autres domaines sociaux au point de devenir dominante dans notre société.

B La sociologie doit être « compréhensive »

- Un acteur ayant une stratégie, le sociologue peut et doit étudier son point de vue afin de comprendre le sens que celui-ci donne à son action. On parle de sociologie compréhensive pour désigner une méthode de travail s'attachant à déterminer les mobiles conscients et inconscients des actions individuelles.

  Un acteur n'est jamais seul. Il ne faut donc pas focaliser son attention sur un individu, mais analyser les interactions (les influences réciproques) qui constituent l'action sociale. À cette fin, il faut comprendre comment un acteur adapte son action à celle de ses partenaires, et comment ces derniers réagissent à cette nouvelle donne.
- Le sociologue doit enfin rendre compte de la distance qui existe, la plupart du temps, entre les objectifs initiaux et les résultats. La multiplicité des acteurs et de leurs stratégies, avec tout ce que cela comporte comme compromis, est une

première explication de cet écart. Les problèmes posés par l'agrégation des comportements individuels en est une seconde. Quiconque a fait l'expérience d'un embouteillage un jour de grand départ sait qu'un comportement individuel rationnel (utiliser sa voiture pour partir en vacances) devient absurde à partir du moment où il est adopté par plusieurs millions d'individus.

2 Les théories du fait social

A Le sociologue doit étudier les faits sociaux

- En distinguant la conscience individuelle de la conscience collective, E. Durkheim ouvre d'autres perspectives à la sociologie. La conscience individuelle est l'ensemble des goûts et aptitudes strictement individuels alors que la conscience collective est formée des normes et valeurs communes à l'ensemble du groupe social. Pour Durkheim, préférer le bleu au vert relève de la conscience individuelle, alors que préférer la démocratie à la dictature est du domaine de la conscience collective.
- Le sociologue doit étudier les faits sociaux, expression de cette conscience collective. Durkheim les définit comme l'ensemble des actions, pensées et sentiments extérieurs imposés à l'individu par la société. Cela signifie qu'ils ne sont pas individuels et que cette dernière cherche à les faire partager par l'ensemble de ses membres en usant de la socialisation *(cf. fiche 31)* et du contrôle social *(cf. fiche 34)*.

B La sociologie doit être « objective »

- Le sociologue ne peut pas comprendre les faits sociaux à partir des individus puisque leurs actions sociales relèvent de la conscience collective et non pas de la conscience individuelle. Un fait social ne peut donc être expliqué que par un autre fait social antérieur. Pour expliquer le suicide, par exemple, il ne faut pas interroger des individus qui ont tenté de se donner la mort, mais rechercher les variables sociologiques (âge, sexe, situation matrimoniale, etc.) qui favorisent ce comportement.
- Dans un souci d'objectivité, Durkeim recommande de traiter les faits sociaux comme des choses, c'est-à-dire comme des objets d'observation. À l'image du biologiste, le sociologue doit être extérieur à son objet d'étude. Il lui faut définir son sujet d'étude, écarter les prénotions qui nuisent à la recherche scientifique, construire des hypothèses et les vérifier à l'aide de données statistiques *(cf. fiche 3)*.

Au tournant du XIXe siècle, Weber et Durkheim ont défini deux grandes conceptions du social et de la sociologie : la première raisonne en termes d'individu, la seconde en termes de variables sociologiques. Alors que certains sociologues du XXe siècle se situent clairement dans l'un de ces deux mouvements, à l'image des interactionnistes (cf. fiche 20) *et de Raymond Boudon* (cf. fiche 24) *qui revendiquent l'héritage wébérien, d'autres chercheurs ont essayé de dépasser cette opposition. C'est notamment le cas de Pierre Bourdieu* (cf. fiche 25).

PARTIE II

LES FONDATEURS DE LA SOCIOLOGIE

FICHE 6

TOCQUEVILLE : L'ÉGALITÉ DES CONDITIONS

Fils d'une famille royaliste, mais convaincu de la nécessité de la démocratie, Alexis de Tocqueville (Verneuil-sur-Seine, 1805 - Cannes, 1859) est surtout connu pour deux de ses livres. De la démocratie en Amérique, *dont le premier tome a été publié en 1835, est à la fois une étude des mœurs et du système politique américain et une réflexion plus générale sur la démocratie. Dans* L'Ancien Régime et la Révolution *(1856), Tocqueville montre que la Révolution s'inscrit en rupture mais également en continuité avec l'Ancien Régime. Tout au long de son œuvre, il s'interroge sur la possibilité de concilier deux valeurs : l'égalité qui est la valeur caractéristique des démocraties et la liberté à laquelle il tient avant tout.*

1 LA DÉMOCRATIE EST CARACTÉRISÉE PAR L'ÉGALITÉ DES CONDITIONS

A L'égalité des conditions s'incarne dans la démocratie

- Sous l'Ancien Régime, les individus naissaient inégaux en droit. Chaque ordre bénéficiait de droits et de devoirs qui lui étaient propres. Ainsi les membres du clergé ne payaient pas d'impôts alors que ceux du tiers état étaient notamment soumis à la gabelle (impôt sur le sel). Les maîtres et les serviteurs formaient deux mondes distincts uniquement reliés entre eux par une relation d'autorité.
- À l'inverse, la démocratie est caractérisée par « l'égalité des conditions ». Tocqueville désigne par ce terme un mouvement social qui fait que les hommes aspirent à des rapports sociaux égalitaires. Dans la société moderne, cela se traduit par une égalité de droit et donc par la possibilité, pour chacun, d'accéder à n'importe quel statut social. Cela conduit, pour le plus grand nombre, à une certaine égalité de fait puisqu'un nombre croissant d'individus finit par se rassembler dans une classe moyenne qui offre à ses membres des conditions d'existence comparables.

B L'égalité des conditions favorise l'individualisme

- Alors que sous l'Ancien Régime, seuls quelques privilégiés pouvaient choisir la vie qu'ils entendaient mener, en démocratie, l'augmentation des ressources de la classe moyenne permet à un nombre croissant d'individus de disposer d'une autonomie.
- Tocqueville qualifie d'individualisme ce sentiment qui fait de chaque individu un centre de décision autonome. Ce sentiment est légitime, nous dit-il, tant qu'il ne conduit pas les individus à se couper de la société et à vivre repliés sur leur petit groupe domestique, car l'intérêt général disparaîtrait alors derrière la multiplicité des intérêts individuels. Autrement dit, il ne faut pas que l'individualisme ne débouche sur l'égoïsme.

2 Il faut concilier égalité et liberté

A La démocratie risque de conduire à la tyrannie de la majorité

- Tocqueville estime, contrairement à Adam Smith, que le marché n'est pas suffisant pour créer le lien social. De ce fait, si chaque individu, voulant pleinement exercer sa liberté, ne se préoccupait que de son intérêt personnel, la démocratie conduirait à l'anarchie. Mais il ne pense pas que l'excès de liberté soit le risque le plus probable qui menace nos sociétés.
- Il redoute par-dessus tout « la tyrannie de la majorité ». Car dans la démocratie, les individus ont « une passion ardente pour l'égalité » et seulement « un goût naturel pour la liberté ». Des individus atomisés sont sans pouvoir face à l'opinion publique. Le risque majeur de la démocratie est donc la soumission plus ou moins volontaire de l'individu à la volonté du plus grand nombre.

B La tyrannie peut être évitée grâce à la participation des citoyens aux affaires publiques

- Tocqueville en est persuadé, liberté et égalité peuvent se confondre et se renforcer mutuellement. Il l'a constaté lors de son séjour en Amérique et il oppose la pureté de la démocratie américaine aux imperfections de l'organisation sociale française. C'est, dit-il, qu'en France, la démocratie est le fruit d'une histoire chaotique. La Révolution a détruit les anciens pouvoirs sans en constituer d'autres qui protégeraient les individus du pouvoir central. En Amérique, au contraire, la démocratie s'est imposée naturellement dès l'arrivée des premiers migrants. Elle est présente en son état le plus pur, débarrassée des scories de l'histoire.
- La première condition de l'équilibre entre ces deux valeurs est la possibilité offerte aux individus de s'associer librement. Tocqueville pense qu'ils doivent pouvoir œuvrer ensemble pour le bien commun. Il approuve sans réserve le fédéralisme et la décentralisation américaine qui permettent aux individus de participer aux différents échelons du pouvoir en particulier au sein des institutions communales. Les associations, qu'elles soient civiles ou politiques, constituent pour lui un contre-pouvoir efficace et indispensable au pouvoir central toujours susceptible d'être liberticide.

  Mais Tocqueville craint que la mise en place d'institutions libres ne soit pas suffisante pour pacifier une société. Il observe qu'en Amérique, le puritanisme est un puissant facteur de cohésion sociale, et il s'interroge sur le rôle des religions dans la création du lien social.

Les sociologues français de la première moitié du XXe siècle ont souvent reproché à Tocqueville son manque de rigueur dans la définition des concepts ou dans les méthodes utilisées. Aux État-Unis, au contraire, il a été célébré comme un des grands penseurs politique du XIXe siècle. Chacun reconnaît aujourd'hui la pertinence de ses interrogations et ses réponses, souvent fécondes, alimentent toujours la réflexion.

FICHE 7

COMTE : LE POSITIVISME

Auguste Comte (Montpellier, 1798 - Paris, 1857) est celui à qui revient la paternité du mot « sociologie ». Mais ce n'est pas son seul mérite et il est surtout connu pour être le représentant le plus rigoureux du « positivisme ». Pour ce courant de pensée, seule la connaissance scientifique des faits peut prétendre à la vérité, et la sociologie doit être conçue sur le modèle de la physique. Cette position bien tranchée a fait de Comte l'interlocuteur incontournable de tous les sociologues qui, jusqu'à Weber, se sont penchés sur le statut de la sociologie.

1 LA SOCIOLOGIE EST UNE PHYSIQUE SOCIALE

A Les sciences de la nature...

- Le positivisme est un scientisme pour qui seule la connaissance scientifique des faits peut prétendre à la vérité. La physique en constitue le modèle : à partir d'expériences, et grâce à l'utilisation des mathématiques, le physicien peut déterminer des lois universelles qui rendent intelligible le monde.
- À partir des mathématiques, les sciences se sont développées les unes après les autres selon le même modèle, chacune prenant appui sur celle qui l'a directement précédée. De l'astronomie, les hommes sont passés à la physique puis à la chimie et enfin à la biologie qui, pour A. Comte, est la dernière activité à avoir accédé au statut de science (à l'esprit positif).

B ... ont précédé la sociologie

- La sociologie, que Comte entend fonder, se situe d'abord en continuité des sciences qui l'ont précédée. Non seulement la sociologie leur est redevable de sa méthodologie, mais elle bénéficie également de l'ensemble des savoirs accumulés par ces sciences. Elle est donc la discipline qui, dans l'esprit d'A. Comte, va couronner et parfaire l'ensemble des recherches menées jusque-là.
- Mais la sociologie est également une discipline spécifique. Car l'homme étudié par le sociologue est, non seulement, un être biologique mais, également, un être social façonné par l'histoire. Les générations successives d'hommes, dans leur volonté de vivre ensemble, ont construit un ordre social qui est à la fois naturel et intellectuel ou moral. Du fait de leur rapport à l'histoire, les phénomènes sociaux sont donc plus complexes que les faits strictement naturels.

2 Le sociologue doit mettre en évidence des lois

A La sociologie doit dégager des lois...

■ L'homme étant un être social, il n'est pas possible, nous dit Comte, d'expliquer les phénomènes sociaux en partant des individus (contrairement à ce que soutient aujourd'hui le courant de « l'individualisme méthodologique »). Il faut au contraire partir de la totalité (la société) pour en comprendre les parties (l'individu ou plutôt la famille qui constitue, pour Comte, l'élément de base de la société).

La tâche du sociologue consiste alors à mettre en évidence des lois sociales qui, à l'image des lois de la physique, permettent de déduire les conséquences d'une combinaison de phénomènes sociaux.

B ... dont celle des « trois états » est l'exemple le plus achevé

■ La « loi des trois états » est, pour Comte, l'exemple de ce qu'un sociologue peut mettre en valeur. Dans son analyse du développement de l'esprit humain et donc du rapport au savoir, il croit discerner trois moments.

- Dans le premier état, l'état théologique, les hommes trouvent des explications surnaturelles aux phénomènes, qu'ils soient purement naturels ou sociaux.
- Dans l'état métaphysique dérivé du premier, « les agents surnaturels [...] sont remplacés par des forces abstraites ». Ainsi, par exemple, l'ordre social n'apparaît plus comme étant d'origine divine mais comme étant un fait naturel.
- Dans l'état positif, enfin, les hommes, à partir de l'observation et à l'aide des mathématiques, mettent en évidence des relations stables (des lois) entre les phénomènes.

■ À ces trois formes de pensée, Comte associe trois types d'institutions économiques et politiques.

- L'esprit théologique est caractéristique des sociétés hiérarchisées et militaires dont le Moyen Âge européen fournit les exemples les plus significatifs.
- L'esprit métaphysique qui domine l'Europe de la Renaissance aux Lumières est associé à des institutions transitoires qui rompent avec l'ordre ancien sans pour autant assurer pleinement la suprématie de l'industrie sur l'organisation militaire.
- L'esprit positif correspond à une organisation sociale basée sur l'industrie et qui fait de la production l'activité centrale de la société.

Ainsi, à partir d'une réflexion sur l'évolution de l'esprit humain, Comte aboutit à une conception assez déterministe de l'évolution des sociétés.

Comte est longtemps resté une référence incontournable en sociologie par sa prétention à fonder une sociologie objectiviste qui détermine des lois sociales et, en particulier, les lois de l'évolution de la société.

Mais la difficulté de toute sociologie objectiviste est de concilier ces lois sociales et une relative liberté humaine. Faute d'avoir donné une solution satisfaisante à cette contradiction, Comte est aujourd'hui considéré comme une figure historique essentielle mais dépassée de la sociologie.

FICHE 8

MARX : LE MATÉRIALISME HISTORIQUE

Karl Marx (Trèves, 1818 - Londres, 1883) fonde sa méthode d'analyse de la société sur un double refus : celui d'expliquer les transformations de la société par les idées, et celui de faire de l'État le garant de l'intérêt général. Il renverse ces deux propositions (d'origine hégélienne) et fait de l'économie la base dont dépendent l'État et les idées. D'où le reproche qui lui est fait de réduire les phénomènes sociaux à des phénomènes économiques. Ce reproche est fondé, mais il existe également chez Marx des textes – contradictoires avec les premiers – qui accordent une relative autonomie au politique et au culturel.

1 UNE SOCIÉTÉ EST DÉFINIE PAR SON MODE DE PRODUCTION

A Rapports de production et forces productives...

- Les forces productives sont l'ensemble des ressources matérielles (matières premières, machines et entreprises) et des ressources humaines (la main d'œuvre caractérisée à la fois par le nombre de travailleurs et par leurs qualifications) dont dispose une société.
- Les rapports de production sont les rapports de propriété sur les ressources matérielles. De ces rapports de production dérivent des rapports d'exploitation. Car la classe sociale qui ne possède que sa force de travail est bien obligée de mettre cette capacité de travail au service de la classe qui a la propriété des moyens de production. De cette exploitation (la classe exploitante s'approprie une partie de la richesse créée par les travailleurs) naît la lutte des classes.

B ... forment le mode de production

- Le mode de production est le système économique composé des forces productives et des rapports de production. Dans les premiers temps qui suivent la mise en place d'un mode de production, les nouveaux rapports de production favorisent le développement des forces productives puis, peu à peu, ils font obstacle à leur expansion. Il faut alors, nous dit Marx, changer de mode de production pour libérer les forces productives.
- Le mode de production féodal a ainsi succédé au mode de production esclavagiste, avant de céder la place au capitalisme. Caractérisé par la propriété privée des moyens de production et donc par l'opposition entre la bourgeoisie et le prolétariat, ce mode de production a, dans un premier temps, permis un développement considérable des forces productives avant de connaître des crises industrielles. Aussi Marx prophétise-t-il son dépassement par un mode de production socialiste puis communiste dans lequel, en l'absence d'exploitation, le développement des forces productives serait facilité et bénéficierait à tous.

2 Le mode de production détermine les relations sociales

A Les relations sociales sont façonnées par l'infrastructure économique

- Sur cette base économique (l'infrastructure), Marx pose une superstructure juridique et politique à laquelle il associe les domaines culturels ou religieux. L'économie détermine donc le système politique et juridique, mais également les phénomènes culturels et les idées. « L'existence sociale des hommes[...] détermine leur conscience », nous dit Marx en faisant des classes sociales et de leurs relations le fondement des systèmes de croyance.
- Cette lecture de Marx est fortement déterministe. Les individus semblent être l'incarnation de leur classe sociale et paraissent privés de toute liberté de choix. Ainsi, le capitaliste qui offre de mauvaises conditions de travail à ses ouvriers n'a guère d'autres possibilités. Il est tout simplement rationnel en cherchant à maximiser son profit conformément à l'intérêt commun à tous les membres de la bourgeoisie.

B La lutte des classes favorise le changement social

- Les classes sociales sont, chez Marx, les acteurs collectifs qui, au cours de leurs affrontements, transforment l'organisation économique et sociale. Dans la société capitaliste, la classe ouvrière est l'acteur central qui, au cours de sa lutte contre la bourgeoisie, transforme le système économique. En obtenant satisfaction, les mouvements ouvriers obligent le capitalisme à se modifier même si, nous dit Marx, sa logique (l'exploitation) reste inchangée. À terme, la classe ouvrière – c'est du moins ce que prophétise Marx – devrait obtenir le remplacement du capitalisme par le socialisme puis le communisme.
- Les analyses historiques de Marx *(La guerre civile en France, Le 18 Brumaire de Louis Bonaparte)* se révèlent moins déterministes que ses œuvres plus militantes *(Le manifeste communiste)* dans la mesure où il reconnaît que l'action des classes et éventuellement de certains hommes peut orienter l'histoire ne serait-ce que temporairement. Il est au moins possible aux hommes d'accélérer ou de ralentir un processus de transformation économique que Marx juge souhaitable et espère inéluctable.

La diversité et, il faut le dire, l'aspect contradictoire des textes de Marx ont autorisé plusieurs lectures de son œuvre.

Une partie des chercheurs ont insisté sur sa volonté de faire du matérialisme historique une science et ont, à l'image d'Althuser (cf. fiche 19), *privilégié l'étude des structures et des lois du système économique plutôt que celle des actions des acteurs, fussent-ils collectifs.*

D'autres, historiens pour la plupart, ont accordé une relative autonomie au culturel et au politique dans des travaux portant sur la culture populaire ou sur les rapports de force entre acteurs collectifs.

FICHE 9

MARX : LES CLASSES ET L'ÉTAT

Marx sociologue nous a légué une réflexion sur la division du travail, sur la production sociale des connaissances (les idéologies) et sur les classes sociales et l'État. Ces deux derniers aspects de sa pensée qui ont le plus suscité les commentaires sont l'objet de cette présentation.

1 LE CAPITALISME EST CARACTÉRISÉ PAR LA LUTTE OPPOSANT LA BOURGEOISIE AU PROLÉTARIAT

A Marx distingue les classes « en soi » des classes « pour soi »

- Le premier des critères avancé par Marx pour définir une classe sociale est sa place dans les rapports de production *(cf. fiche 8)*. Le rôle joué par une classe dans la production de la richesse est ici déterminant et Marx oppose les classes qui sont propriétaires des moyens de production à celles qui ne possèdent que leur force de travail c'est-à-dire leur capacité à travailler.

- Le second critère utilisé par Marx pour définir une classe est la conscience de classe, c'est-à-dire le sentiment d'appartenir à un groupe ayant des intérêts communs. Or, l'apparition d'une conscience de classe n'est pas automatique. Marx cite ainsi l'exemple des paysans qui, vivant repliés sur leur exploitation familiale, entretiennent peu de relations entre eux et n'ont pas développé de conscience de classe. Pour reprendre les termes de Marx, ils forment une classe « en soi » (ils sont définis objectivement) mais pas une classe « pour soi » (ils n'ont pas la conscience du rôle qu'ils pourraient jouer).

- Une classe, enfin, est définie par les rapports conflictuels qu'elle entretient avec les autres classes. Marx s'intéresse avant tout au conflit qui oppose deux classes (le prolétariat et la bourgeoisie) conscientes de leurs intérêts respectifs. Mais une alliance entre plusieurs classes contre un adversaire commun est également possible.

B Le capitalisme est voué à la bipolarisation sociale

- Dans ses ouvrages à caractère historique et politique *(La lutte des classes en France, Le 18 Brumaire)*, Marx distingue jusqu'à sept voire huit classes sociales différentes : la bourgeoisie industrielle, la bourgeoisie financière, la bourgeoisie commerciale, la petite bourgeoisie (les artisans, les professions libérales...), la bureaucratie (fonctionnaires, militaires...), le prolétariat et, pour finir, le sous-prolétariat composé des exclus du système productif.

- Toutes ces classes n'ont pas la même importance dans le fonctionnement du mode de production capitaliste. L'opposition entre deux d'entre elles (la bourgeoisie d'une part, et le prolétariat d'autre part) suffit à rendre compte de la logique du système capitaliste.

  L'analyse des autres classes, bien que celles-ci soient numériquement majoritaires à l'époque où écrit Marx, n'est pas nécessaire à la compréhension du système capitaliste. De plus, nous dit Marx, à terme, la concentration économique devrait aboutir à une bipolarisation effective de la société en scindant la paysannerie et la petite bourgeoisie (que nous appellerions aujourd'hui les classes moyennes) en deux: la plus grosse partie de ces deux classes devrait se prolétariser alors qu'une minorité devrait s'enrichir et intégrer la bourgeoisie.

2 L'ÉTAT EST LE REFLET DE L'ORGANISATION ÉCONOMIQUE

A L'État est au service de la classe dominante

- L'État est analysé par Marx comme un instrument de domination au service de la classe exploitante. Témoin des violences affligées aux mouvements ouvriers par les gouvernements européens, Marx considère que l'État dans les sociétés capitalistes a pour finalité le maintien de l'exploitation du prolétariat par la bourgeoisie.

- En réduisant l'État aux intérêts d'une classe exploiteuse, Marx s'inscrit en faux contre les thèses de Hegel selon lesquelles l'État serait l'incarnation de la rationalité. En fait, affirme Marx, l'État n'est aucunement extérieur ou supérieur à la société; il en est, au contraire, l'émanation. En cela, il est cohérent avec une conception de la société qui fait de l'économie une infrastructure sur laquelle se développent les instances étatiques. Mais, ce faisant, Marx est incapable d'accorder le moindre intérêt au concept d'État de droit.

B Marx prévoit son dépérissement avec la progression vers le communisme

- Appelant de ses vœux l'instauration d'un mode de production communiste caractérisé par la disparition de l'exploitation, Marx envisage le dépérissement de l'État. À la suite de l'interdiction de la propriété privée des moyens de production, les classes sociales devraient disparaître et, avec elles, l'exploitation. L'État, alors, n'aurait plus sa raison d'être.

- Mais il a fallu plusieurs siècles pour que le capitalisme se substitue totalement au féodalisme. Aussi, Marx prévoit-il que le passage au communisme sera lent. Entre les deux modes de production, il prévoit un stade intermédiaire: le socialisme dans lequel la propriété collective des moyens de production aura été instituée sans que les anciennes classes n'aient totalement disparues. Sous le socialisme, l'État reste indispensable comme instrument de la domination du prolétariat sur l'ancienne bourgeoisie, mais il doit dépérir au fur et à mesure que les anciens clivages sociaux s'estompent.

Marx définit les classes sociales à partir des trois critères que sont la place dans les rapports de production, la conscience de classe et la lutte des classes. Les classes nouent entre elles des rapports d'exploitation que l'État, instrument de la classe dominante, doit maintenir. Marx opère donc une démystification de l'État, relégué au rang de simple instrument, mais cette démarche l'empêche de penser l'État de droit.

FICHE 10

DURKHEIM : LES RÈGLES DE LA MÉTHODE SOCIOLOGIQUE

Émile Durkheim (Épinal 1858 - Paris 1917) est unanimement considéré comme le père de la sociologie française. Philosophe de formation, il a fait de la sociologie une science sociale à part entière en posant les bases méthodologiques de cette discipline, puis en regroupant autour de sa revue L'année sociologique *une équipe de recherche, et enfin en l'enseignant à l'Université. Les réflexions méthodologiques de Durkheim sont concentrées dans trois ouvrages :* Les règles de la méthode sociologique *(1895),* De la division du travail social *(1893) et* Le suicide. Etude de sociologie *(1897). Dans* Les règles de la méthode sociologique, *il s'attache tout d'abord à définir l'objet de la sociologie (étudier les faits sociaux) avant d'énoncer les principales règles auxquelles doivent s'astreindre les sociologues.*

1 LE SOCIOLOGUE DOIT ÉTUDIER LES FAITS SOCIAUX

A Faire de la sociologie une science

- Homme de la IIIe république, É. Durkheim se demande comment il est possible de réconcilier et de réunir ses concitoyens. Il se propose de fonder une science dont l'objet est d'étudier les «faits sociaux» afin d' éclairer les citoyens sur le fonctionnement de la société et de les guider dans leur œuvre de réformes sociales.

- Pour cela, en prenant exemple sur les sciences de la nature, il veut faire de la sociologie une discipline positive qui rompe avec la métaphysique, et qui soit capable d'un progrès cumulatif de connaissances scientifiquement fondées. Durkheim, ici, se situe dans une tradition positiviste *(cf. fiche 7)*.

B Définir les faits sociaux

- Il commence par définir les faits sociaux comme étant des «manières de penser, d'agir et de sentir» qui existent en dehors des consciences individuelles et qui sont dotées d'un pouvoir de cœrcition en vertu duquel ils s'imposent aux individus.

- Un fait social est donc toute action ou pensée qui respecte deux conditions. La première est que cette action ou pensée ait une origine sociale. L'invité qui offre des fleurs à la maîtresse de maison ne le fait pas en fonction de ce que Durkheim appelle «sa conscience individuelle»; il le fait en fonction d'une «conscience collective» qui le dépasse, qui est commune à tous les membres de la société et qu'il a intériorisée.

  La seconde condition est que la société fasse pression sur l'individu pour imposer cette action. Quand ils respectent les normes, les individus considèrent que leur comportement va de soi, et ils ne ressentent pas le pouvoir de coercition des faits sociaux. Mais, nous dit Durkheim, tous les faits sociaux sont contraignants et il suffit de transgresser une règle pour provoquer soit une sanction officielle soit une réaction négative de l'entourage.

2 Il doit respecter deux règles fondamentales

A Les faits sociaux doivent être traités comme des choses

- La première règle à laquelle doit se plier le sociologue est « de considérer les faits sociaux comme des choses ». À l'image du biologiste, le sociologue doit pouvoir être extérieur à son sujet d'étude s'il veut que son travail soit scientifique.

- Il doit, pour cela, faire abstraction des prénotions (des idées non scientifiques) qui lui viennent de ses expériences personnelles et qui font obstacle à la connaissance scientifique. Comment imaginer, en effet, qu'un sociologue puisse étudier la famille, la religion ou le suicide sans idées préconçues ? Celles-ci ont souvent la force de l'évidence mais sont issues d'expériences personnelles forcément limitées qu'il serait hasardeux de tenir pour représentatives.

B Un fait social n'est explicable que par un autre fait social qui lui est antérieur

- Pour comprendre les faits sociaux, le sociologue ne peut se contenter d'interroger les individus sur leurs motivations puisque la conscience collective qui est à l'origine de leurs actions leur est extérieure.
  Il ne doit pas non plus les expliquer en accordant une place prépondérante à des faits étrangers au domaine de la sociologie. Durkheim rejette ainsi les explications du suicide en termes d'hérédité (ce qui relève de la biologie) ou de faiblesse de caractère (ce qui est du domaine de la psychologie).

- Il affirme au contraire que « la cause déterminante d'un fait social doit être cherchée parmi les faits sociaux antécédents ».
  Il préconise alors de vérifier s'il existe une « concomitance » (un rapport de simultanéité) entre deux variables statistiques avant de s'interroger sur une éventuelle relation de causalité entre les deux phénomènes observés. L'un des phénomènes peut être la cause de l'autre mais, bien souvent, Durkheim fait intervenir un troisième élément qui détermine les deux premiers.
  Ainsi, après avoir vérifié statistiquement que les hommes se suicidaient plus fréquemment que les femmes, il explique cette différence par une moindre intégration sociale des hommes.

En faisant de la sociologie une discipline autonome, Durkheim a ouvert la voie à un courant de pensée distinct des traditions Marxiste ou Weberienne. Il a inauguré une méthode de recherche que l'on qualifie de quantitative car elle est basée sur des enquêtes statistiques. Toujours en vigueur aujourd'hui, ces techniques sont à la fois concurrentes et complémentaires des méthodes qualitatives privilégiées par l'école de Chicago et ses héritiers.

FICHE 11

DURKHEIM : LA SOCIÉTÉ

Tout au long de son œuvre, Durkheim s'est interrogé sur les conditions de l'intégration sociale des individus. Trois ouvrages constituent les points forts de sa réflexion : De la division du travail social *publié en 1895,* Le suicide. Étude de sociologie *qui date de 1897 et enfin, paru en 1912,* Les formes élémentaires de la vie religieuse.

1 DURKHEIM PENSE QUE LA SOCIÉTÉ CRÉE LES INDIVIDUS

A La distinction entre la conscience collective et la conscience individuelle

■ Préoccupé par l'intégration des individus dans la société, Durkheim fait une distinction entre une « conscience collective » et une « conscience individuelle » qui coexisteraient au sein de chaque personne.

– La conscience collective est l'ensemble des idées communes à tous les membres de la société. Elle est le résultat du brassage des pratiques et des idées mises en œuvre par les membres d'une société depuis de nombreuses générations et offre une richesse et une complexité infiniment supérieure à celles des représentations d'un seul individu.

– La conscience individuelle est constituée des opinions propres à un individu.

■ À l'encontre des utilitaristes, Durkheim pense que des individus guidés par leur seule conscience individuelle seraient incapables de vivre en groupe, car la poursuite exclusive des intérêts personnels ne peut pas aboutir à des liens sociaux durables. Seule la conscience collective réunit les individus ; elle fait de la société une entité morale, harmonieuse, différente de la somme de ses membres et supérieure à chacun d'entre eux.

A La distinction entre le sacré et le profane

■ Il voit dans la religion l'illustration de sa thèse sur la supériorité de la société sur l'individu. Dans *Les formes élémentaires de la vie religieuse*, Durkheim définit toute religion par sa capacité à distinguer le sacré du profane.

– Tout ce qui relève du sacré est isolé du profane et protégé par des interdits. Cela peut être des dieux, des lieux, des objets, des gestes, des rites, des croyances, etc.

– Tout ce qui relève du profane est maintenu à l'écart du sacré par des interdits. Ainsi toutes les religions interdisent certaines attitudes, certaines tenues vestimentaires dans les lieux sacrés.

■ Dans les communautés primitives australiennes, le totem, en tant qu'être mythique représentant un clan (groupe primitif de parenté), est au cœur du domaine sacré. Au cours des cérémonies religieuses, tout se passe comme s'il insufflait à chacun des participants une énergie diffuse (la *mana*) qui unifie le groupe. En fait, nous dit Durkheim, derrière le culte du totem se cache celui du clan qui est une réalité supérieure à chacun de ses membres.

Il généralise ensuite cette analyse en faisant de toute religion l'expression du culte de la société qui est la seule réalité à dépasser les individus et à pouvoir les rassembler.

2 Le lien social est fragile

A La division du travail est source de solidarité mais la « conscience collective » tend à s'affaiblir

■ Dans son ouvrage consacré à la division du travail, Durkheim analyse celle-ci comme un phénomène social (et non pas économique) qui a pour conséquence la création d'une nouvelle solidarité entre les membres de la société. Alors que dans les sociétés à « solidarité mécanique » (les sociétés primitives), les individus sont tous semblables, dans les sociétés à « solidarité organique » (les sociétés modernes), les individus exercent des fonctions différentes et sont donc dépendants les uns des autres. Par référence au corps humain dans lequel les organes sont différents mais concourent tous à la vie, Durkheim qualifie cette solidarité d'organique. La division du travail crée donc de la solidarité.

■ Cependant, le développement de la conscience individuelle dans les sociétés à solidarité organique se traduit par un affaiblissement de la conscience collective et peut déboucher sur une neutralisation de la solidarité dans l'hypothèse où un relatif équilibre entre les deux consciences ne serait pas maintenu.

B L'affaiblissement de la conscience collective favorise le développement de comportements anormaux

■ Durkheim en veut pour preuve le fort niveau de suicide dans les sociétés modernes. Plus fréquent dans les sociétés à solidarité organique que dans les sociétés à solidarité mécanique, le suicide participe également d'autres logiques :

- Le suicide altruiste, caractéristique des sociétés à forte conscience collective, est le fait des personnes qui renoncent à la vie au nom d'une valeur suprême.
- Le suicide égoïste, plus courant dans les sociétés à forte conscience individuelle, est au contraire le fait de ceux qui refusent de se plier aux normes sociales et qui préfèrent la mort au conformisme.
- Le suicide anomique enfin, est, comme le précédent, caractéristique des sociétés modernes. En période d'instabilité et de précarité (crise économique par exemple), certains individus, frustrés de ne pas pouvoir atteindre leurs objectifs, peuvent être tentés par le suicide lorsque la conscience collective est affaiblie.

■ Ce dernier type de suicide amène Durkheim à définir l'anomie comme étant un état dans lequel les individus ne sont plus guidés par les valeurs et les normes. En l'absence de conscience collective forte, les individus ont fréquemment des pratiques anormales qu'il qualifie de pathologiques et dont le suicide n'est qu'un exemple extrême. L'affaiblissement de la conscience collective favorise ce que nous appelons aujourd'hui la déviance *(cf. fiche 35)*.

En France, les disciples de Durkheim ont poursuivi sa réflexion sur les relations entre l'individu et la société. Après la Seconde Guerre mondiale, l'influence de cette école s'est effacée mais d'autres courants de pensée, en particulier les fonctionnalistes (cf. fiche 18), *ont emprunté à Durkheim certains de ses concepts.*

FICHE 12

WEBER : UNE SOCIOLOGIE COMPRÉHENSIVE

Max Weber (Erfurt, 1864 - Munich, 1920) est souvent opposé à Durkheim. L'un et l'autre ont, à la même époque, contribué à l'institutionnalisation de la sociologie en l'introduisant ou en la développant (dans le cas de M. Weber) au sein de l'Université. Mais, alors que Durkheim s'inspire des sciences de la nature, Weber cherche, au contraire, à s'en distinguer et à fonder une méthodologie originale et spécifique à la sociologie.

1 LA SOCIOLOGIE EST DIFFÉRENTE DES SCIENCES DE LA NATURE

A La sociologie a pour objet l'étude des actions sociales

■ L'objet premier de la sociologie est, pour M. Weber, l'étude des actions sociales. Toute action n'est pas une action sociale. Il définit une action comme étant toute conduite à laquelle un individu accorde une signification et une intentionnalité (ex : ouvrir une porte) et une action sociale comme étant une action entreprise en tenant compte des réactions des autres (ex : ouvrir une porte pour laisser passer quelqu'un).

■ Toute action sociale suscite une réponse (ex : la personne à qui l'on a cédé le passage peut adresser un signe de remerciement), si bien que le sociologue doit étudier les actions réciproques (les interactions) des uns et des autres.

B Elle est différente des sciences de la nature

■ Ainsi défini, le domaine de la sociologie est, comme celui des sciences de la nature, infini. Sciences de la nature et sciences de la culture ont donc en commun d'être à jamais incapables d'expliquer la totalité des phénomènes qui relèvent de leur domaine de compétence respectif.

■ Mais ce qui les distingue est plus important que ce qui les réunit :
- Les sciences de la nature étudient des phénomènes qui se répètent naturellement et qui sont souvent reproductibles en laboratoire. Il est alors possible de mettre en valeur des relations de causalité et, à l'aide d'une modélisation mathématique, d'en tirer des lois générales.
- Les sciences de la culture (dont la sociologie) étudient des phénomènes qui dépendent des intentions humaines. Il faut donc, nous dit Weber, s'interroger sur les motivations des individus avant de rechercher des relations de causalité sans qu'il ne soit possible d'isoler une variable pour l'étudier en laboratoire. Aussi M. Weber estime-t-il qu'une vérité sociologique n'est pas transposable en dehors du domaine d'étude pour lequel elle a été mise en évidence. Il n'existe donc pas, en sociologie, des lois générales comparables à celles des sciences de la nature.

2 La sociologie doit être compréhensive et explicative

A Le sociologue doit comprendre et expliquer les phénomènes sociaux

- Les sciences de la culture, confrontées à des phénomènes intentionnels, doivent adopter une méthode compréhensive qui leur est spécifique. Alors que le chimiste ne peut étudier un produit qu'en le soumettant à l'expérience, le sociologue peut comprendre un acte social de l'intérieur en s'interrogeant sur les intentions de l'individu qui l'a commis. Certaines relations sociales sont immédiatement compréhensibles car la relation entre les intentions et les actes est évidente (ex : les relations de politesse). D'autres sont plus complexes et le sociologue doit en construire la signification en recherchant les intentions officielles ou secrètes de chacun des acteurs (ex : le développement du capitalisme).

- La compréhension des phénomènes doit ensuite être complétée par une explication faisant intervenir des relations de causalité. Après avoir mis en valeur les intentions de tous les acteurs mis en relation, il faut rechercher les actes qui en ont découlé et les conséquences, parfois éloignées des intentions, qui en ont résulté. M. Weber ouvre ici la voie à des analyses en termes « d'effets pervers ».

B Il utilise un outil spécifique : l'idéal-type

- Pour l'aider à comprendre les phénomènes sociaux, le sociologue doit utiliser un outil qui lui est propre et que M. Weber nomme « idéal-type ».

  Un idéal-type est une représentation simplifiée de la réalité construite en négligeant tout ce qui n'est pas caractéristique du phénomène étudié et en accentuant, au contraire, ses traits spécifiques. Ce n'est ni une moyenne ni une description fidèle de la réalité, mais un modèle abstrait, à l'image du marché chez les économistes néoclassiques, qui doit permettre de mettre en valeur la logique des relations sociales telles qu'elles découlent des intentions des différents acteurs. Pour déterminer les caractéristiques essentielles d'un idéal-type, le sociologue doit opérer par comparaison et observer ce qu'une organisation économique, une forme de domination a en plus ou en moins par rapport aux autres.

- Ainsi, quand il forge l'idéal-type de l'esprit du capitalisme pour rendre compte de l'état d'esprit des chefs d'entreprises, il réduit leur système de valeurs aux deux valeurs centrales que sont le travail et l'épargne.

  La bureaucratie, le capitalisme, l'esprit du capitalisme, l'éthique protestante, les différentes formes de domination (traditionnelle, charismatique, légale) ou d'action (traditionnelle, affective, rationnelle en valeur, rationnelle en finalité)... sont quelques-uns des types idéaux les plus couramment utilisés par M. Weber.

La sociologie compréhensive de M. Weber s'est avérée être une méthodologie particulièrement féconde. Elle a, en France, inspiré R. Aron ou R. Boudon (cf. fiche 24). *Aux États-Unis, elle a influencé l'École de Chicago* (cf. fiche 17) *et, surtout, le courant interactionniste* (cf. fiche 20).

FICHE 13

WEBER : LA RATIONALISATION

Max Weber est devenu célèbre pour avoir publié en 1905 L'éthique protestante et l'esprit du capitalisme, *ouvrage dans lequel il insiste sur le rôle des valeurs dans les transformations économiques. Mais* Économie et société *dont la rédaction débute en 1909 est l'ouvrage dans lequel il a exposé l'essentiel de ses concepts de base : action sociale, rationalité, domination, légitimité... Pour lui, le monde moderne est caractérisé par une nouvelle forme de rationalité qu'incarne le capitalisme.*

1 La rationalité moderne s'incarne dans la domination légale

A Weber observe une rationalisation des actions sociales

■ Dans la société traditionnelle, M. Weber décèle trois formes principales d'actions individuelles qui correspondent chacune à une logique particulière.

- L'action traditionnelle consiste, pour un individu, à respecter les usages sans s'interroger sur la finalité de l'action (respecter les habitudes vestimentaires).
- L'action affective est une réaction que l'on qualifierait parfois d'instinctive (se quereller).
- L'action rationnelle par rapport aux valeurs peut être illustrée par l'attitude du capitaine qui coule avec son bateau.

■ Le monde moderne, quant à lui, est caractérisé par une quatrième logique – la rationalité par rapport aux fins – qui se substitue partiellement aux trois premières. Cette rationalité est caractéristique de l'action d'un individu qui choisit un objectif et les moyens les plus efficaces pour atteindre son but. Primordiale en économie, elle s'étend à tous les domaines sociaux et réduit l'influence des valeurs dans les conduites humaines.

B Cette rationalisation débouche sur une domination légale

■ Cet affaiblissement des valeurs rend plus que jamais nécessaire la légitimation de la domination, c'est-à-dire la capacité d'influencer le comportement d'autrui. Weber s'intéresse tout particulièrement à la politique et se demande comment un pouvoir nécessairement contraignant peut être accepté par la population.

■ Il distingue trois formes de domination qui correspondent chacune à une légitimité particulière.

- La domination traditionnelle est fondée sur le respect des coutumes.
- La domination charismatique résulte de la personnalité exceptionnelle d'un individu.

– La domination légale, caractéristique des sociétés modernes, suppose qu'il existe des règles rationnellement établies pour accéder au pouvoir et un statut légal pour celui qui l'exerce. La domination légale est la forme que doit prendre le pouvoir dans une société dominée par la rationalité moderne. À ces conditions, l'État peut exercer le « monopole de la violence légitime ». Il exerce une domination sur la population, mais cette domination est rationnelle et fait le moins possible appel à la violence.

2 L'ÉTHIQUE PROTESTANTE ET L'ESPRIT DU CAPITALISME

A Le protestantisme a favorisé le développement du capitalisme

- Le capitalisme est, pour Weber, caractérisé par l'existence d'entreprises dont le but est de maximiser leur profit au moyen d'une organisation rationnelle du travail et de la production.

- En étudiant l'apparition du capitalisme moderne à partir du XVIe siècle, il observe une corrélation entre des professions (chefs d'entreprise, banquiers) et une confession (le protestantisme). Il cherche alors à comprendre ce phénomène et à expliquer le développement du capitalisme en partant des motivations des acteurs (les capitalistes, les protestants) et non pas des conditions matérielles de la production comme l'avait fait Marx avant lui.

B L'esprit du capitalisme et l'éthique protestante sont congruents

- L'esprit du capitalisme est un idéal-type construit par Weber autour des deux valeurs (le travail et l'épargne) qui lui paraissent caractéristiques de la mentalité des capitalistes modernes.
  – Le travail est la valeur fondamentale du capitalisme. C'est un but en soi autour duquel un individu doit organiser sa vie.
  – L'épargne et son corollaire, l'investissement, est l'autre valeur centrale du capitalisme puisqu'une partie conséquente de la richesse doit être épargnée afin d'élargir la base productive.

- L'éthique protestante trouve son origine dans la solitude de l'homme face à Dieu. Alors que les catholiques peuvent trouver le salut dans le respect des dogmes de l'Église, les calvinistes sont persuadés que l'homme est prédestiné. Comment savoir si l'on est élu ? À cette question, les protestants répondent que la réussite professionnelle est un signe d'élection. L'individu doit donc se consacrer à son travail considéré, ici encore, comme une fin en soi et favoriser l'épargne plutôt que la consommation puisque cette dernière est source de plaisirs.

  Les valeurs du protestantisme ont donc favorisé le développement de l'esprit du capitalisme et facilité indirectement l'essor du capitalisme. « Les idées deviennent des forces historiques efficaces » nous dit Weber.

De nombreux sociologues contemporains auront trouvé chez Weber une source d'inspiration. Les fonctionnalistes (cf. fiche 18) *lui ont emprunté la notion d'action, R. Boudon en fait un précurseur de l'individualisme méthodologique* (cf. fiche 24) *et P. Bourdieu* (cf. fiche 25) *lui doit la notion de légitimité.*

FICHE 14

SIMMEL : L'INDIVIDU ET LES FORMES DE LA SOCIÉTÉ

À l'encontre de Marx pour qui le social dérive de l'économique (cf. fiche 8), *Georg Simmel (Berlin, 1859 - Strasbourg, 1918) cherche dans l'individu et sa psychologie les fondements des phénomènes sociaux. Les relations réciproques entre les hommes (nous dirions aujourd'hui les interactions) sont à l'origine des phénomènes sociaux qui, en s'institutionnalisant, orientent ensuite, mais seulement dans un second temps, les rapports entre les individus.*

1 LES INTERACTIONS INDIVIDUELLES SONT À L'ORIGINE DE LA SOCIÉTÉ

A La société est la résultante des interactions individuelles

- Les relations réciproques entre les hommes sont à l'origine de tous les phénomènes sociaux. Les individus sont incités à ces relations par ce que Simmel nomme « les contenus de la société » et qui sont l'ensemble des sentiments, des pulsions, des intérêts et des buts qui les animent. Ces contenus de la société sont donc les causes premières des relations sociales.

- Les interactions produisent des phénomènes sociaux d'abord micro puis macrosociologiques (domination, solidarité, conflits ou encore la division du travail, etc.) que Simmel nomme «formes de la société» ou «formes de la socialisation» car, nous le verrons, ces phénomènes sociaux réagissent sur les relations interindividuelles.

B L'échange est la relation la plus élémentaire

- L'échange entre deux individus est le lien social le plus élémentaire. Il ne permet pas uniquement de se procurer des biens matériels ; il est aussi, et peut-être surtout, la condition d'une existence sociale. Grâce à l'échange, un individu mesure la valeur des choses et apprend à se situer par rapport aux autres.

- L'argent est d'abord un instrument que les hommes ont créé pour faciliter les échanges. Les prix permettent de mesurer la valeur de toute chose et témoignent de l'échelle de préférence de la communauté quant aux biens matériels. En se substituant au troc, la relation marchande libère de nouvelles possibilités de choix pour les individus et participe à leur émancipation. La monétarisation de la société est inséparable de l'expression de l'autonomie individuelle. L'argent a libéré la créativité humaine.

2 LES INSTITUTIONS, ENSUITE, ORIENTENT LES COMPORTEMENTS DES INDIVIDUS

A Les « formes de la société » réagissent sur l'individu

- Résultats des interactions individuelles, les formes de la société finissent par se stabiliser, par s'institutionnaliser (ex. : l'État, les églises, la famille, etc.) et influencent en retour les actions réciproques des hommes. Les relations sociales sont donc toujours guidées par des modèles ou des règles qui encadrent la liberté des individus. Cela explique la stabilité et la régularité des comportements.

- Mais les formes sociales ne sont jamais achevées car elles font obstacle aux désirs de chaque individu qui cherche à les dépasser. Elles sont donc éventuellement recréées à l'identique mais, le plus souvent, transformées par les interactions individuelles. Les individus, au cours de leurs relations, créent la société qui encadre les comportements des individus qui recréent la société au cours d'un processus infini de relations réciproques mais dont ils sont à l'origine.

  Cette influence réciproque entre des relations individuelles qui sont premières et la société qui influence dans un second temps les individus est au centre de l'analyse de Simmel.

B L'argent a pris son autonomie par rapport aux individus

- L'argent, comme toutes les formes de la société, a pris son autonomie par rapport aux individus et a développé ses propres lois et son propre domaine : l'économie. À partir du XVIe siècle en effet, la monnaie s'affranchit en partie de la tutelle des autorités politiques et devient l'affaire des banques qui la créent et des commerçants ou des industriels qui l'utilisent.

- Devenue une fin en soi, la monnaie exerce une influence grandissante sur les contenus de la société et, en particulier, sur la façon de penser et de concevoir le monde. Les passions et les sentiments s'effacent devant les calculs rationnels et la recherche des intérêts. L'individu prend l'habitude de tout mesurer et s'efforce, dans tous les domaines, à rechercher l'objectivité. En devenant un des buts de l'activité humaine, l'argent est également devenu une source de corruption et l'instrument de l'affaiblissement des valeurs. Seules certaines institutions comme la famille ou la patrie échappe à son action corrosive.

  Créé par les individus pour satisfaire leur besoin de sociabilité, l'argent s'est affranchi de ses créateurs et les a transformés, en retour. L'économie exerce donc une influence sur les individus, mais, à la différence de Marx qui voit dans l'économie l'infrastructure sur laquelle se développe les phénomènes sociaux, Simmel fonde l'économie sur la psychologie individuelle.

En Europe, Simmel a longtemps été considéré comme un esprit brillant mais dont l'œuvre éclectique souffrait d'une absence d'unité.

Aux États-Unis, au contraire, les sociologues de l'école de Chicago (cf. fiche 17) *ont apprécié à la fois la diversité de ses thèmes de réflexion et l'importance qu'il accorde aux individus et à leur psychologie. Plus tard, les interactionnistes* (cf. fiche 20) *verront en lui un de leurs précurseurs.*

En France, R. Boudon (cf. fiche 24) *a été un des sociologues qui, au cours des années 80, a popularisé l'œuvre de Simmel.*

FICHE 15

PARETO : LES ACTIONS NON LOGIQUES

Physicien de formation, Vilfredo Pareto (Paris, 1848 - Céligny (Suisse), 1923) est surtout reconnu comme étant un économiste marginaliste successeur de L. Walras à l'université de Lausanne. C'est également un sociologue – il publie son Traité de sociologie générale *en 1916 – dont l'œuvre est atypique. Sa théorie de l'élite (l'élite doit assumer le pouvoir politique dans une société nécessairement hiérarchisée) est facilement accessible et, de ce fait, mieux connue que sa conception de la sociologie comme science des « actions non logiques ».*

1 LA THÉORIE DE LA CIRCULATION DES ÉLITES

A L'élite doit gouverner la société politique...

■ Rejetant l'idée selon laquelle il serait possible d'abolir le fossé qui sépare les dirigeants des dirigés, V. Pareto assigne à l'élite, c'est-à-dire à une minorité d'individus qui excellent dans leur activité, le soin d'exercer le pouvoir politique.
Cette élite n'est pas homogène et Pareto distingue trois types d'hommes politiques (les idéalistes, ceux qui recherchent les honneurs et, enfin, ceux qui cherchent à s'enrichir) qui sont à la fois complémentaires et concurrents dans l'exercice du pouvoir.

■ Cette concurrence permet à l'élite de se maintenir au pouvoir en se renouvelant par intégration de nouvelles personnalités et, éventuellement par rejet des personnages discrédités. Faute de ce renouvellement, « l'élite gouvernementale » risque fort de perdre toute légitimité et de devoir céder la place à « l'élite non gouvernementale ». La circulation des élites est, pour Pareto, un phénomène inévitable, mais elle ne peut en aucun cas aboutir à la suppression de la domination car les nouvelles élites ne se distinguent des précédentes que par leur plus grande habileté.

B ... en usant de sa force et de la ruse

■ Pour rester au pouvoir, l'élite doit avant tout exercer sa force (que Pareto distingue de la violence) à l'encontre de l'élite non gouvernementale. Faute de quoi ,cette dernière accédera au pouvoir et ne se privera pas d'imposer sa volonté.

■ Mais la force n'est pas suffisante sans une certaine légitimité et le gouvernement doit obtenir un minimum de consentement des gouvernés. Pour cela, il doit utiliser la ruse et tenir un discours pseudo-rationnel (que Pareto nomme « dérivation ») dont l'objectif est de donner une apparence de rationalité à ses actions. Autrefois l'élite se retranchait derrière la loi divine ; aujourd'hui elle en appelle à la raison pour empêcher l'opposition d'exercer sa propre violence. Le discours démocratique n'est donc pour Pareto qu'un alibi que se donnent les élites modernes pour se maintenir au pouvoir. Pareto qui, par ailleurs, a soutenu un moment le fascisme naissant n'est pas un penseur de la démocratie.

2 La sociologie est la science des actions non logiques

A La sociologie étudie les actions non logiques

- L'économie à laquelle Pareto a apporté d'intéressantes contributions est, nous dit-il, la science des « actions logiques ». Il veut dire par là que les actions ont objectivement (telles qu'elles sont dans la réalité) et subjectivement (telles qu'elles se présentent dans l'esprit de l'acteur) une fin logique. C'est le cas de l'ingénieur qui construit un pont et dont l'action objective correspond à l'intention subjective.

- Par opposition, la sociologie est l'étude des actions non logiques caractérisées par une différence entre la finalité subjective et la finalité objective. L'essentiel des activités symboliques ou rituelles (invoquer les dieux pour faire pleuvoir, etc.) sont donc du domaine de la sociologie. C'est également le cas de l'attitude de l'homme politique qui pense œuvrer pour le bien commun alors que la finalité objective de son action est sa participation à l'élite gouvernementale.

B Ces actions ont leur origine dans un « résidu » et sont justifiées par une « dérivation »

- Les instincts sont les causes profondes des actions humaines, mais ne sont pas un objet d'étude pour le sociologue. Ce dernier doit se contenter d'étudier les croyances ou des dispositions (que Pareto nomme « résidus ») qui sont les manifestations de ces instincts. Parmi les résidus, Pareto cite le besoin de combiner des éléments (particulièrement utile en politique et en science), le besoin de développements logiques, le besoin de maintenir des relations sociales, celui de hiérarchiser ou, au contraire, d'uniformiser, la pitié, etc.

- Les dérivations sont un vernis logique donné par les individus à des actions non logiques. Ce sont de pseudo-rationalisations d'actes qui découlent des résidus et qui ont leur origine ultime dans les instincts. Ainsi un homme politique mu par le besoin de combinaison (résidu) organise tout naturellement des alliances politiques inattendues au nom de l'unité nationale ou de la défense des valeurs (dérivation) et réussit finalement à rester au pouvoir.

Autant l'économiste a été reconnu par ses pairs, autant le sociologue a été contesté. Lui sont reprochés sa confusion, son manque de rigueur, ainsi que la passion et la polémique qu'il introduit constamment dans des ouvrages qui se veulent pourtant scientifiques. Aussi Pareto n'a-t-il pas fait école et apparaît-il comme un auteur mineur en sociologie.

Il pose pourtant la question essentielle de la rationalité (ou de la non-rationalité) des croyances, des actions et des discours des individus. C'est pour cette raison que des auteurs comme Parsons (cf. fiche 18), *R. Aron ou R. Boudon* (cf. fiche 24) *se sont intéressés à son œuvre.*

PARTIE III

LES COURANTS DE LA PENSÉE CONTEMPORAINE

FICHE 16

LE CULTURALISME

Le culturalisme constitue un des courants qui a dominé la sociologie américaine des années 30 jusqu'aux années 50. En empruntant la notion de culture aux anthropologues, il cherche à rendre compte de l'intégration sociale.

1 La sociologie culturaliste est issue de l'anthropologie

A De l'analyse des sociétés primitives...

■ Le culturalisme emprunte à l'anthropologie la volonté d'étudier la diversité des organisations sociales humaines dans le temps et dans l'espace. À partir de l'exemple des sociétés primitives, M. Mead et R. Benedict ont montré que les personnalités des hommes et des femmes sont différentes selon la société dans laquelle ils vivent. Dans une étude devenue célèbre, R. Benedict a opposé deux tribus indiennes – les Zunis, doux et paisibles, et les Kwakiutl, toujours prêts pour la compétition et l'affrontement – et expliqué cette opposition par des différences culturelles et donc des différences de socialisation.

■ Au sens anthropologique du terme, la culture est l'ensemble des habitudes et des aptitudes acquises par l'homme en tant que membre d'une société. Cela comprend tout à la fois des connaissances, des croyances, des savoir-faire, des valeurs et des normes.

L'originalité des culturalistes est qu'ils font de la culture l'élément explicatif déterminant du fonctionnement d'une société. Ils s'opposaient alors aussi bien aux sociologues de l'école de Chicago *(cf. fiche 17)* qui, à la même époque, montraient l'influence du milieu social sur le comportement des individus, qu'aux marxistes *(cf. fiches 8 et 9)*, qui faisaient des conditions de la production matérielle de richesses la base sur laquelle se développent les cultures.

B ... à celle des sociétés modernes

■ Dans les sociétés modernes, comme dans les sociétés primitives, les culturalistes définissent le noyau de la culture d'une société comme un ensemble constitué du langage, des normes et des valeurs communes à l'ensemble des membres de la société. Pour eux (comme pour Durkheim), il existe un système culturel caractéristique de chaque société.

■ Mais, à la différence des sociétés primitives, les sociétés modernes ne constituent pas des ensembles parfaitement homogènes ; elles sont fractionnées selon plusieurs lignes de clivage qui ne se recoupent pas (groupes socioprofessionnels, sexe, âge...). Pour rendre compte des appartenances sociales multiples des individus, les culturalistes utilisent la notion de sous-culture qui désigne l'ensemble des normes et des valeurs propres à un groupe social particulier. En principe, toutes ces sous-cultures sont compatibles entre elles et avec la culture globale de la société.

2 C'EST UNE SOCIOLOGIE DE L'INTÉGRATION SOCIALE

A Cette théorie permet de comprendre la socialisation des individus

- La culture étant l'élément caractéristique d'une société, la socialisation prend une importance toute particulière dans les travaux des sociologues culturalistes. Elle est décrite comme un entraînement qui permet à un individu de maîtriser les codes sociaux caractéristiques de son groupe. Au cours de ce processus, la culture devient progressivement partie intégrante de la personnalité des individus. La socialisation permet donc à une société de se reproduire de génération en génération.

- Dans l'hypothèse où cette socialisation est réussie, un individu partagera les mêmes normes et les mêmes valeurs que les autres membres de sa communauté et son comportement sera à priori conforme aux attentes des autres. Lui-même sera en mesure de prévoir le comportement d'autrui et d'en saisir la signification. Le culturalisme décrit des individus intégrés dans des groupes sociaux stables et permet de comprendre cette intégration.

B Le risque du déterminisme culturel

- Les sociologues culturalistes font l'hypothèse de la détermination d'un individu par sa culture. Il leur est donc difficile de penser l'autonomie d'individus dont la personnalité est le reflet d'une culture qui s'impose à eux. Pour reprendre une formule lapidaire, ces sociologues pensent l'individu comme un «idiot culturel». Il est idiot car incapable de choix personnel et culturel, car imprégné par des valeurs.

- Ils font ensuite l'hypothèse d'une socialisation mécanique. C'est en effet la condition pour que la socialisation soit réussie et que la culture se transmette de génération en génération. Cela suppose que tous les agents de socialisation répondent à une même logique et que l'individu soit réceptif à cette formation. Or, dans la société moderne, les individus sont soumis à des déterminations multiples et parfois contradictoires qui rendent le processus de socialisation plus complexe que ne l'imaginaient les culturalistes.

Les sociologues culturalistes ont donc eu le mérite d'insister sur l'origine culturelle de différences qui étaient auparavant perçues comme étant d'origine naturelle (la division du travail entre les sexes, par exemple). Mais l'application à la société moderne d'une analyse conçue dans le cadre de sociétés primitives n'a pu se faire qu'au prix d'hypothèses trop réductrices. Si bien que le culturalisme a quitté le devant de la scène sociologique au cours des années 50, sans pour autant totalement disparaître. Il a surtout influencé plusieurs théories sociologiques qui lui ont succédé, en particulier le fonctionnalisme (cf. fiche 18)*, et la sociologie de l'habitus* (cf. fiche 25).

L'ÉCOLE DE CHICAGO

Créé en 1892, le département de sociologie de l'université de Chicago s'est d'abord attaché à comprendre comment les individus vivaient dans cette ville afin d'améliorer leurs conditions de vie. Ils ont, pour cela, mis au point des méthodes de recherche puis des concepts qui font l'originalité de cette école.

1 L'ÉTUDE DE LA SOCIALISATION ET DE LA DÉVIANCE A ÉTÉ PRIVILÉGIÉE PAR CETTE ÉCOLE

A La socialisation des migrants est un des thèmes privilégiés par l'école de Chicago

- Chicago étant passé de 5 000 habitants en 1850 à plus d'un million en 1890 et à 3,4 millions en 1930, la ville a servi de laboratoire social pour les chercheurs du département de sociologie créé en 1892 au sein de son université. Ils ont étudié l'influence des vagues successives de nouveaux arrivants sur l'urbanisation et mis en évidence la création, autour du centre-ville, d'anneaux concentriques regroupant des populations de plus en plus aisées au fur et à mesure que l'on s'éloigne du centre.

- L'adaptation et la socialisation des migrants (Polonais, Russes, Irlandais, Italiens, etc.) a donc été un des thèmes majeurs de l'école de Chicago. Les chercheurs de cette université ont observé que l'assimilation des migrants supposait à la fois un phénomène de désorganisation (il faut abandonner les anciennes pratiques) et de réorganisation puisqu'il leur fallait adopter les normes et les valeurs propres à la société américaine.

B La déviance et la criminalité sont les signes des difficultés d'intégration

- Mais la désorganisation peut conduire à la déviance quand les conditions de vie font qu'un individu n'est plus suffisamment encadré par son groupe social et ethnique d'origine sans pour autant accéder au mode de vie américain. Il peut devenir un « hobo » (un sans-abri), être considéré comme un malade mental, voire même se suicider.

- La délinquance est donc considérée par ces chercheurs comme une forme de déviance qui offre à ses membres une micro-société de substitution quand les conditions d'existence (familles éclatées, pauvreté, quartiers défavorisés, absence de formation, etc.) rendent très difficile l'assimilation. Dans cette optique, la criminalité organisée peut être analysée comme une manière de se rapprocher du mode de vie américain (gagner de l'argent) par des moyens détournés.

2 Le développement d'une sociologie compréhensive

A La sociologie de l'école de Chicago est compréhensive

- Jusqu'à la fin des années 20, la plupart des sociologues de l'école de Chicago cherchent à fournir des travaux permettant d'améliorer le bien-être social des habitants et privilégient, de ce fait, les études empiriques plutôt que la recherche théorique. Il n'y a donc pas de cadre théorique rigoureux qui permette de parler d'une école de pensée.

- L'unité de l'école de Chicago peut être trouvée dans la volonté des chercheurs de comprendre un phénomène de l'intérieur. Contrairement à Durkheim qui considère qu'un sociologue doit être extérieur à son sujet d'étude, ils affirment qu'il faut se mettre à la place de l'individu dont on veut expliquer le comportement. L'acteur a une volonté, une ambition, un objectif que le sociologue doit mettre en valeur.

- Il en découle une méthode de travail largement utilisée par ces chercheurs : l'observation participante qui consiste à s'immerger dans le groupe que l'on veut étudier. L'étude portant sur les « hoboes » (vagabonds) est, ici, exemplaire puisqu'elle a été produite par un ancien hobo devenu sociologue. Il observe que la marginalisation de ces individus résulte de la confrontation de leurs propres attentes et de celles de la société.

B Le concept « d'interaction symbolique » est issu de l'école de Chicago

- Au début des années 30, une nouvelle génération de chercheurs va s'éloigner du réformisme social des précurseurs pour s'orienter vers une perspective plus théorique qui prolonge la réflexion de certains des pionniers de l'université (George H. Mead) et donne une cohérence à l'ensemble des travaux empiriques. E. Huges, H. Blumer et L. Warner sont les chercheurs les plus connus de cette seconde école de Chicago.

- Créée en 1937 par H. Blumer, l'expression « interactionnisme symbolique » désigne un courant de pensée qui fait des relations réciproques entre les individus (les interactions) et des signes de ces échanges (les symboles) l'objet d'étude de la sociologie. Pour ces sociologues, les institutions sociales d'une part et la personnalité des individus d'autre part sont constamment créées et renouvelées au cours des interactions individuelles. Conformément à ce qu'affirmait Weber *(fiche 12)*, le sociologue doit donc se mettre à la place de chacun des acteurs afin de comprendre ce qu'il a perçu de l'attitude des autres et les raisons de son action.

Plus que pour le contenu de ses travaux empiriques, l'école de Chicago est restée dans l'histoire de la sociologie pour avoir « inventé » les enquêtes de terrain alors que, sur le plan théorique, on lui doit la notion d'interactionnisme symbolique. Mais le développement du fonctionnalisme (cf. fiche 18) *conduit à une scission de cette école en 1935 et à son effacement jusqu'au début des années 60 quand les élèves de Blumer renouvelleront ce courant de pensée. Plus connu sous le nom d'école interactionniste* (cf. fiche 20), *cette seconde école de Chicago s'est illustrée par ses travaux sur la déviance.*

FICHE 18

LE FONCTIONNALISME

En réaction à l'empirisme de la sociologie américaine du début du siècle (cf. fiches 16 et 17), *Talcott Parsons (1902-1979) a cherché à construire une théorie sociologique globale en s'inspirant des travaux de Weber* (cf. fiches 12 et 13), *de Pareto* (cf. fiche 15) *et de l'économiste néo-classique A. Marschall. Son objectif est de comprendre le fonctionnement du système social (la société). Pour cela, il s'interroge sur le rôle joué par les actions individuelles dans la société.*

Très critique vis-à-vis des ambitions théoriques de Parson, Robert K. Merton se propose de créer des théories « à moyenne portée », à mi-chemin entre l'empirisme et la théorie générale de Parsons.

1 Du fonctionnalisme systématique de T. Parsons...

A Les individus sont porteurs de valeurs

■ Pour T. Parsons, les individus sont des acteurs sociaux qui cherchent à optimiser leur satisfaction. Pour cela, ils se donnent des objectifs et déterminent les moyens les plus efficaces pour y parvenir. L'action sociale résulte donc de choix individuels qui ont un sens pour leurs auteurs.

■ Les choix des individus sont des choix sous contraintes. Contraintes matérielles (ex. : le revenu), mais essentiellement contraintes symboliques car la société véhicule des valeurs et des normes *(cf. fiche 27)* qui orientent les actions. Un individu peut, en principe, refuser ces normes et ces valeurs mais leur intériorisation au cours du processus de socialisation rend cette attitude peu probable.

B Les actions remplissent des fonctions au sein d'un système social

■ Les actions remplissent des fonctions. Cela signifie qu'elles servent à quelque chose, qu'elles ont une utilité au niveau de la société. Leur fonction essentielle, nous dit Parsons, est à la fois d'intégrer l'individu dans la société et de contribuer au maintien de cette société.

Ainsi, deux individus décident de fonder une famille pour des raisons qui leur semblent strictement personnelles. Il leur échappe peut-être que la famille remplit des fonctions au sein de la société : fonction de procréation, de socialisation, etc.

■ La société est ici considérée comme un système (objet complexe composé d'éléments interdépendants) dont la fonction principale est d'intégrer les individus. Ce système peut évoluer mais sans cesser de remplir ses fonctions. De la même manière, les éléments (les sous-systèmes) peuvent se transformer tout en perpétuant les fonctions qui sont les leurs. Mais, quelles que soient les évolutions, la cohérence du système demeure et il ne peut pas y avoir de contradiction durable entre les éléments du système, pas plus qu'entre un élément et la totalité. Parsons, ici, se situe à l'antipode de Marx.

2 ... AU FONCTIONNALISME RELATIVISÉ DE R.K. MERTON

A Merton nuance le fonctionnalisme de Parsons

- Bien que se réclamant du courant fonctionnaliste, R.K. Merton reproche à T. Parsons d'avoir surestimé la fonction sociale intégratrice des actions individuelles « normales ». Ainsi, certaines pratiques religieuses peuvent être source de conflits et non pas d'intégration. De plus, toutes les pratiques sociales n'ont pas nécessairement une fonction intégratrice. Enfin, l'intégration d'un individu peut se faire par d'autres pratiques sociales que celles qui sont dominantes à un moment donné dans une société. Bref, Merton introduit une certaine indétermination là où Parsons voyait de la nécessité.

- Il faut également, nous dit Merton, abandonner l'idée selon laquelle il est possible de construire une théorie générale en sociologie et réintroduire un dialogue entre la recherche empirique et la recherche théorique. Un résultat, un savoir n'a de valeur que dans le domaine précis pour lequel il a été élaboré. À la théorie générale de Parsons, il oppose les théories à moyenne portée, intermédiaires entre les analyses empiriques et ce qu'il appelle les « grandiloquentes constructions conceptuelles ».

B R.K. Merton nous a légué de nombreux concepts

- La distinction entre les fonctions manifestes et les fonctions latentes est un apport important de Merton au fonctionnalisme. La fonction manifeste d'une action est à la fois visible et souhaitée par les individus alors que la fonction latente échappe à leur perception immédiate du social. Ainsi, alors que la socialisation constitue une des fonctions manifestes de l'école, certains sociologues considèrent que la reproduction sociale constitue sa principale fonction latente.

- La socialisation constitue le domaine de la sociologie où les apports de Merton ont été les plus importants. On lui doit principalement un approfondissement des concepts de rôle et de statut *(cf. fiche 28)*, une distinction entre le groupe d'appartenance et le groupe de référence *(cf. fiche 33)* et une analyse de la déviance conçue comme une inadéquation entre des valeurs et des normes *(cf. fiche 35)*.

Si l'on fait abstraction de leurs constructions théoriques parfois très complexes, les fonctionnalistes posent finalement une question très simple : à quoi sert un phénomène social ? En termes sociologiques : quelle(s) fonction(s) remplit-il ?

La réponse à cette question permet de mettre de l'ordre dans le social en assignant une ou plusieurs fonctions à chaque phénomène. Le risque est alors grand de considérer que tout ce qui existe est nécessaire, de refuser toute remise en cause de cet ordre et de négliger les fractures du social.

FICHE 19

LE STRUCTURALISME DE LÉVI-STRAUSS

Né en 1908, l'anthropologue Claude Lévi-Strauss est le principal fondateur d'un courant théorique qui aura profondément marqué les sciences humaines françaises des années 60. S'inspirant d'une méthode d'analyse inaugurée par le linguiste Ferdinand de Saussure (1857-1913), il estime que les relations sociales sont régies par des règles comparables à celles qui organisent les échanges linguistiques. Ce faisant, il exclut les acteurs sociaux (les individus par exemple) de son champ d'analyse puisque ce sont les règles qui « agissent » et « parlent » par l'intermédiaire des hommes.

1 LE STRUCTURALISME COMPARE L'ORGANISATION SOCIALE À CELLE DU LANGAGE

A La linguistique de Ferdinand de Saussure…

■ Pour F. de Saussure, une langue ne doit pas être considérée comme une juxtaposition d'éléments (des mots associés à des sons) qui auraient chacun un sens, mais plutôt comme « un système dont toutes les parties peuvent et doivent être considérées dans leur solidarité synchronique (à un moment donné) ». Aucun des éléments d'une langue ne peut être compris si on l'isole des autres éléments avec lesquels il forme un tout cohérent.

■ Pour illustrer son propos, il compare la langue à un jeu d'échecs : une pièce n'a de sens que mise en relation avec les autres ; changer la forme des pièces ne modifie en rien les règles du jeu ; enfin, il n'est pas nécessaire de connaître la chronologie d'une partie pour comprendre la situation du jeu à un moment donné.

B … sert de modèle au structuralisme

■ Considérant que la société est structurée au même titre qu'un langage, C. Lévi-Strauss reprend à son compte la méthode d'analyse inaugurée par F. de Saussure et définit la structure comme une combinaison d'éléments telle « qu'une modification quelconque de l'un d'entre eux entraîne une modification de tous les autres ». Cette structure, nous dit-il, est cachée dans la réalité et n'est donc pas directement observable par les membres de la société.

■ L'anthropologue doit la découvrir en étudiant les phénomènes culturels qui en sont l'expression concrète mais inconsciente. Il n'a nul besoin, pour cela, de connaître l'histoire de la société qu'il étudie et ne peut comprendre la signification d'un phénomène social qu'en le mettant en relation avec l'ensemble des autres phénomènes.

2 MAIS IL EXCLUT LES ACTEURS SOCIAUX

A L'analyse structurale privilégie l'étude des structures sociales

■ Les sociétés, nous dit C. Lévi-Strauss, sont organisées autours de trois domaines (le langage, la parenté et l'économie) qui forment chacun une structure, au sein de laquelle sont organisés les échanges entre les hommes. Grâce aux échanges de mots, de femmes et de biens, les hommes communiquent et neutralisent la violence qui pourrait détruire la société.

■ Au cours de leurs relations, les hommes échangent d'abord des mots. Cet échange d'ordre symbolique est régi par des règles que les linguistes cherchent à révéler.

Ils échangent ensuite des femmes. Dans son étude des systèmes de parenté propres aux sociétés primitives, C. Lévi-Strauss observe que celles-ci ont en commun la prohibition de l'inceste. C'est, d'après lui, la règle universelle qui rend intelligible l'ensemble des relations de parenté. En obligeant les hommes à choisir une femme en dehors de leur groupe restreint de parenté, la prohibition de l'inceste réunit des familles qui, sans cette pratique, pourrait se faire la guerre.

Les hommes échangent enfin des biens ou, plus exactement, se donnent des biens. Cette pratique les rend redevables les uns envers les autres et renforce les liens sociaux.

B Les acteurs sont absents de cette analyse

■ Bien entendu, les membres d'une société primitive n'ont pas conscience de ces règles latentes qui, d'après Lévi-Strauss, régissent leurs relations. En choisissant une femme dans un clan différent du sien, un homme a simplement le sentiment de respecter la tradition. Seul l'anthropologue est à même de découvrir par l'observation et la réflexion théorique les règles invariantes qui rendent la société intelligible. À condition, bien sûr, de ne pas reprendre à son compte les explications avancées par les individus pour justifier leurs pratiques.

■ Ce sont donc moins les individus qui agissent que les règles qui « agissent » et communiquent par l'intermédiaire des individus. L'analyse structurale néglige la volonté consciente des acteurs et les acteurs eux-mêmes. Ce cadre d'analyse s'est avéré fécond pour l'étude de sociétés qui ne conçoivent pas l'autonomie des individus (les sociétés primitives), mais reste difficilement transposable à l'étude des sociétés modernes.

Au cours des années 60 et 70, le structuralisme a inspiré de nombreuses recherches (tout au moins en France) que ce soit en psychanalyse avec J. Lacan, en économie avec L. Althuser, en philosophie avec M. Foucault, ou en sociologie avec N. Poulantzas et, tout au moins à ses débuts, P. bourdieu. En faisant une analyse en termes de structure, ces auteurs ont en commun d'avoir négligé les acteurs et leurs motivations.

L'effacement du structuralisme à la fin des années 70 a permis aux différentes sociologies de l'acteur (individualisme sociologique, analyse stratégique, analyse de Touraine, mais également sociologie de l'habitus) de se développer.

FICHE 20

L'INTERACTIONNISME

Héritier direct de l'école de Chicago (cf. fiche 17), *ce courant de pensée s'est développé aux États-Unis au cours des années 60. En opposition avec le fonctionnalisme qui dominait alors la sociologie américaine, les interactionnistes ont centré leurs analyses sur les interactions (les actions réciproques entre les individus). Ce courant de pensée, auquel se rattache l'ethnométhodologie d'E. Goffman, a en commun avec l'individualisme méthodologique* (cf. fiche 24) *l'étude des motivations des acteurs, mais s'en distingue en faisant de l'interaction, et non pas de l'individu et de ses stratégies, l'élément de base de sa réflexion.*

1 LE SOCIOLOGUE DOIT ÉTUDIER LES RELATIONS RÉCIPROQUES DES INDIVIDUS

A De la critique de la sociologie dominante…

- Les sociologues interactionnistes rejettent tout d'abord une conception de l'individu qu'ils estiment commune aux culturalistes *(cf. fiche 16)* et aux fonctionnalistes *(cf. fiche 18)*. Ils refusent, en effet, d'accorder une priorité à la culture ou au système sur l'individu et reprochent à ces courants de pensée de présenter une vision fausse d'un individu « hypersocialisé ».

- La rupture avec la sociologie alors dominante aux États-Unis porte également sur les méthodes de travail. Alors que les fonctionnalistes privilégient une sociologie quantitative basée sur le recueil et l'analyse de données (sous la forme d'enquêtes ou de sondages), les interactionnistes réhabilitent une sociologie qualitative issue de l'école de Chicago. Rien ne remplace, pour eux, l'observation directe et personnelle faite par le sociologue sur le terrain.

B … à la constitution d'une nouvelle façon d'analyser le social

- À partir de l'hypothèse selon laquelle les individus sont des sujets conscients, ils proposent d'expliquer le social par les actions individuelles. L'action a un sens (une signification) pour les individus, et les interactionnistes ajoutent qu'il n'y pas d'autre sens à chercher que celui donné par l'individu lui-même. Le travail du sociologue consiste donc à reproduire le discours des individus. Ce faisant, les interactionnistes rompent avec une tradition sociologique, dont Durkheim est un des représentants, qui considère que l'action des individus correspond à une logique qui leur est extérieure et que le sociologue doit mettre en valeur.

- L'action d'un individu et le sens qu'il lui donne dépendent de ses relations avec les autres. Ainsi, un médecin agit vis-à-vis de ses patients en fonction des attentes de ceux-ci. Sachant son patient anxieux, il est tenté de lui mentir afin de le rassurer et de l'aider à surmonter sa maladie. Mais, soupçonnant la gravité de sa situation, le malade pourrait ne plus lui faire confiance ; aussi le médecin ne lui délivrera qu'une vérité partielle sur son état de santé. Les acteurs sociaux sont constamment en interactions.

2 LES INTERACTIONNISTES TENTENT DE DÉPASSER L'OPPOSITION ENTRE INDIVIDU ET SOCIÉTÉ

A Les phénomènes sociaux et les personnalités individuelles sont le fruit des interactions

■ L'interaction est la relation sociale de base. La vie sociale se résume en une multitude d'analyses du comportement des autres, d'actions et, finalement, d'influences réciproques. Les normes et les rôles sociaux ne sont pas des données qui s'imposent aux individus, mais des constructions qui apparaissent, perdurent ou se transforment au cours des multiples interactions. Bien souvent, les comportements sont stéréotypés et semblent obéir à des règles sociales, mais, pour subsister, ces règles ont besoin d'être confirmées par les individus. Au cours de leurs relations, les acteurs créent, confirment et transforment les règles sociales.

■ Les individus, de leur côté, sont également le fruit des multiples actions réciproques qui forment la trame de la vie sociale. Un sociologue de l'école de Chicago *(cf. fiche 17)*, G.H. Mead, avait déja montré comment la socialisation de l'enfant supposait sa participation active à ce processus. Les interactionnistes poursuivent cette réflexion et estiment que la personnalité d'un individu n'est jamais donnée une fois pour toute. Elle est confortée ou modifiée par chacune des relations qu'entretient cet individu avec les autres.

B Ce courant de pensée prend le risque d'un relativisme radical et d'un manque d'objectivité

■ Sur la forme, ces sociologues ont considérablement restreint le domaine de la sociologie en faisant l'hypothèse selon laquelle il n'y pas d'autre sens à chercher aux actions que celui donné par les acteurs. Le social n'est plus, alors, que la représentation que s'en font les acteurs et le sociologue n'a plus qu'a rendre compte des discours des uns et des autres. Ce faisant, il court le risque d'un relativisme radical en accordant au point de vue de chaque acteur la même part de vérité.

■ Une autre critique porte sur la méthode utilisée par les interactionnistes. L'utilisation exclusive des méthodes qualitatives, prônée par Becker, est plus un handicap qu'un avantage dans la recherche de la vérité. En l'absence de vérification statistique des hypothèses, il est difficile de tester la véracité d'une théorie et les risques de dérive hors du champ scientifique se trouvent accrus.

Les interactionnistes ont cherché à dépasser l'opposition entre la société et l'individu en montrant que la personnalité d'un individu se formait au contact des autres. Cela a permis de renouveler l'analyse de la conformité et de la déviance, mais sans intégrer certains savoirs déja acquis par la sociologie, que ce soit sur la socialisation ou sur les phénomènes de domination.

FICHE 21

LA SOCIOLOGIE DE TOURAINE

L'œuvre d'Alain Touraine (né en 1925) puise ses racines dans les travaux de G. Friedman avec qui il a travaillé dans le domaine de la sociologie du travail, de K. Marx (cf. fiches 8 et 9), *de G. Gurvitch et enfin du fonctionnaliste T. Parson* (cf. fiche 18). *La société n'est pas une donnée (comme chez Durkheim) et ne peut pas être réduite à son fonctionnement (comme chez les fonctionnalistes). Elle est le résultat toujours renouvelé des conflits qui opposent les acteurs collectifs (classes ou mouvements sociaux).*

1 LA SOCIÉTÉ SE PRODUIT ELLE-MÊME

A L'historicité est la capacité de la société à agir sur elle-même

■ Nous savons tous aujourd'hui que les hommes créent collectivement la société dans laquelle ils vivent. Il n'existe pas d'organisation sociale qui ne soit pas l'œuvre des hommes. En conséquence, les hommes sont en droit de la transformer. Mais ces idées ne vont pas de soi. Les membres de certaines sociétés (les sociétés primitives) estiment au contraire que l'ordre social leur est donné par les dieux ou la nature et qu'ils ne doivent pas le modifier. Touraine appelle « historicité » cette capacité qu'a la société à agir sur elle-même.

■ Cette historicité dépend de trois éléments :
- du mode de connaissance qui offre aux membres de la société une représentation de cette dernière, des relations sociales et de la nature ;
- de l'accumulation et de ce qui est cumulable par la société (le capital, les connaissances, etc.) ;
- du modèle culturel, c'est-à-dire de l'attitude des hommes face à la créativité. Alors que les sociétés primitives se réfèrent à la tradition et intègrent difficilement la nouveauté, les sociétés modernes valorisent, au contraire, l'innovation.

B L'historicité est forte dans les sociétés modernes

■ Organisée autour de l'accumulation du capital, la société industrielle s'est construit un modèle culturel laissant une place de plus en plus large à la créativité. L'idée selon laquelle l'organisation économique (par exemple, l'organisation du travail) dépendait des hommes et devait constamment être renouvelée s'est progressivement imposée. Les hommes ont ensuite réalisé qu'ils pouvaient exercer leur créativité dans l'ensemble des domaines sociaux. La société industrielle possède donc une historicité supérieure à celles qui l'ont précédée.

■ Héritière de la société industrielle, la société post-industrielle (ou programmée) accumule, quant à elle, des connaissances (savoirs scientifiques ou techniques) qui sont la condition de la production matérielle. L'innovation est de rigueur et la société est toute entière tournée vers le changement. La société a alors clairement conscience qu'elle n'a pas son origine dans quelque chose qui lui est extérieur (Dieu, la nature) mais qu'elle se produit elle-même. Son historicité est donc forte.

2 La société est conflictuelle

A Des classes sociales sont les acteurs de la société industrielle

- Comme chez Marx, les classes sociales sont les acteurs caractéristiques des sociétés industrielles. Mais, à l'image de ce qu'a fait Darhendorf, Touraine place le rapport de domination (et non pas d'exploitation) au cœur des relations sociales. Il oppose la classe dominée à la classe dirigeante à qui il assigne trois fonctions :
  – elle contrôle l'accumulation (comme chez Marx);
  – elle organise la production des connaissances scientifiques et techniques;
  – elle impose son modèle culturel en faisant de sa conception de la créativité une vision universelle.

- Classe dirigeante et classe dominée s'opposent non seulement sur la production et la répartition de la richesse mais aussi et surtout sur l'organisation sociale et culturelle de la société. La classe dominante tente d'imposer une vision du monde et une conception de la créativité qui lui soient favorables. La classe dominée résiste à l'action de la classe dominante et cherche à préserver son mode de vie.

B Les mouvements sociaux sont caractéristiques de la société post-industrielle

- Dans les sociétés post-industrielles, le conflit se déplace de la production de richesses matérielles vers celle de connaissances, de savoirs et de représentations. Le conflit est alors clairement culturel et son enjeu est la représentation qu'a la société d'elle-même et de son avenir.

- Alors que la classe dominante cherche toujours à faire accepter son modèle culturel, la classe dominée (concrètement la classe ouvrière) se trouve de plus en plus décalée vis-à-vis d'un enjeu culturel qui dépasse de loin l'organisation de la production.

  Alain Touraine s'est interrogé sur la capacité des mouvements sociaux du début des années 70 (mouvements anti-nucléaire, féministes, régionalistes, etc.) à devenir de nouveaux acteurs sociaux en lutte contre les appareils de domination. Mais, du fait de leurs ambiguïtés, ces mouvements ne sont jamais devenus, pour lui, des acteurs centraux de la société post-industrielle.

Alain Touraine présente donc l'originalité de s'inscrire à la fois dans une sociologie de l'acteur et dans une sociologie du conflit. Mais après l'effacement de la classe ouvrière puis des mouvements de contestation comme acteurs sociaux, on peut se demander s'il existe un acteur central dans les sociétés développées de la fin du XXe siècle ? Cette interrogation a conduit A. Touraine a modifier profondément son analyse au cours des deux dernières décennies et à centrer son attention sur les conflits opposants l'État à ses usagers.

FICHE 22 L'ANALYSE STRATÉGIQUE DE CROZIER

Michel Crozier (né en 1922) est d'abord un sociologue des organisations. Proche de la pensée de R. Boudon, il étudie comment des individus rationnels agissent à l'intérieur d'organisations caractérisées par des relations de pouvoir. Il a ensuite transposé son analyse à l'étude de la société dans son ensemble.

1 Crozier analyse le fonctionnement des organisations bureaucratiques

A Les individus sont pris dans des relations de pouvoir

■ Dans la lignée ouverte par M. Weber, Michel Crozier met en scène des individus insérés dans des relations de pouvoir. Il y a pouvoir, nous dit-il, quand un individu A est capable d'obtenir d'un individu B un comportement que ce dernier n'aurait pas eu sans l'intervention de A. Pour ce faire, A qui dispose d'une certaine liberté d'action s'appuie sur un ensemble de règles qui codifient le comportement de B et qui limitent sa marge de manœuvre. Le pouvoir d'un individu dépend donc de la prévisibilité de son comportement : moins un individu sera soumis à des réglementations, moins il sera prévisible et plus il aura de pouvoir.

■ L'individu, chez Crozier, est rationnel (il met en œuvre des stratégies), même si sa rationalité est limitée par l'imperfection des informations dont il dispose. Il cherche à accroître sa marge de manœuvre et à limiter celle des autres en leur imposant des règles qui rendent leurs comportements plus prévisibles. D'un côté, les experts (ouvriers qualifiés, techniciens) cherchent à s'aménager des zones de liberté, de l'autre, leurs supérieurs hiérarchiques tentent de les contrôler en leur imposant des réglementations précises.
Les stratégies des individus constituant le cœur de l'analyse de Crozier, ce dernier qualifie sa théorie d' « analyse stratégique ».

B Les organisations deviennent bureaucratiques

■ Ces luttes perpétuelles de pouvoir rigidifient l'organisation (administration, grande entreprise publique ou privée) en multipliant les règles qui limitent l'autonomie de chacun. L'organisation devient alors une bureaucratie incapable d'évoluer car une transformation nécessiterait une renégociation longue et pénible des relations de pouvoir auxquelles tout le monde, finalement, trouve un intérêt.

■ Toute tentative de réformer une bureaucratie de l'extérieur est donc ressentie par ses membres comme une agression et renforce le sentiment de cohésion interne basé sur la neutralisation des comportements de chacun. Aussi les bureaucraties ne peuvent-elles être réformées que d'en haut et cette transformation ne peut être que brutale. Seule la direction peut imposer le changement en bénéficiant de la centralisation des décisions.

2 La société est bloquée

A Le modèle administratif français freine l'innovation

- M. Crozier a ensuite tenté de transposer à l'ensemble de la société les résultats acquis au cours de son analyse micro-sociologique. Le modèle administratif français dont l'esprit imprègne l'ensemble des organisations (politiques et syndicales mais également les grandes entreprises) est d'après lui un obstacle à la diffusion de l'innovation dans la société française. La société est donc bloquée pour reprendre le titre d'un de ses ouvrages paru en 1970.

- L'usager des services publics ne peut pas faire défection puisque ces services sont des monopoles. Il ne peut pas non plus se faire entendre puisque les échelons hiérarchiques propres à chaque bureaucratie sont autant de filtres qui empêchent son opinion de remonter jusqu'au centre de décision. Il ne lui reste que la révolte et M. Crozier voit dans les événements de mai 68 la contestation d'une conception hiérarchique de l'autorité.

B La société moderne a besoin d'un État modeste

- Dans son ouvrage *État modeste, État moderne* paru en 1987, M. Crozier reprend le thème de la société bloquée et désigne à nouveau l'État comme le responsable de la situation. Les Français sont tout aussi innovateurs que les autres, mais l'État au sens large pénalise l'innovation. Il a pourtant su s'adapter aux technologies nouvelles (l'informatique) mais cette modernisation a renforcé ses tendances traditionnelles à la centralisation et à la hiérarchie.

- La solution à ce blocage réside dans un désengagement de l'État et dans l'établissement d'une concurrence entre les organisations afin de permettre à l'usager d'effectuer un choix ou de faire entendre sa voix.
  Prenant l'exemple de l'enseignement supérieur chargé de former les élites qui auront, à terme, la charge de diriger les organisations, il préconise une autonomie et une mise en concurrence des centres de formation.

L'analyse stratégique de M. Crozier a renouvelé la sociologie des organisations héritée des travaux de Taylor en prenant en compte la notion de pouvoir. Il met en scène des individus que l'on peut assimiler à des « homo strategicus » dont l'objectif est d'accroître leur propre pouvoir et de restreindre celui des autres. Il se situe ici clairement dans la mouvance de l'individualisme méthodologique.

Ses analyses macro-sociologiques intègrent une dimension politique revendiquée comme telle puisque M. Crozier y présente les réformes qu'il juge souhaitables pour la société et ses membres.

L'ÉCOLE DE FRANCFORT

Tout au long d'un siècle marqué par deux guerres mondiales et les totalitarismes nazi et stalinien, les sociologues de « l'école de Francfort » se sont interrogés sur la rationalité du monde. À la création à Francfort en 1913 de l'Institut de Recherche Sociale, Théodor Adorno et Max Horkheimer situent leur réflexion dans la perspective d'une révolution qu'ils espèrent émancipatrice. Au cours de leur exil américain entamé en 1933, ils abandonnent cet horizon tout en réaffirmant leur dénonciation de la domination. Jürgen Habermas est, de nos jours, l'héritier et le rénovateur le plus connu de cette école.

1 À SA CRÉATION, L'ÉCOLE DE FRANCFORT SE SITUAIT DANS UNE PERSPECTIVE RÉVOLUTIONNAIRE

A Un projet radical

- L'ambition des fondateurs de l'école de Francfort est de fonder une théorie critique par opposition à une théorie traditionnelle. Alors que cette dernière est un ensemble de propositions concernant un domaine de connaissance particulier, la théorie critique doit favoriser l'émancipation des hommes en leur dévoilant les mécanismes de la domination. Elle affirme la possibilité d'une société conforme à la raison (la réflexion philosophique) et aux intérêts de la collectivité. Elle se développe en opposition aux théories préexistantes (Hegel en particulier) et à l'organisation sociale actuelle. Pour cela, elle utilise deux outils : le matérialisme historique *(fiche 8)* qui permet une critique de la domination et la psychanalyse qui étudie l'intériorisation de cette domination par les individus.

- Dans sa démarche, l'école de Francfort entend concilier théorie et empirisme et plus précisément la philosophie et l'enquête sociologique. Elle veut tirer parti des outils mis au point par les sociologues au début du siècle sans pour autant abandonner la réflexion théorique : la philosophie doit stimuler la recherche empirique.

B Une critique de la domination sous toutes ses formes

- Les philosophes et sociologues regroupés au sein de cette école se sont intéressés avant tout au rôle joué par la raison dans l'extension de la domination au cours du XXe siècle. Horkheimer et Adorno partent du postulat selon lequel la raison peut aider à l'émancipation. C'est ainsi que la philosophie des lumières en avait fait un outil de savoir et l'avait utilisée pour abattre les mythes. Mais la bourgeoisie l'a réduite à un calcul au service des intérêts privés. C'est devenu un instrument destiné à résoudre des problèmes techniques liés à la transformation de la nature.

- Dans les sociétés totalitaires, cette raison technicienne est utilisée par l'État dans les camps de concentration. Dans les sociétés « démocratiques », elle est au service d'un État social dont l'ambition est d'administrer l'ensemble de la société. Les grandes entreprises industrielles s'en sont emparées afin d'orienter les goûts des consommateurs. En conséquence, les activités qui relèvent de la sphère privée (loisirs, éducation, culture, etc.) sont de plus en plus réglementées soit par l'État soit par l'argent. Même l'art a été transformé en marchandise en devenant l'objet d'une production industrielle.

2 L'ABANDON DU PROJET RÉVOLUTIONNAIRE

A La crise de l'école de Francfort

- Ébranlés par l'utilisation faite de l'intelligence et de la réflexion par les sociétés totalitaires, Horkheimer et Adorno réexaminent la philosophie des lumières juste après guerre. Ils concluent que toute raison est totalitaire car elle produit un système clos qui ne laisse pas de place au hasard. La réflexion théorique ne permet pas de déterminer ce que doit être une société libre.

- L'art qualifié par Adorno de « promesse de bonheur » reste la seule alternative positive à l'administration de la vie. Il résiste à la société industrielle car il échappe à la rationalité technicienne. C'est un refus de ce qui est et l'évocation de ce qui pourrait être. À condition, rappelle Herbert Marcuse au cours des années 60, de ne pas être transformé en élément d'une culture de masse.

B La réhabilitation de la raison entreprise par Habermas

- Jünger Habermas est, aujourd'hui, le principal héritier et rénovateur de cette école qui disparaît de façon institutionnelle avec la mort d'Adorno en 1969. La *Critique de la technique et de la science* qu'il publie en 1968 est dans le droit fil de cette école. La technique et la science se sont développées en opposition aux idéologies et ont permis de les combattre. Mais, depuis le début du XXe siècle, elles ont été réunies et utilisées par les grandes entreprises afin d'asseoir leur domination. Depuis, les experts en tous genres imposent leurs décisions et limitent la participation des citoyens à la vie de la nation. Technique et science sont devenues des idéologies dont le rôle est de justifier la domination des bureaucraties qu'elles soient publiques ou privées.

- Dans ces derniers travaux, Habermas rompt avec le marxisme mais n'abandonne pas son projet de créer un espace de communication exempt de domination. Il oppose l'agir stratégique par lequel un individu tente d'influencer le comportement des autres à l'agir communicationnel par lequel des individus cherchent à se mettre d'accord sur l'analyse d'une situation et la conduite à tenir. Dans le premier cas, il y a domination ; dans le second, il y a détermination rationnelle de l'intérêt commun aux locuteurs. Transposé au niveau de la société, cela ouvre la perspective de la création d'un espace public d'où pourrait émerger un consensus démocratique.

Les philosophes et sociologues classés au sein de l'école de Francfort se sont interrogés sur le rôle que pouvait jouer la raison dans le processus de domination et d'émancipation. Ils sont tous d'accord pour dénoncer son instrumentalisation et ont renoncé à vouloir déterminer par la réflexion ce que doit être la société. Cependant une raison en œuvre dans le social et non plus théorique est aujourd'hui réhabilitée par Habermas comme instrument d'une prise de décision démocratique.

L'INDIVIDUALISME MÉTHODOLOGIQUE

Au cours des années 60, Raymond Boudon s'est imposé comme le chef de file de l'« individualisme méthodologique » en France. Ce courant de pensée s'était donné comme projet de réintroduire l'individu exclu par le « holisme » de l'analyse sociologique.

1 Les principes de l'individualisme méthodologique

A R. Boudon refuse ce qu'il appelle le « déterminisme »

■ La pensée de R. Boudon s'est affirmée en opposition avec ce qu'il appelle le «paradigme déterministe» incarné aux État-Unis par le culturalisme puis le fonctionnalisme et, en France, par le structuralisme et par la théorie de l'habitus développée par P. Bourdieu. Il reproche à ces théories de surestimer les contraintes sociales et l'influence exercée par la société, les classes sociales ou la structure sur le comportement des individus.

■ Il refuse également d'expliquer un phénomène social par une cause qui lui serait extérieure. Cela le conduit à rejeter toute théorie globale qui prétendrait découvrir les lois du changement social. Une analyse sociologique, nous dit-il, n'a de validité que dans le domaine bien précis pour lequel elle a été élaborée. Il est donc impossible de construire une théorie générale en sociologie.

B L'individualisme méthodologique repose sur deux axiomes fondamentaux

■ À la suite de Weber, Boudon affirme qu'on ne peut expliquer les phénomènes sociaux qu'à la condition de partir des individus, de leurs motivations et de leurs actions. Le sociologue doit d'abord étudier les actions individuelles qui constituent l'élément de base du social puis montrer comment ces actions ont interféré et donné naissance à un phénomène social.

■ Les individus sont rationnels. Boudon accorde au concept de rationalité un sens beaucoup plus large que celui que lui conférait Weber. Il estime, en effet, qu'une action est rationnelle pour peu qu'elle soit orientée par un intérêt, une valeur ou même la tradition. L'action d'un individu est rationnelle, nous dit-il, si celui-ci « a de bonnes raisons d'agir ».

La rationalité, enfin, est située. Cela signifie que les individus adoptent des stratégies en fonction de l'environnement économique, institutionnel, historique, etc. Mais, en aucun cas, cet environnement ne peut déterminer une action qui reste la conséquence d'un choix individuel. Ainsi, un élève issu d'un milieu défavorisé peut en tirer avantage aussi bien pour faire des études courtes que pour faire des études longues afin de bénéficier d'une mobilité sociale ascendante.

2 Le social résulte d'un effet d'agrégation d'actions individuelles

A Les phénomènes sociaux résultent de l'agrégation des comportements individuels

■ Dès lors, tout phénomène social se constitue par agrégation (par sommation) des comportements individuels. Ainsi un embouteillage (le phénomène) a été créé par accumulation de très nombreux comportements individuels qui, pris un par un, sont rationnels (prendre sa voiture pour aller travailler). Boudon parle d'« effet émergent » pour désigner le phénomène social résultant de l'agrégation des comportements individuels.

■ Bien souvent, ces effets émergents sont des effets pervers, ce qui signifie qu'ils ne correspondent pas aux intentions originelles des individus. L'exemple le plus classique donné par R. Boudon concerne la dévalorisation des diplômes : alors qu'il est rationnel pour chaque étudiant de chercher à obtenir le diplôme le plus élevé afin d'accéder à un emploi qualifié et bien rémunéré, l'adoption de cette stratégie par des dizaines de milliers d'étudiants aboutit, quand l'offre d'emploi n'augmente pas suffisamment, à une dévalorisation des diplômes.

B Le changement social est indéterminé

■ Dans son analyse du changement social, Boudon distingue le contexte dans lequel s'inscrivent les actions, du système d'interaction et du phénomène social résultant de ce système. Ce dernier peut modifier le contexte d'origine et, de là, provoquer la création d'un nouveau système d'interaction qui, lui-même, donnera naissance à un nouveau phénomène social.

■ Il s'intéresse tout particulièrement à cette possibilité et affirme que le changement social est alors indéterminé puisque plusieurs systèmes d'interactions peuvent découler d'un contexte donné. Il rejoint Olson *(cf. fiche 55)* pour affirmer que l'existence d'intérêts communs à un groupe social ne suffit pas à provoquer sa mobilisation. Ce groupe peut se mobiliser pour défendre ses intérêts ou, tout aussi bien, ne pas le faire. Le système d'interaction est donc indéterminé et le changement social l'est également. Ici encore, Boudon rompt avec ce qu'il appelle la sociologie déterministe et, en particulier, avec celle de Marx.

L'individualisme méthodologique a rappelé l'importance qu'il convient d'attacher à l'étude des individus dans l'analyse sociologique. L'utilisation d'une conception très large de la rationalité lui permet de donner une explication à la quasi-totalité des comportements humains mais vide ce concept de son sens. Enfin, l'acteur rationnel imaginé par Boudon est, en principe, indéterminé mais rencontre sur sa route de telles contraintes que sa marge de manœuvre est des plus réduite. Ainsi l'étudiant issu d'un milieu modeste qui « choisit » de faire des études courtes faute de moyens financiers a une conduite largement déterminée par un contexte économique sur lequel il n'a pas de prise. L'individu rationnel échappe au déterminisme culturel mais peut-être pas au déterminisme économique.

FICHE 25

LA SOCIOLOGIE DE L'HABITUS DE BOURDIEU

Pierre Bourdieu a fortement marqué la sociologie française depuis le début des années 60. Influencé à l'origine par le structuralisme, il s'en est peu à peu détaché pour accorder une plus grande attention à la stratégie des individus et au domaine symbolique.

1 HABITUS ET DOTATION EN CAPITAL

A L'habitus est à l'origine des actions des agents

■ Le concept d'« habitus » est au cœur de la sociologie de Bourdieu. Il désigne sous ce terme l'ensemble des goûts et des aptitudes acquis par un individu au cours du processus de socialisation. L'habitus est non seulement un système de préférence mais également un système générateur de pratiques. Conformément à ses goûts, chaque individu a un comportement cohérent qui lui semble naturel mais qui est le produit de ses expériences sociales.

■ Ces expériences sont liées à l'appartenance à une classe sociale et à une culture donnée. Placés dans des conditions comparables de socialisation, des individus auront des habitus proches, une vision commune du monde et un style de vie homogène. De ce fait, une classe sociale réunit l'ensemble des personnes dotées du même habitus.

B Les agents sont dotés de capitaux

■ Les individus ne sont pas identiques et interchangeables. Ils se distinguent d'abord par leur dotation globale en capitaux. Or, cette dotation n'est pas aléatoire : ceux qui appartiennent à la classe dominante en sont richement dotés alors que les membres des classes populaires en sont faiblement pourvus.

■ Les individus se distinguent ensuite par la structure de ce capital. Bourdieu distingue quatre principaux types de capitaux.
- Le capital économique prend en compte la richesse et le revenu.
- Le capital culturel peut prendre trois formes : celle de l'habitus, celle des biens culturels possédés par un agent (tableau, etc.), celle, enfin, des diplômes qui sanctionnent officiellement un niveau culturel. Bourdieu utilise ce concept pour expliquer les inégalités sociales face à l'école.
- Le capital social est l'ensemble des relations (les amis...) que peut utiliser un individu ou sa famille.
- Le capital symbolique est assimilable au prestige social. Il peut être officialisé par une nomination, un diplôme ou un titre et a pour objet de légitimer la détention et l'accumulation des autres capitaux, en particulier celles du capital économique.

2 LES AGENTS S'OPPOSENT DANS DES CHAMPS SOCIAUX

A La société est divisée en champs sociaux

- Contrairement à Durkheim pour qui la société était un « tout », P. Bourdieu insiste sur la division en groupes sociaux et estime que l'espace social est partagé en une multitude de champs sociaux (l'école, la politique, le religieux, la culture, etc.). Les capitaux (détenus par chaque groupe social en proportion inégale) constituent des atouts pour se positionner dans un champ, mais les atouts nécessaires varient en fonction des champs. En effet, chacun de ces champs possède ses propres règles du jeu et ses propres critères de réussite. Ainsi, les qualités requises pour réussir à l'école ne sont pas identiques à celles exigées dans le domaine de la mode, de la politique ou du sport.
- Bourdieu assimile un champ social à un marché sur lequel s'échangent des biens spécifiques. Il en est ainsi du champ culturel où une offre (de spectacles, d'exposition, etc.) rencontre une demande dépendante du capital culturel de chacun. Offre et demande déterminent des pratiques culturelles qui reflètent la dotation en capital culturel des agents.

B Les champs sociaux sont des espaces de domination et de luttes

- Chacun de ces marchés est le lieu d'une confrontation entre les agents (les classes sociales). L'enjeu de cette lutte est double.
  - Les agents cherchent, d'une part, à se procurer des biens produits et échangés que ceux-ci soient de l'argent, des diplômes ou du prestige. Mais, contrairement au modèle du marché concurrentiel cher aux économistes, tous ces agents ne bénéficient pas des mêmes atouts et les mieux dotés en capitaux ont un accès privilégié à ces biens. Ainsi, nous dit Bourdieu, la réussite scolaire des agents est proportionnelle à leur dotation en capital culturel.
  - Ils cherchent, d'autre part, à faire partager leur propre conception de l'ordre social afin de rendre légitime les positions privilégiées qu'ils occupent, en définissant les atouts exigés dans un champ et en les monopolisant. Du coup, le rapport de force est inégal et la classe dominante, parce qu'elle bénéficie d'un capital symbolique important, réussit à imposer sa culture aux autres classes. Ce faisant, elle les prive des gratifications symboliques et matérielles spécifiques à ce champ.
- La stratégie mise en œuvre par un agent dépend donc de sa position dans le champ social.
  - L'agent qui domine un champ social adopte, à priori, une stratégie de conservation qui consiste à maintenir sa position dans le champ alors même que d'autres agents tentent de subvertir cet ordre. Dans le domaine symbolique, il doit renouveler l'adhésion de tous à un ordre social qui lui est favorable.
  - Les agents dominés peuvent, au contraire, adopter des stratégies de subversion qui visent à réorienter l'ordre social en leur faveur et doivent, pour cela, réussir à imposer une conception de la société qui les valorise.

À partir des concepts d'« habitus » et de « champs sociaux », Bourdieu a tenté de dépasser l'opposition entre l'objectivisme (qui ne s'intéresse qu'à la structure sociale) et le subjectivisme (qui privilégie le discours des individus). Ces concepts lui permettent en effet de rendre compte des stratégies des agents et, en même temps, de les replacer dans une logique sociale qui les dépasse.

PARTIE IV

LA SOCIALISATION

FICHE 26

L'INDIVIDU

La notion d'individu est le concept autour duquel les sciences sociales se sont bâties. Au-delà de cette constatation, il faut s'interroger sur les différents sens que les sociologues ont donné à ce terme. La conception aujourd'hui dominante au sein des sciences sociales et, en particulier, en économie est celle d'un individu rationnel, mais un autre modèle existe : celui d'un individu socialisé.

1 LE MODÈLE DE L'INDIVIDU RATIONNEL...

A L'individu parfaitement rationnel est une pure abstraction

- Une première conception de l'individu rationnel est empruntée à l'économie néoclassique. Dans ce modèle, l'individu est isolé des autres, autonome, et égoïste. Il est rationnel en ce sens qu'il recherche exclusivement son bonheur et qu'il se donne des stratégies cohérentes pour y parvenir. L'objectif des économistes n'est pas, ici, de décrire la réalité mais de construire un modèle prouvant que la recherche exclusive de l'intérêt individuel conduit à la satisfaction de tous. L'ambition des sociologues qui adoptent cette démarche est d'expliquer les phénomènes sociaux en partant d'un individu privé de tout ce qui fait la vie en société (la famille, les amis, etc.) et mû par la recherche de son intérêt personnel.

- Cette conception de l'individu a été refusée par de nombreux sociologues pour (au moins) deux raisons :
  – un individu aussi transparent à lui-même est une pure fiction théorique ;
  – ce modèle d'un individu rationnel semble dans une impasse puisqu'on n'a jamais pu démontrer que la recherche de l'intérêt individuel aboutissait à la satisfaction de tous. La théorie des jeux montre, au contraire, que l'action de deux individus parfaitement rationnels peut logiquement aboutir à une situation qui pénalise les deux. Autrement dit, deux individus rationnels auraient parfois intérêt à être irrationnels.

B Le modèle de l'individu dont la rationalité est limitée se veut plus sociologique

- Les difficultés rencontrées par le modèle d'un individu parfaitement rationnel ont amené certains sociologues (R. Boudon, M. Crozier...) à proposer celui d'un individu à la rationalité limitée tout en maintenant la primauté de l'individu sur la société. Pour R. Boudon *(fiche 24)*, un individu est rationnel à partir du moment où il a « une bonne raison » de faire quelque chose. Ce qui revient à dire que le religieux qui vit pauvrement et le « golden boy » qui cherche à s'enrichir sont tous les deux rationnels. Enfin, les individus ne sont plus considérés comme étant, à priori, indépendants des autres. Chez Boudon, par exemple, ils exercent leur rationalité au sein d'un système de contraintes sociales.

- Cette conception de l'individu est évidemment plus proche de la réalité que l'analyse précédente. Néanmoins deux critiques principales lui sont adressées :
  – l'explication des comportements est tautologique puisqu'un individu agit car il a envie d'agir ;
  – pour dépasser ce premier niveau d'analyse, il faut se demander pourquoi un individu a envie d'agir. Une approche sociologique voudrait alors que l'on fasse référence à un contexte social et culturel (des valeurs et des normes par exemple) qui préexisteraient aux individus. Or l'individu, dans ce type d'analyse, est supposé être à l'origine du social qui n'a donc pas vraiment d'existence en tant que tel.

2 … S'OPPOSE À CELUI DE L'INDIVIDU SOCIALISÉ

A Le modèle de l'individu socialisé permet la prise en compte des phénomènes culturels

- Accepter l'hypothèse selon laquelle l'action individuelle s'enracine dans un contexte culturel et social permet de prendre en compte l'histoire des individus et leur socialisation. Il faut alors reconnaître que l'individu naît de la société et que tous les individus ne sont pas interchangeables ; il faut, à priori, distinguer les hommes et les femmes, les enfants des parents, les travailleurs indépendants des salariés, etc. Ce modèle présente l'avantage sur les précédents de prendre en compte l'influence de la culture sur les comportements individuels *(fiche 30)*.

- La recherche de l'intérêt individuel n'est plus alors une donnée intangible mais une aptitude acquise au cours de la socialisation. D'autres logiques que l'utilitarisme peuvent donc motiver les actions individuelles. Alain Caillé émet l'hypothèse selon laquelle les hommes agissent par plaisir, pour défendre leurs intérêts, par devoir ou pour se libérer. Or le plaisir, le devoir ou la liberté peuvent aller à l'encontre des intérêts matériels.

B Ce modèle doit éviter le déterminisme culturel

- L'avantage de ce type d'analyse est de nous présenter un individu qui a une certaine consistance sociale. Le risque est de surestimer le poids de la société et de réduire l'individu à être un représentant de son groupe social. C'est clairement le cas de la sociologie culturaliste *(cf. fiche 16)* qui fait de la culture un système unifié d'attitudes stéréotypées auxquelles les hommes se conforment et qu'ils se transmettent sans grands changements de génération en génération.

- Toute la difficulté de ce type d'analyse qui attache un poids important à la socialisation est de comprendre comment les individus ont suffisamment d'autonomie par rapport aux structures sociales pour transformer et, parfois, créer les règles auxquelles ils obéissent. Aucun sociologue n'a, sur ce point, donné de réponse qui fait l'unanimité.

L'hypothèse d'un individu rationnel nous permet de comprendre que les individus sont à l'origine des règles sociales. Celle d'un individu socialisé permet, au contraire, d'expliquer le respect de règles qui semblent supérieures aux hommes. Plusieurs sociologues, dont P. Bourdieu avec le concept d'habitus (cf. fiche 25), *ont cherché à dépasser cette opposition mais aucune de ces théories ne fait l'unanimité.*

FICHE 27

NORMES ET VALEURS

Comment les faits sociaux (des manières d'agir, de penser et de sentir, extérieures aux individus) s'imposent-ils à eux ? À la suite de Durkheim, il faut s'intéresser à l'orientation des comportements individuels par les normes et les valeurs. Mais il ne faut pas oublier pour autant que l'organisation de ces normes et de ces valeurs permet à l'acteur de faire des choix.

1 L'ACTION SOCIALE EST GUIDÉE PAR LES NORMES ET LES VALEURS

A L'action sociale est guidée par des normes

- Les normes sont des règles qui régissent l'action des individus à l'intérieur des sociétés. Elles existent d'une part sous la forme de règles explicites, qui s'imposent officiellement aux individus et peuvent être de nature juridique (un texte de loi) ou réglementaire (le règlement intérieur d'un établissement scolaire). Ces règles explicites ont pris une importance croissante dans les sociétés modernes. Mais d'autre part, les règles implicites, intériorisées lors du processus de socialisation, importent tout autant et régissent la plupart des relations à l'intérieur des groupes restreints. Ainsi, le comportement des membres d'une famille doit respecter des règles non écrites mais évidentes pour tous.

- Les normes appartenant au patrimoine commun, la collectivité exige ou souhaite leur respect et juge de la conformité des comportements des individus. Ce jugement prend la forme d'une sanction ou d'une gratification qui peut être officielle, mais qui reste, la plupart du temps, informelle : les sourires et les invitations ou, à l'inverse, le silence et la mise à l'écart sont quelques-unes des attitudes qui permettent au groupe d'exprimer son approbation ou, au contraire, sa désapprobation.

B Les normes s'appuient sur des valeurs

- Alors que les normes sont concrètes, les valeurs sont abstraites. Ce sont des idéaux collectifs susceptibles d'orienter les actions individuelles. La liberté, le travail, l'égalité, l'amour de son prochain, etc. sont quelques-uns des idéaux les plus caractéristiques des sociétés occidentales. Une fois ordonnées, ces valeurs, porteuses d'une vision du monde, donnent un sens aux pratiques des individus et, d'après Durkheim, s'imposent à eux.

- Bien qu'elles ne soient pas concrètes, les valeurs ont une influence sur le réel et participent à l'orientation de l'action en conférant aux normes leur légitimité. Ainsi, se serrer la main pour se saluer n'a aucun sens si ce n'est celui d'exprimer le respect que l'on doit aux autres membres de la communauté. Et, de la même manière que le respect des autres peut s'exprimer de plusieurs façons, une seule valeur peut s'incarner dans un grand nombre de normes.

2 Les individus gardent une liberté de choix

A Il existe plusieurs systèmes de valeurs

■ La relativité des valeurs dans l'espace mais aussi dans le temps est une évidence depuis longtemps admise. Mais les valeurs, à la différence des normes, ne s'effacent pas rapidement et subsistent dans la société alors même que d'autres valeurs sont devenues dominantes. Le christianisme, puis la mise en place d'un État, enfin le développement du capitalisme nous ont légué des valeurs d'inspiration religieuse (amour du prochain par exemple), politique (la liberté, l'égalité...) ou économique (le travail, la compétition...) qui sont, pour partie, contradictoires. Aussi, loin d'imposer un système unique de valeurs, la société offre aux acteurs plusieurs systèmes hiérarchisés et plus ou moins cohérents d'idéaux.

■ Les valeurs étant parfois contradictoires, il est inévitable que les normes le soient également. C'est pourquoi plusieurs comportements peuvent être considérés comme légitimes dans une situation donnée. Si certaines normes sont impératives (l'interdiction de l'assassinat ne souffre d'aucune exception), la plupart donnent lieu à interprétation : la fidélité conjugale, la charité ou l'amabilité, pour ne prendre que ces exemples, sont plus des pratiques souhaitables que des obligations formelles. L'individu peut donc s'écarter (dans une certaine mesure) de ce qui est souhaité par la collectivité sans pour autant devenir un déviant et s'exposer aux sanctions.

B Les individus ont la possibilité de faire des choix

■ Le comportement d'un individu n'est donc jamais totalement déterminé puisqu'il peut choisir entre plusieurs systèmes de valeurs et que certains écarts par rapport aux normes sont tolérés. Ainsi, en réponse au problème posé par la pauvreté, un individu peut opter pour la charité, en se référant aux valeurs du catholicisme ou pour la solidarité collective, en valorisant l'action politique. Il peut, enfin, conformément aux valeurs du capitalisme, en appeler à la responsabilité et à l'effort individuel. D'autres choix, d'une autre nature que les précédents, sont parfois effectués et certains optent pour des pratiques déviantes comme la haine ou la violence.

■ Reste que le choix offert par la société est généralement limité : un ou deux modèles privilégiés et autant de modèles acceptables mais à des degrés moindres. Hors de ces quelques possibilités, les pratiques deviennent déviantes et l'individu s'expose aux sanctions de la collectivité. Les choix individuels sont donc des choix sous contraintes.

Les normes et les valeurs ont donc pour fonction de guider l'action sociale. Pourtant, les comportements individuels ne sont jamais totalement déterminés puisque la coexistence de plusieurs systèmes de valeurs et la malléabilité des normes rendent tout aussi légitimes des comportements différents.

FICHE 28

RÔLES ET STATUTS

Comment les conduites individuelles parviennent-elles à s'harmoniser ? Les notions de rôles et de statuts permettent de mieux comprendre la relative uniformisation des comportements tout en posant le problème de l'autonomie de l'individu par rapport au social.

1 LES RÔLES ET LES STATUTS...

A Les statuts sont des positions occupées dans la structure sociale

■ Le statut correspond à la position occupée par une personne dans un domaine de la vie sociale. Les domaines sociaux étant multiples, les statuts le sont également. Un homme peut donc être à la fois mari, père de famille, contremaître, chasseur et conseiller municipal.
Un individu est ainsi défini horizontalement par rapport à ses égaux (ses collègues, les autres conseillers municipaux...) et verticalement par la place qu'il occupe dans une hiérarchie (professionnelle, politique…). À chacun de ses statuts correspondent des droits et des devoirs spécifiques.

■ Bien que distincts, les différents statuts ne sont pas indépendants. La plupart du temps, et c'est le cas dans l'exemple précédent, ils se renforcent mutuellement du fait de leur relative compatibilité. On parle alors de congruence de statuts. Mais les différents statuts d'un individu peuvent éventuellement ne pas correspondre. Rien n'interdit formellement à une employée de maison de participer à un club de bridge et d'y rencontrer son employeur.

B À chaque statut sont assignés des rôles

■ Les droits et les devoirs assignés à un statut se concrétisent dans des rôles sociaux qui sont des comportements individuels attendus par un groupe dans une situation sociale donnée. À chaque statut correspondent donc plusieurs rôles qui répondent chacun aux attentes des différents partenaires d'un individu. Ainsi, un contremaître doit jouer des rôles différents quand il est en relation avec son supérieur hiérarchique, ses collègues ou les ouvriers dont il a la responsabilité. À l'image des statuts, les rôles ne sont pas laissés à la stricte appréciation des individus et sont, en grande partie, codifiés.

■ Un individu est donc amené à jouer plusieurs rôles dans chacun des domaines de la vie sociale ou il s'implique (vie familiale, professionnelle mais aussi associative, culturelle, religieuse, etc.). Si l'appartenance à des groupes différents peut entraîner des conflits de rôle, R.K. Merton *(cf. fiche 18)* a montré que ceux-ci naissaient principalement des attentes différentes des partenaires d'un individu dans un même domaine de la vie sociale. Pour reprendre son exemple, un professeur qui doit concilier les attentes des élèves, avec celles de leurs parents, de l'administration et, pour finir, de ses collègues est inévitablement conduit à gérer un conflit de rôles.

2 ...PEUVENT ÊTRE INTERPRÉTÉS DIFFÉREMMENT PAR LES INDIVIDUS

A Les fonctionnalistes considèrent les individus comme des porteurs de rôles

- Pour les sociologues fonctionnalistes (en premier lieu T.C. Parson, mais également R.K. Merton), les individus interprètent des rôles qui peuvent être assimilés à des rôles théâtraux. Tout comme l'acteur de théâtre qui interprète de façon personnelle un texte qu'il est obligé de respecter, l'acteur social répond aux attentes d'autrui d'une manière qui lui est propre.

- Mais les rôles sont, dans leurs grandes lignes, identiques pour tous et s'imposent aux individus sous peine de sanctions sociales. La socialisation d'une part et le contrôle social d'autre part ne laissent, en fait, qu'une faible marge de manœuvre aux individus. La plupart du temps, les individus jouent « spontanément » les rôles associés à leurs statuts. Il peut en être autrement ; dans ce cas, l'individu déviant prend le risque d'être écarté du groupe et, dans certains cas, officiellement sanctionné.
  Les concepts de « statut » et de « rôle » permettent donc aux sociologues fonctionnalistes d'expliquer la stabilité des comportements sociaux.

B Les ethnométhodologues insistent sur la création des rôles par les acteurs

- E. Goffman (un des porte-parole de l'ethnométhodologie, *(cf. fiche 20)* poursuit la comparaison entre l'acteur de théâtre et l'acteur social. Pas plus que le premier, le second ne s'identifierait à un rôle dont il connaît la relativité. Mais il sait également que la vie en communauté est impossible sans un relatif conformisme. Son objectif n'est donc pas tant de respecter les normes sociales que d'afficher un certain respect pour les normes et les valeurs. L'acteur social interprète librement un rôle afin de contenter son public et d'éviter des réactions négatives.

- Les rôles sociaux ne seraient donc pas des « données » qui s'imposeraient aux individus. Conformément à une méthode d'analyse qui fait des relations interindividuelles l'élément de base du social, les ethnométhodologues affirment que les rôles sont réécrits au cours des interactions en fonction de l'évolution des attentes de chacun des partenaires. Mais cela ne signifie pas que les rôles soient constamment renouvelés puisque les individus sont fortement incités au conformisme. La plupart du temps, ils choisissent de respecter les rôles que la société leur propose.

La notion de rôle social est donc un concept sociologique de base qui permet d'expliquer la relative uniformisation des actions à partir d'une situation sociale donnée. Reste à définir la place de l'individu dans la société. Pour les fonctionnalistes, les rôles s'imposent aux individus alors que pour les ethnométhodologues, l'individu construit les rôles sociaux au cours d'un processus d'interaction. Cela renvoie à deux conceptions très différentes de la sociologie.

FICHE 29

RITES ET SYMBOLES

Le monde social est fait d'une multitude de conduites stéréotypées (les rites) qui font appel à des symboles. Rites et symboles participent à la reproduction de la société mais ont acquis, dans nos sociétés modernes, une certaine malléabilité.

1 LES RITES ET LES SYMBOLES FAVORISENT LA REPRODUCTION SOCIALE

A Les rites sont des ensembles de rôles

■ Dans une société primitive, un rite est un ensemble ordonné de gestes et de paroles stéréotypés accomplis dans un cadre religieux.
Dans nos sociétés modernes, le rite est, la plupart du temps, profane. C'est un ensemble codifié d'attitudes, de gestes et de paroles qui se reproduisent à chaque fois qu'un événement a lieu. Un dîner de famille dans la bourgeoisie du XIXe siècle, une manifestation syndicale, la cérémonie du 14 juillet, l'accueil des nouveaux élèves dans un lycée sont quelques-uns des rites observables dans la société française.

■ Un rite s'apparente toujours à une cérémonie : chacun des participants à une place qui est le reflet de son statut et doit respecter le rôle qui lui est assigné. Le rite traduit, à la fois, l'existence d'idéaux communs et l'asymétrie des relations entre les acteurs. Il est un ensemble de rôles qui rappelle à tous les valeurs du groupe. Ne pas jouer le rôle qui lui est assigné expose le perturbateur à être sanctionné et, éventuellement, à être exclu du groupe. Les rites permettent donc à la société de se reproduire et aux individus de s'y intégrer.

B Les symboles incarnent les valeurs

■ Les rites font appel à des symboles. Un symbole est un concept qui est utilisé pour en représenter un autre. Ainsi Marianne est le symbole de la République, la croix celui du sacrifice du Christ et un siège social peut symboliser la réussite d'une entreprise. Dans tout symbole, il y a donc un signifiant : la chose en elle-même (ex. : le buste de Marianne) et un signifié : ce qui est représenté (ici, la République). Un symbole a ensuite une signification. Tous les Français comprennent que l'hommage rendu à Marianne s'adresse, en fait, à la République. La signification d'un symbole n'est accessible qu'à partir du moment où l'on dispose du code permettant de passer du signifiant au signifié.

■ Les symboles sont des représentations concrètes de réalités abstraites. Ils incarnent des valeurs qui sont, par essence, abstraites et absentes de la réalité tangible. Le buste de Marianne, le drapeau français, l'écharpe du maire, etc., sont autant de signes visibles qui nous rappellent que nous vivons en République et que nous devons en respecter les valeurs et les normes.

2 Ils ne sont pas immuables

A Les groupes sociaux sont en compétition pour imposer valeurs, rites et symboles

■ Contrairement aux sociétés primitives qui se voulaient unifiées, la société moderne est divisée en plusieurs groupes sociaux. En raison de l'importance de l'économie dans notre organisation sociale, il est légitime de constituer des groupes sociaux à partir d'un critère économique. Sur cette base, Marx oppose la bourgeoisie détentrice des moyens de production au prolétariat. Mais on peut, également, partager la population à partir d'autres critères et considérer que les catholiques forment un groupe social. Chacun de ces groupes sociaux possède des valeurs et, bien entendu, des rites et des symboles qui lui sont spécifiques.

■ Ces groupes sociaux sont en compétition afin de faire reconnaître par les autres la supériorité de leurs valeurs, rites et symboles. L'enjeu de cette compétition est à la fois symbolique (il s'agit d'en tirer du prestige social) et matériel (cela permet un accès privilégié à la richesse). L'engouement de certaines entreprises pour les cérémonies, les réunions, les activités para-professionnelles relève d'une volonté de diffuser parmi les salariés les valeurs de l'entreprise (l'efficacité par exemple) au détriment d'autres idéaux comme la solidarité. Sur le plan matériel, cela s'est traduit par un partage de la richesse produite de plus en plus favorable au capital.

B Les changements sociaux s'accompagnent d'une modification des rites et des symboles

■ Dans les sociétés traditionnelles, valeurs, normes, rites et symboles sont acceptés et partagés par tous. Ils traduisent la croyance en une organisation sociale immuable car d'origine divine. La contestation peut porter sur la personne qui exerce le pouvoir mais ne peut pas s'exercer sur le pouvoir en lui-même. De ce fait, la société est stable et les rites et les symboles ont une certaine permanence.

■ Dans la société moderne, aucun aspect de l'organisation sociale n'est à l'abri de la contestation. Rites et symboles y ont donc un statut ambigu puisqu'ils sont à la fois supérieurs aux individus et soumis à leur appréciation. Ils peuvent être contestés, rejetés ou, tout simplement, tomber en désuétude. Ils ont donc besoin d'être constamment légitimés, réaffirmés et, parfois, renouvelés afin de remplir leur fonction d'intégration.

Les acteurs sociaux sont immergés dans un monde symbolique. Au cours des rites, les symboles incarnent des valeurs et participent à l'orientation de l'action sociale. Mais, dans la société moderne, rites et symboles ont perdu une partie de leur capacité d'intégration et il est nécessaire de toujours réaffirmer leur légitimité.

FICHE 30

LA CULTURE

En sociologie et en anthropologie, la culture est l'ensemble des croyances, des valeurs, des normes et des pratiques communes à un groupe social donné. Elle a une double fonction de cohésion sociale et d'intégration des individus. Transmise de génération en génération, elle est un héritage social, mais cet héritage se transforme. Les conflits culturels entre groupes sociaux sont une explication possible de cette évolution.

1 LA CULTURE EST UN HÉRITAGE SOCIAL

A La culture est un ensemble de connaissances, de croyances et de pratiques

■ L'anthropologue anglais du XIXe, E.B. Tylor, définit la culture comme étant « un ensemble complexe qui comprend les connaissances, les croyances, l'art, le droit, la morale, les coutumes, et toutes les autres aptitudes et habitudes qu'acquiert l'homme en tant que membre d'une société ».

■ Ainsi définie, la culture présente quatre caractéristiques :
- c'est un ensemble cohérent dont les éléments sont interdépendants ;
- elle imprègne l'ensemble des activités humaines ;
- elle est commune à un groupe d'hommes, que ce groupe soit important (les habitants d'un continent) ou très faible (une bande de jeunes) ;
- elle se transmet par le biais de la socialisation. La plupart du temps cette transmission se fait d'une génération à l'autre par l'intermédiaire des agents de socialisation que sont la famille et l'école, pour ne citer que les plus importants. En ce sens, la culture est un « héritage social ».

B Elle a une fonction de cohésion sociale et d'intégration individuelle

■ La fonction première de la culture est de renforcer la cohésion du groupe en conférant une légitimité aux relations sociales. La culture donne un sens aux liens qui unissent les hommes, que ces liens soient issus de la division du travail, de la proximité géographique, ou de la volonté de se reproduire. Ainsi l'idée de nation justifie le fait que les hommes vivent en paix sur un territoire mais, également, qu'ils déclenchent la guerre. L'idée de famille ainsi que les valeurs et les normes qui y sont associées crée, entre les parents et les enfants, des relations beaucoup plus solides que les seuls liens biologiques.

■ La culture, ensuite, permet l'intégration des individus dans un groupe. Un individu se sentira d'autant plus à l'aise au sein d'un groupe qu'il adhérera aux valeurs de cette communauté et en respectera les normes. De son côté, ce groupe n'aura aucune raison de se montrer hostile vis-à-vis d'une personne qui accepte les règles du jeu social.

2 ELLE EST UNE SOURCE DE DISTINCTION ET L'ENJEU DE CONFLITS

A La culture est une source de distinction

■ Tous les membres des sociétés modernes ne partagent pas exactement la même culture. Pris globalement, chaque groupe social (les jeunes, les ouvriers, les femmes, etc.) possède des traits culturels particuliers qui le distinguent des autres. On désigne par sous-culture la culture spécifique d'un groupe social à l'intérieur d'une société.

■ Cette culture permet à un groupe de se distinguer des autres. Privilégiant l'action plutôt que l'écrit et centrée sur les valeurs du travail et de la solidarité, la culture ouvrière était différente de la culture classique et élitiste de la bourgeoisie. P. Bourdieu a montré comment cette dernière, de son côté, cherchait à se différencier du peuple en s'imposant des pratiques sociales sophistiquées (l'étiquette au cours d'un repas ou certaines pratiques sportives par exemple). La culture permet, ainsi, de distinguer le « eux » du « nous ».

B Elle est l'enjeu de conflits

■ Les groupes sociaux sont en conflit pour imposer leur propre modèle culturel à l'ensemble de la société. Les conflits culturels ne portent pas seulement sur l'identité de chacun des groupes. Ils portent également sur le choix du modèle culturel qui servira de référence à l'ensemble de la société. Même si tout le monde n'adopte pas concrètement ce modèle, il existe un relatif consensus autour de ce qui est considéré comme un ensemble idéal de pratiques culturelles. Le groupe social dont le modèle culturel est ainsi légitimé en tire un prestige social qui justifie un accès privilégié à la richesse.

■ Le groupe social dominant souhaite évidemment maintenir un rapport de force qui lui est favorable. Les autres groupes peuvent, au contraire, chercher à renverser cette situation. Dans l'immédiat après-guerre, les organisations se réclamant de la classe ouvrière ont défendu un modèle culturel centré sur le travail, la famille et la solidarité. À partir des années 60, certains traits culturels qui étaient l'apanage des jeunes (musique, vêtements) se sont diffusés dans l'ensemble de la société. Plus tard, les classes moyennes ont mis en avant des valeurs liées à la nature (l'authenticité, la convivialité, etc.). Au cours des années 80, les chefs d'entreprises ont su faire progresser les valeurs de l'entreprise (travail, réussite individuelle, compétition, efficacité).

La culture n'est donc pas seulement un héritage social. C'est également, pour reprendre une expression de Bourdieu, un capital que chaque groupe essaye de valoriser. Les conflits culturels qui en résultent sont à l'origine de la transformation de la culture.

Utilisée en anthropologie, la notion de culture a permis d'expliquer les différences entre les sociétés (cf. fiche 16). *En sociologie, elle est souvent utilisée comme facteur explicatif des comportements humains. La culture est donc un des concepts fondamentaux de la sociologie. Mais il faut se garder d'y voir exclusivement un héritage social car la culture est en mouvement et il faut pouvoir expliquer cette évolution.*

FICHE 31

LA SOCIALISATION

Comment un individu devient-il un être social ? La socialisation est ce processus qui permet à la société de transmettre des modèles culturels d'une génération à l'autre. Mais cette transmission n'est en aucun cas mécanique, et il ne faut pas négliger le rôle des individus dans ce processus.

1 LA SOCIALISATON IMMERGE L'INDIVIDU DANS LE SOCIAL

A La socialisation consiste à apprendre et à intérioriser les modèles culturels

■ Les modèles culturels propres à une société (le langage, les valeurs, les normes et les rôles sociaux) ne sont pas innés. Ils sont transmis par le groupe aux individus dès leur naissance, et ce processus, particulièrement intense dans les premières années de la vie, se prolonge tout au long de l'existence. La famille, l'école, les groupes d'amis, mais également les entreprises et les administrations sont les principales instances de socialisation.

■ Au cours de ce processus, l'individu fait bien plus que d'acquérir des connaissances ou des modèles, il les intériorise en les intégrant dans sa personnalité. Il ne suffit donc pas qu'un enfant apprenne qu'il n'est pas convenable de manger bruyamment, l'objectif de la socialisation est de lui rendre désirable le fait de manger « correctement ». Cette pratique lui paraîtra « naturelle » alors qu'elle est, en fait, « artificielle ».

B Cela permet à un individu de s'intégrer dans sa communauté

■ Une fois les normes et les valeurs intériorisées par l'individu, celles-ci vont guider ses actions, et son comportement va spontanément correspondre à ce que le groupe considère comme acceptable. L'assimilation des modèles culturels renforce la probabilité pour qu'un comportement soit normal et limite l'utilisation de la contrainte au sein du groupe. Ce dernier n'ayant pas besoin d'exercer une violence physique, l'individu aura le sentiment d'une totale liberté alors que son action sera le reflet de sa socialisation.

■ Ce patrimoine culturel commun permet aux membres de la collectivité d'entretenir des relations sociales. Tous peuvent s'accorder sur le sens à donner à une action et les comportements deviennent prévisibles : chacun sait, par exemple, qu'il faut saluer son interlocuteur avant d'engager la conversation. La socialisation, et c'est sa fonction ultime, permet d'intégrer un individu dans un groupe.

2 Elle suppose une participation active de l'individu

A L'individu est partie prenante de son apprentissage

- L'apprentissage est le premier mécanisme de la socialisation. Sur cette notion, les partisans de « l'inné » se sont opposés aux sociologues du « comportement ». Les premiers ont mis l'accent sur l'hérédité comme phénomène explicatif des conduites humaines. Les seconds, à partir de l'idée selon laquelle l'individu réagit à ce qui le stimule, ont au contraire insisté sur l'influence du milieu social. Le débat entre ces deux conceptions de l'individu paraît sans fin. Ces deux analyses, présentées dans leurs positions extrêmes, ont au moins en commun d'avoir négligé le rôle actif tenu par l'individu dans le processus d'apprentissage.

- Un large consensus s'est aujourd'hui constitué autour de la thèse de Piaget selon laquelle apprendre n'est pas ajouter des informations, mais transformer des connaissances. Cela suppose que l'individu confronte des informations nouvelles à des connaissances antérieures et qu'après avoir en partie déconstruit ses anciennes connaissances, il en élabore de nouvelles. Dans l'apprentissage des codes sociaux, comme dans tout apprentissage, l'individu a un rôle actif.

B L'intériorisation des modèles passe par une « prise de rôle »

- L'intériorisation des modèles est le second mécanisme de la socialisation. Le sociologue et psychologue George H. Mead *(cf. fiche 17)* a montré que les enfants développent leur personnalité en s'identifiant à autrui. Les parents, les amis mais également les héros de bandes dessinées, de film, etc. sont choisis comme modèles et sont confrontés, de façon imaginaire, aux expériences vécues par l'enfant.

  L'enfant se socialise donc à travers le jeu et ce que G.H. Mead appelle « la prise de rôle ». Grâce au jeu (à la fois jeu d'enfant et jeu théâtral), il fait l'expérience des rôles sociaux et des règles et intériorise des normes et des valeurs. Son environnement familial mais, également, la télévision lui proposent un petit nombre de modèles souvent proches les uns des autres mais qui lui permettent de faire un choix.

- Même si le modèle familial est évidemment très présent, la diversité des modèles offerts et des agents de socialisation permettent à l'enfant puis à l'adolescent de choisir des valeurs et des normes qui, dans certains cas, permettent une prise de distance vis-à-vis de celles de sa famille. L'école et les « groupes de pairs » (les amis) peuvent apporter d'autres modèles que celui proposé par la famille. Enfin, même si les normes et les valeurs intériorisées ont une forte puissance de conviction, l'expérience peut amener un individu adulte à les modifier. C'est souvent le cas des migrants, ou des générations qui ont vécu une guerre, qui sont incités à reconsidérer leur culture d'origine.

La socialisation explique donc la conformité des actions des individus. Elle permet au groupe de limiter l'usage des sanctions et rend la contrainte sociale plus légère car intériorisée. Mais la socialisation n'est pas un conditionnement. C'est un processus interactif qui laisse une relative autonomie aux individus

FICHE 32

LES AGENTS DE SOCIALISATION

Nous avons défini la socialisation comme étant l'apprentissage et l'intériorisation des normes et des valeurs d'un groupe par un individu (cf. fiche 31). *Nous allons maintenant préciser quels sont les agents de socialisation et quelle est la conséquence de leur diversité sur ce processus.*

1 IL EXISTE DE NOMBREUX AGENTS DE SOCIALISATION

A Des agents primaires...

- La famille joue bien évidemment un rôle central dans le processus de socialisation. Elle est le lieu d'apprentissage et d'imprégnation des codes sociaux élémentaires, dont le langage. Par le jeu, l'enfant apprend à distinguer les différents rôles sociaux et intériorise les valeurs et les normes de sa famille.

- La salarisation et la technicité croissante des emplois à partir de la Seconde Guerre mondiale ont renforcé le poids de l'école comme instrument de socialisation. Elle contribue de façon majeure à l'élaboration des savoirs et renforce la maîtrise qu'ont les jeunes des règles sociales.

- Ecole et famille lèguent aux jeunes ce que P. Bourdieu nomme le capital culturel. Si le capital, au sens économique du terme, est une somme d'argent que l'on peut faire fructifier, le capital culturel est un ensemble de biens de nature symbolique dont l'individu va pouvoir tirer parti. Sont compris dans le capital culturel, le langage, les connaissances culturelles, la connaissance, la maîtrise des codes sociaux et enfin les diplômes.

B ... aux agents secondaires

- Si l'enfance est placée sous le signe de la famille et de l'école, l'adolescence se distingue par l'influence grandissante des groupes d'amis que les sociologues nomment les groupes de pairs. Ceux-ci permettent une relecture des modèles adultes et sont un facteur d'innovation sociale. Ces groupes peuvent, en effet, développer et populariser des pratiques, des normes, des valeurs qui étaient, auparavant, minoritaires et mal acceptées dans la société.

- D'autres agents concourent à la socialisation des individus. L'accès au monde du travail suppose une socialisation préalable, mais les entreprises et les administrations la poursuivent en modelant le comportement de leurs membres. Certains agents de socialisation (les églises, les syndicats ou les partis politiques) voient leur influence diminuer. À l'inverse, la télévision joue un rôle croissant dans la socialisation en offrant des modèles auxquels les spectateurs sont invités à s'identifier.

2 La diversité du processus de socialisation

A Les agents de socialisation peuvent être complémentaires

- Les agents de socialisation partagent, pour partie, les mêmes modèles : le travail, le respect de l'autorité ou encore la responsabilité sont des valeurs fréquemment véhiculées aussi bien par la famille que par l'école ou l'entreprise. Cette complémentarité renforce l'efficacité de chacun des agents et fournit un cadre cohérent dans lequel l'individu peut s'intégrer.

- Faut-il pour autant imaginer que tous répondent à une même logique ? M. Foucault a montré qu'au XIXe siècle, la prison, l'entreprise, l'école ou l'asile avaient pour fonction de discipliner les individus. Il est en revanche impossible de généraliser cette thèse à l'ensemble des agents de socialisation et à toutes les époques.

B Ils sont également divers et, parfois, concurrents

- Il faut admettre que les agents de socialisation sont hétérogènes. Toutes les familles ne partagent pas et ne transmettent pas les mêmes normes et les mêmes valeurs à leurs enfants. Les groupes de pairs peuvent prendre des formes très diverses (du scoutisme aux rappeurs jusqu'au groupe de petits délinquants) et ne constituent pas non plus un cadre unique de socialisation.

  Les agents de socialisation peuvent également être concurrents comme le sont parfois l'école et la famille. Si certaines familles transmettent un modèle culturel proche de celui de l'école, d'autres véhiculent une culture différente. Toutes les familles ne partagent pas et ne transmettent pas les mêmes normes et les mêmes valeurs à leurs enfants. Un écart trop important entre le modèle familial et celui proposé par l'école peut amener l'enfant à choisir l'un au détriment de l'autre. Famille, école mais également groupe de pairs peuvent proposer des socialisations différentes aux jeunes.

- La diversité des modèles culturels et des lieux d'apprentissage de ces modèles rend le processus de socialisation fort complexe. S'il est aisé de découvrir des habitudes, des formes de pensée, des pratiques communes à un groupe d'individus, aucun d'entre eux ne ressemble exactement à son voisin. P. Bourdieu utilise le concept d'habitus pour désigner toutes les prédispositions que l'individu a acquis au cours de sa socialisation, que ce soit ses goûts, ses manières de sentir, de penser et enfin d'agir. S'il existe, pour reprendre l'expression de Bourdieu, des « habitus de classe », c'est-à-dire des prédispositions communes à un groupe social, aucun habitus n'est parfaitement semblable à un autre.

La socialisation d'un individu se fait d'abord au sein de la famille et de l'école, mais d'autres agents interviennent également : les groupes de pairs, la télévision, l'entreprise, etc. Ces agents sont bien évidemment complémentaires puisque l'objectif ultime de la socialisation est d'intégrer un individu dans la société ; ils sont également hétérogènes et concurrents. C'est une des raisons de la complexité du processus de socialisation.

GROUPE D'APPARTENANCE ET GROUPE DE RÉFÉRENCE

Quelle est l'influence du milieu social sur la socialisation ? La famille servant d'intermédiaire entre la société et l'enfant, les sociologues ont d'abord étudié l'influence du milieu social d'origine sur l'éducation. Puis ils se sont intéressés à l'attrait exercé par un éventuel « groupe social de référence » sur un individu et sa famille.

1 LE GROUPE D'APPARTENANCE JOUE UN RÔLE FONDAMENTAL DANS LA SOCIALISATION

A La socialisation est fortement marquée par l'appartenance à un groupe socioprofessionnel

- Les différences de socialisation entre les groupes socioprofessionnels viennent d'abord des inégalités de revenu et de consommation. Alors que les familles ouvrières ont une consommation relative faible qui laisse une large part aux biens de première nécessité, les familles bourgeoises peuvent affecter une part beaucoup plus importante de leur revenu aux consommations « de luxe » que sont les loisirs ou la culture. Elles le font d'autant plus volontiers que ces consommations leur permettent de se distinguer des classes populaires. Ces styles de vie différents affectent à la fois les formes et les contenus de la socialisation.

- Mais le modèle culturel (le langage, les valeurs, les normes et les rôles sociaux) véhiculé par la famille reste le déterminant essentiel de la socialisation. Alors que les familles bourgeoises valorisent généralement l'abstraction, l'écrit et la culture, qu'elle soit classique ou novatrice, les familles populaires, de leur côté, accordent souvent une place plus importante au concret et sont rebutées par la culture écrite dès qu'elle est difficile d'accès.

B Les appartenances religieuses ou éthniques peuvent également jouer un rôle

- La religion constituait autrefois un des pôles majeurs d'identification des individus et de leurs familles. Or, si les principales religions européennes faisaient globalement référence aux même valeurs, elles se distinguaient nettement les unes des autres pour ce qui est des normes. La socialisation mise en œuvre par une famille dépendait alors fortement de sa confession. Mais, l'influence des églises s'est atténuée au cours de ce siècle et, la plupart du temps, le critère religieux est devenu secondaire pour rendre compte des différences de socialisation.

- Aux clivages religieux peuvent s'ajouter des clivages ethniques. Au cours de la première moitié du XXe siècle, de nombreux sociologues américains ont attiré l'attention sur la socialisation des jeunes noirs. L'opinion la plus couramment admise, quelque soit l'appartenance ethnique, était alors que les noirs avaient des capacités de réussite inférieures à celles des blancs. Aussi, pour la plupart, les familles noires transmettaient à leurs enfants un sentiment d'infériorité et les incitaient à respecter un ordre social qui leur était défavorable.

2 Le groupe de référence oriente également la socialisation

A Les trajectoires familiales orientent la socialisation

- L'étude exclusive de l'influence exercée par un groupe d'appartenance sur un individu pourrait laisser supposer que les groupes socioprofessionnels se reproduisent à l'identique de génération en génération. Ce n'est pas la situation la plus courante et les familles s'inscrivent souvent dans des trajectoires sociales qui sont, en règle générale, ascendantes mais courtes. Il est ainsi courant qu'un dessinateur industriel, contremaître ou cadre technico-commercial ait un père ouvrier et un grand-père agriculteur. Il est, par contre, peu fréquent qu'un patron d'une grande entreprise ait un père ouvrier et il est hautement improbable qu'un de ses fils le devienne.

- Or, la trajectoire sociale passée et envisagée oriente la socialisation. Ainsi, le comportement d'une famille ouvrière souhaitant une ascension sociale pour ses enfants sera différent de celui d'une autre famille ouvrière n'ayant pas de stratégie d'ascension sociale. R.K. Merton *(cf. fiche 18)* a montré qu'une famille essayait d'adopter les normes et les valeurs du groupe social qui lui servait de référence. Dès que celui-ci est différent du groupe d'appartenance, cette famille doit accéder à des codes sociaux qui sont plus ou moins éloignés des siens. Pour cette raison, les familles ou les individus se choisissent généralement un groupe de référence proche de leur groupe d'appartenance.

B Les classes moyennes constituent souvent un groupe de référence

- Dans nos sociétés, les médias et, tout particulièrement la télévision favorisent la diffusion des normes et des valeurs de la classe moyenne. La télévision emprunte beaucoup de ses modèles à ce groupe social, parfois aux milieux très favorisés, rarement aux milieux populaires. Elle favorise ainsi l'identification d'une majorité de Français à une classe moyenne mal définie mais qui apparaît à beaucoup comme une norme à atteindre.

- De son côté, l'école puise largement ses modèles dans ceux de la classe moyenne à laquelle appartiennent les enseignants. La réussite scolaire suppose, sinon l'assimilation, du moins la maîtrise des normes communes à ce groupe social et à l'école. Les enfants des classes populaires doivent donc faire un effort pour s'adapter à un modèle culturel différent de celui de leur groupe d'appartenance. Certains échouent, mais d'autres accèdent aux normes d'un groupe social qui leur sert de référence.

La socialisation s'inscrit dans un milieu social particulier. Ce milieu est défini de deux façons : d'abord par une position sociale (cela correspond à la notion de groupe d'appartenance) et ensuite par une trajectoire sociale (cela correspond à la notion de groupe de référence). Ces deux groupes sont rarement très éloignés l'un de l'autre et on peut y voir une explication à la faiblesse de la mobilité sociale.

LE CONTRÔLE SOCIAL

Les fonctionnalistes définissent le contrôle social comme étant l'ensemble des sanctions utilisées par la société pour obtenir la conformité des actions de ses membres. Complémentaire de la socialisation, le contrôle social a pour fonction de renforcer le lien social. Mais, pour les interactionnistes, il contribue à créer de la déviance en étiquetant certains individus.

1 LE CONTRÔLE SOCIAL EST L'ENSEMBLE DES ACTIVITÉS QUI ONT POUR FINALITÉ LE MAINTIEN DES RÈGLES SOCIALES

A Le contrôle social maintient la stabilité sociale

- Utilisé par les sociologues américains du début du XXe siècle et, en particulier, par ceux de l'école de Chicago *(cf. fiche 17)*, le terme de contrôle social désignait alors l'ensemble des mécanismes (ex. : la socialisation) qui permettent à une société de maintenir une relative cohésion sociale. Cette conception extensive du contrôle social s'apparente à ce que nous appelons, aujourd'hui, la régulation sociale.

- Au début des années 50, T. Parsons, pour les fonctionnalistes *(cf. fiche 18)*, définit le contrôle social de façon plus restrictive comme étant l'ensemble des sanctions positives et négatives utilisées par la société pour obtenir la conformité des actions de ses membres. Dans cette optique, le contrôle social est un mécanisme complémentaire de la socialisation.

B Il peut prendre deux formes

- Dans les sociétés modernes, le contrôle social au sens restreint apparaît d'abord sous la forme de sanctions institutionnelles. Ces sociétés, en effet, ont multiplié les textes officiels, qu'ils soient d'ordre réglementaire (un règlement intérieur) ou législatif (une loi), et les institutions chargées de les faire respecter. La société s'est, ainsi, dotée des moyens de sanctionner négativement (ex. : une condamnation) mais également positivement (ex.: une remise de médaille) le comportement de ses membres.
  Le contrôle social institutionnalisé désigne l'ensemble des moyens institutionnels utilisés par une société pour obtenir le respect des normes.

- Mais, au sein des petits groupes (ex.: la famille), le contrôle social passe par d'autres mécanismes. Chacun est sous la surveillance des autres et un comportement provoque une réaction qui reste souvent informelle: un regard, une parole, un geste suffisent pour exprimer la désapprobation ou, au contraire, l'assentiment du groupe.

On parle de contrôle social informel pour désigner l'ensemble des pressions exercées par un groupe sur un individu pour qu'il régularise sa conduite.

2 Les effets du contrôle social sont controversés

A Le contrôle social a, en principe, pour fonction de renforcer la cohésion sociale

■ Les fonctionnalistes partent du postulat selon lequel il existe un relatif consensus social autours des normes et des valeurs. Ils rejoignent Durkheim pour qui la société est caractérisée par une « conscience collective » (ensemble des sentiments, des idées, des pratiques communs aux membres d'une société) qui s'impose à chacun de ses membres. Le contrôle social a, alors, pour fonction de renforcer cette conscience collective. À la suite de la socialisation et, en parallèle avec elle, il permet de reproduire le lien social.

■ Dans cette perspective, la fragilité voire la perte du lien social trouve son origine dans un affaiblissement du contrôle social. C'était la crainte de Durkheim pour qui le passage d'une société à solidarité mécanique (société traditionnelle) à une société à solidarité organique (société moderne) entraîne un affaiblissement du contrôle social informel que le développement du contrôle social institutionnalisé ne suffit pas toujours à compenser. Libéré du poids (et de la solidarité) des communautés, l'individu moderne risque de perdre le contact avec la société.

B Les interactionnistes pensent qu'il contribue à créer de la déviance

■ Les interactionnistes refusent le postulat commun à Durkheim et aux fonctionnalistes selon lequel la société serait un tout homogène. Il n'existe pas, selon eux, de consensus relatif aux normes et aux valeurs et chaque groupe social possède les siennes. Pourtant, certains groupes ont réussi à rendre leurs pratiques légitimes et utilisent les institutions pour imposer leurs propres normes.

■ La déviance est alors pensée comme le résultat d'interactions entre un individu, sa famille et les institutions. Ainsi, un jeune voleur considéré comme délinquant par sa famille et la justice n'aura d'autres choix, s'il est exclu de l'école et privé d'emploi, que de s'identifier à cette étiquette sociale et de renforcer son identité délinquante.

Dans une perspective interactionniste, le contrôle social a pour résultat d'étiqueter certains individus comme déviants et, par opposition, de légitimer les pratiques sociales des membres des autres groupes.

Pour les fonctionnalistes, socialisation et contrôle social ont tous deux pour fonction de reproduire le lien social. Les interactionnistes, de leur côté, voient dans le contrôle social un élément de régulation sociale qui trouve son origine dans les relations individuelles et qui consiste à créer, amender ou supprimer les règles sociales.

FICHE 35

LA DÉVIANCE

Apparue au cours des années 50 dans la sociologie américaine, cette notion a l'avantage d'être plus extensive que celles de délinquance ou de criminalité que l'on employait auparavant. Les fonctionnalistes la définissent comme une transgression des règles sociales et l'expliquent par les dysfonctionnements de la société (cf. fiche 18). *Les interactionnistes, de leur côté, voient dans la déviance le résultat d'interactions sociales conduisant à une stigmatisation de certains individus* (cf. fiche 20).

1 LES FONCTIONNALISTES EXPLIQUENT LA DÉVIANCE PAR LES DYSFONCTIONNEMENTS DE LA SOCIÉTÉ

A La déviance est une transgression des règles sociales

■ Les fonctionnalistes considèrent que toute société offre à ses membres un ensemble de valeurs et de normes (des règles de conduite fondées sur des valeurs) dont la fonction ultime est d'assurer la cohésion sociale. Certaines de ces normes sont explicites (les lois, les règlements) ; d'autres sont implicites (les règles de politesse). La transgression de ces normes entraîne, en principe, une sanction sociale qui varie selon la nature de la norme.

■ Mais, du fait de la coexistence de plusieurs systèmes de valeurs, la société offre souvent le choix entre plusieurs modèles de comportement. Toutes les normes ne peuvent donc pas être respectées en même temps et toutes ne s'imposent pas avec la même force. Si certaines sont impératives, d'autres peuvent ne pas être strictement respectées sans entraîner de sanctions sociales.
Pour les fonctionnalistes, un individu est donc considéré comme déviant si son comportement s'éloigne sensiblement des quelques modèles acceptés par la société.

B Elle s'explique par un dysfonctionnement social

■ Les sociologues ont d'abord cherché à comprendre pourquoi un individu devenait un déviant. Dès les années 20, les chercheurs de l'école de Chicago ont montré l'influence du milieu social sur la délinquance *(cf. fiche 17)*. Ils ont mis en évidence que la criminalité était favorisée à la fois par le statut économique (la pauvreté), par le lieu d'habitation (en particulier les cités-dortoirs regroupant des populations hétérogènes) et par la situation familiale (les familles éclatées).

■ Après la Seconde Guerre mondiale, dans une perspective fonctionnaliste, R.K. Merton a expliqué la déviance par le résultat d'un conflit entre des buts (des valeurs) et des moyens (les normes). Ainsi, nous dit Merton, la société américaine valorise la richesse mais exige que l'on s'enrichisse par le travail (ou par l'épargne). Or, une partie des Américains et tout particulièrement les membres des minorités ethniques ne sont pas suffisamment qualifiés pour s'enrichir de cette façon. Un criminel est donc quelqu'un qui accepte les buts proposés par la société américaine mais qui cherche à les atteindre par des moyens illicites car les moyens normaux sont hors de sa portée.

2 Les interactionnistes en font la résultante d'interactions sociales

A La déviance est un écart, identifié comme tel et donc sanctionné, par rapport à la norme

- À partir du milieu des années 60, les interactionnistes ont renouvelé l'analyse de la déviance en rejetant le postulat fonctionnnaliste selon lequel il existerait un relatif concensus concernant les normes sociales. En fait, nous disent-ils, les normes sont relatives et chaque groupe social possède les siennes. Inséparable de la norme, la déviance est également une notion relative et un comportement peut être jugé conforme par un groupe social et déviant par un autre. Certains comportements, pourtant, sont sanctionnés et cette sanction permet de distinguer la déviance du simple écart par rapport à une norme.
  Les interactionnistes pensent qu'il faut distinguer la transgression de la règle perçue par la société de celle qui reste secrète. De fait, de nombreuses transgressions des règles sociales ne sont pas repérées par la société et ne peuvent donc pas être comptabilisées parmi les actes déviants.

- H. Becker définit alors la déviance comme un écart, identifié comme tel et donc sanctionné, par rapport à la norme. Pour être considérée comme de la déviance, la transgression d'une règle sociale doit être repérée par la société et sanctionnée par elle.

B Elle résulte d'interactions sociales

- Becker analyse alors la déviance comme la résultante d'interactions entre un individu d'une part et ses proches ainsi que les institutions chargées de faire respecter l'ordre social d'autre part. Un individu qui commet un acte déviant (ex. : un vol) sera étiqueté comme délinquant par ceux de ses proches qui ont connaissance de son acte et par la justice s'il se fait prendre. La conséquence de cet étiquetage est que le déviant va s'identifier à l'image que lui renvoie la société alors même qu'il lui est plus difficile de gagner de l'argent par des moyens légaux. Une éventuelle récidive, si elle est perçue par la société, sera à l'origine d'une nouvelle sanction et renforcera cette identité délinquante.

- Un déviant n'est donc pas celui qui transgresse une norme (nous le faisons tous) mais « celui auquel cette étiquette a été appliquée avec succès ». Cela explique que les groupes sociaux soient inégalement représentés dans les statistiques de la délinquance : certains ont réussi à rendre légitimes leurs normes alors que d'autres ne parviennent pas à masquer leurs transgressions des normes dominantes.

Les fonctionnalistes se sont interrogés sur les raisons qui incitaient un individu à devenir déviant alors que les interactionnistes se sont intéressés au processus de la déviance et à sa définition par la société. Bien que les problématiques soient très différentes, ces théories sont, en partie, complémentaires puisque les interactionnistes n'expliquent pas le premier passage à l'acte de déviance.

PARTIE V

LES SOCIÉTÉS

COMMUNAUTÉ ET SOCIÉTÉ

Ferdinand Tönnies a publié en 1887 Gemeinschaft und Gesellschaft, *ouvrage dans lequel il oppose le lien social naturel basé sur l'affectivité (la communauté) à celui, artificiel, dirigé vers un objectif (la société). Cette opposition lui permet d'avancer une explication sociologique à l'apparition du capitalisme, contrairement à Marx qui privilégie une analyse économique.*

Cette distinction entre la communauté et la société sera, par la suite, utilisée par Weber pour faire une typologie des différentes formes d'action et de domination.

1 De communautaires, les relations sociales sont devenues contractuelles

A Tönnies distingue « Gemeinschaft » de « Gesellschaft »

- Le concept de « Gemeinschaft » traduit par celui de « communauté » s'applique à toutes les relations sociales ou organisations sociales caractérisées par des liens affectifs durables et par un sentiment d'appartenance à un groupe. La famille constitue l'exemple le plus parfait de la communauté, mais ce concept peut également s'appliquer aux sociétés traditionnelles et aux relations sociales au sein d'une entreprise paternaliste.

- Le concept de « Gesellschaft » est généralement traduit par celui de « société ». Il recouvre l'ensemble des relations sociales ou organisations sociales caractérisées par une volonté délibérée de chaque individu de poursuivre un but personnel. L'échange économique est le symbole d'une telle relation et, par extension, la société capitaliste peut être qualifiée de « société » même si certaines relations communautaires subsistent de façon marginale en son sein.

B Il explique ainsi l'apparition du capitalisme par une transformation des relations sociales

- Cette distinction permet à Tönnies de donner une explication sociologique à la naissance du capitalisme en faisant de la transformation du lien social la cause de cette apparition. Le passage de la communauté à la société aurait détaché les individus des anciennes solidarités sociales, leur aurait permis de poursuivre des buts égoïstes et aurait finalement favorisé le développement économique.

- Cette analyse s'oppose à celle de Marx pour qui l'apparition du capitalisme s'explique par des phénomènes économiques et, en particulier, par l'accumulation primitive de surplus. Dans cette perspective, l'effacement des communautés est la conséquence du développement du capitalisme et non pas sa cause comme le soutient Tönnies.

2 Weber replace cette transformation dans un processus de rationalisation

A Les typologies de l'action et de la domination proposées par Weber...

- Cette distinction entre la communauté et la société apparaît clairement dans l'analyse de Weber *(cf. fiche 13)* quand ce dernier distingue quatre types idéaux de rationalités qui guident les actions :
  - l'action émotionnelle est le fait de quelqu'un qui agit sans réfléchir (se quereller par exemple) ;
  - l'action traditionnelle consiste à agir en respectant les habitudes (aller à la messe peut être une action traditionnelle) ;
  - l'action rationnelle en valeur est orientée par des principes (c'était le cas du capitaine qui coulait avec son bateau) ;
  - l'action rationnelle en finalité est le fait d'un individu qui se choisit un but et les moyens pour y parvenir (faire des études afin de pouvoir exercer une certaine profession).

- On retrouve également l'influence de Tönnies dans la typologie que dresse Weber de la domination :
  - la domination traditionnelle trouve sa légitimité dans le passé ;
  - la domination rationnelle ou légale s'appuie sur des règles, valables pour tous, qui organisent l'accession au pouvoir et son exercice ;
  - la domination charismatique est le fait d'un individu qui s'impose grâce à des qualités considérées comme exceptionnelles.

B ... découlent de la distinction opérée entre la « Gemeinschaft » et la « Gesellschaft »

- Ces deux typologies s'inscrivent parfaitement dans la distinction opérée par Tönnies entre communauté et société.
  - Au sein des communautés, les actions sont typiquement traditionnelles, émotionnelles ou rationnelles en valeur et la domination est soit traditionnelle soit charismatique.
  - Au sein des sociétés, les actions sont surtout rationnelles en finalité et la domination est également de type rationnel.

- On l'aura compris, l'apport décisif de Weber aura été de faire de la rationalisation la clef du passage de la communauté à la société. Cela ne signifie pas que la raison guide le monde mais que les individus, en rupture avec la tradition, déterminent eux-même les objectifs de leurs actions.

La distinction opérée par Tönnies entre communauté et société s'est avérée très féconde. Weber, nous l'avons vu, s'en est largement inspiré. La société à solidarité mécanique, telle que la décrit Durkheim (cf. fiche 11), *emprunte bien des traits à la communauté, même si le sociologue français met en place une toute autre problématique que celle de Tönnies. On en trouve des traces dans toutes les typologies opposant les sociétés modernes aux sociétés traditionnelles*

FICHE 37

LA SOCIÉTÉ

Les hommes vivent en société. Cela signifie qu'ils ont en commun une organisation économique, une culture et un système politique qui forment un ensemble cohérent. Marx, Durkheim, les sociologues culturalistes ou fonctionnalistes ont utilisé ce concept de société en insistant sur la production des individus par celle-ci. Mais, à la suite de Max Weber, certains sociologues, dont Bourdieu, ont remis en cause ce concept au nom d'une certaine autonomie des domaines sociaux. R. Boudon, pour sa part, nie toute existence réelle de la société.

1 L'IDÉE MÊME DE SOCIÉTÉ IMPLIQUE CELLE DE SON UNITÉ

A La société est un ensemble structuré

- Une société peut d'abord être définie par la structure qui sert de cadre à l'action sociale. Dans cette optique, Marx explique les phénomènes sociaux par les rapports sociaux de production c'est-à-dire par les relations souvent conflictuelles entre les classes sociales. Ici la structure est d'ordre économique puisqu'elle est construite autour de l'exploitation d'une classe par une autre mais elle peut également être sociale (la division du travail et le type de solidarité dans l'analyse de Durkheim par exemple). Globalement, la société est donc définie par les relations structurées qui unissent et, éventuellement, opposent des individus au sein d'organisations sociales au sens large.

- Une société peut ensuite être caractérisée par sa culture, c'est-à-dire par un ensemble cohérent de valeurs, de normes et de symboles. En opposition au marxisme, les culturalistes et, dans une moindre mesure, les fonctionnalistes caractérisent une société par un système culturel héréditaire qui lui est propre et la distingue des autres.

B C'est une totalité

- On ne peut pas utiliser la notion de société sans faire l'hypothèse selon laquelle il existe une cohérence entre les éléments structurels d'une part et les éléments culturels d'autre part. Il faut supposer, en outre, que la structure économique, la structure sociale, la technologie, la culture, la politique, le religieux, etc. forment un tout homogène. Il faut accepter l'idée selon laquelle il y a une « logique » dans la société.

- À cette condition, la société est un objet sociologique réel, un tout différent de la somme des éléments qui la compose. C'est notamment la position des fonctionnalistes pour qui la société est un système social composé de sous-systèmes (économiques, politiques, culturels, etc.) cohérents et articulés entre eux.

Puisqu'elle existe, la société est en interaction avec les individus qui la composent. Conformément à une méthode d'analyse donnant la primauté à l'ensemble social, Durkheim a surtout insisté sur la production des individus par la société, mais l'idée d'une unité du social n'est pas acceptée par tous.

2 L'UNITÉ DE LA SOCIÉTÉ EST PARFOIS CONTESTÉE

A Max Weber ne croit pas à l'existence d'une société globale

- Pour Weber *(cf. fiche 13)*, il n'existe pas de société globale car il n'existe pas de système unifié de valeurs qui puissent servir de ciment à la société. Chaque groupe social produit ses propres références et tous les groupes sont en compétition afin d'imposer leurs valeurs aux autres. La société n'est que la somme de ces groupements (classes sociales et groupes de statut) ainsi que les relations qu'ils entretiennent.

- Une relation sociale (la domination) et un instrument (l'État) permettent de réunir les hommes. La domination est, pour Weber, une relation sociale qui unit les individus puisqu'elle suppose la reconnaissance de la légitimité du pouvoir. Là où il y a domination, il y a acceptation d'un certain type d'organisation et de relations sociales. Après Marx, Weber désacralise l'État et en fait un simple instrument dont la fonction est de faire tenir ensemble les groupes sociaux. La domination qu'il exerce sur la population est jugée inévitable par Weber mais elle n'est pas en mesure de générer un système de valeurs qui permettrait à la société d'être plus que la somme de ses parties.

B Les raisons pour lesquelles ce concept est refusé sont parfois contradictoires

- Pour Bourdieu *(cf. fiche 25)*, les pratiques sociales s'inscrivent dans des champs sociaux (l'école, la politique, la religion, l'art, le sport, etc.) qui possèdent chacun des règles particulières de fonctionnement. Les critères de réussite ainsi que les moyens à mettre en œuvre pour dominer le champ social étant différents d'un champ social à un autre, chacun de ces domaines est autonome. Aussi il est fort possible qu'un agent soit dominant dans un champ (ex.: le sport) et dominé dans un autre (ex.: l'école). En l'absence d'unité et de cohérence entre les champs sociaux, Bourdieu vide la notion de société de son sens et lui préfère celle de formation sociale. Une formation sociale pourrait être caractérisée à la fois par une structure sociale (l'opposition entre les classes sociales) et un ensemble d'habitus.

- Boudon, de son côté, considère que le concept de société (comme celui de classe sociale) n'est qu'une construction de l'esprit qui n'a aucune réalité *(cf. fiche 24)*. C'est un concept utilisé par certains sociologues pour donner une explication commode et (trop) rapide aux comportements humains. Mais cette notion nous cache l'essentiel: les raisons qui motivent les actions des individus. Puisqu'elle n'existe pas, la société ne peut évidemment pas être créée par les individus. Par contre, l'agrégation des comportements individuels débouche sur des institutions sociales qui ont une certaine permanence.

L'idée d'une société unifiée permet de comprendre la cohésion sociale et la reproduction de la société mais peut déboucher sur une sous-estimation des contradictions du social.

FICHE 38

LE SYSTÈME SOCIAL

Familier des physiciens, biologistes et cybernéticiens, le concept de système est utilisé en sociologie pour insister sur l'unité de la société et l'interdépendance des éléments (les sous-systèmes) qui la composent. Talcott Parsons (cf. fiche 18) *est sans doute le sociologue qui a fait l'usage le plus approfondi de ce concept. Il conçoit la société comme l'imbrication d'un système culturel et d'un système social. Ces deux systèmes s'institutionnalisent dans une structure qui confère à la société une grande stabilité.*

1 LE CONCEPT DE « SYSTÈME » EST PARFOIS APPLIQUÉ AUX SOCIÉTÉS

A Pour T. Parsons, le système culturel et le système social sont les deux composantes de la société

■ Un système est une combinaison d'éléments dont la réunion forme un ensemble. Appliqué à la société, ce concept met l'accent sur l'unité du social et l'interdépendance des éléments (les sous-systèmes) qui la composent. Une analyse en termes de système part de l'hypothèse selon laquelle la totalité (ici la société) possède un degré de complexité supérieur à celui des sous-systèmes qui la composent. Autrement dit, la société présente des caractéristiques qui lui sont propres et que l'on ne retrouve pas dans chacun des domaines sociaux ni, bien sûr, dans les individus.

■ T. Parsons distingue le sous-système culturel du sous-système social.
- Le sous-système culturel est composé des valeurs auxquelles il faut ajouter les connaissances et les idéologies propres à une société. C'est donc un vaste ensemble de symboles qui donnent un sens à l'action des individus.
- Les normes et les rôles sont parmi les principales composantes du sous-système social qui régit les interactions entre les individus. Ces normes et ces rôles sont la traduction concrète des valeurs qui ont toujours un caractère très général. Elles forment une structure car elles ont une relative permanence et expliquent la stabilité des comportements sociaux.

La société est, pour T. Parsons, formée de l'imbrication des sous-systèmes culturels et sociaux. Les normes et les rôles résultant des valeurs, T. Parsons accorde au sous-système culturel la place la plus haute dans sa hiérarchie des sous-systèmes. Une société est, pour lui, d'abord caractérisée par son système de valeurs.

B Le marxisme peut également utiliser le concept de « système »

■ Par bien des égards, le fonctionnalisme est en opposition avec le marxisme. Alors que Marx insiste sur le rôle prépondérant de l'économie dans la société, les fonctionnalistes accordent la priorité à la culture. Ils décrivent une société stable, cohérente dans laquelle les individus s'intègrent. Marx, au contraire, insiste sur les contradictions du social et sur la lutte des classes *(cf. fiche 9)*.

■ Il est pourtant possible d'intégrer le concept de « système » dans une analyse marxiste en définissant la société par un ensemble cohérent de rapports sociaux organisés autour de l'exploitation d'une classe par une autre. On parlera alors de « système capitaliste » pour insister sur l'interdépendance entre l'infrastructure économique et la superstructure culturelle, juridique, politique, religieuse, etc.

2 IL PERMET D'EXPLIQUER LA REPRODUCTION SOCIALE

A Il permet aux fonctionnalistes de penser la reproduction sociale

■ Concevoir la société comme un système permet d'expliquer l'intégration sociale des individus. La socialisation est facilitée par la cohérence des valeurs, des normes et des rôles proposés par la société ; l'insertion des acteurs dans le système est la règle. Les déviants, minoritaires, sont alors considérés comme le produit de dysfonctionnements du système.

■ Du fait de ses éléments structurels, la société peut être considérée comme stable. Les normes, les rôles et les valeurs qui la fondent sont, en principe, transmis de génération en génération, et cet héritage lui confère une certaine permanence. Evidemment, les éléments structurels se transforment mais, sauf en période de bouleversements économiques et sociaux, ce changement est lent et n'affecte pas les caractéristiques essentielles de la société.

B L'intégration des individus, la cohésion sociale et la stabilité de la société risquent d'être surestimées

■ Le premier risque rencontré par les analyses en termes de système est de surestimer l'intégration des individus et de donner une explication réductrice de la déviance qui est considérée comme la conséquence d'un dysfonctionnement *(cf. fiche 35)*. Cette critique a été adressée à Parsons par les interactionnistes et les tenants de l'individualisme méthodologique qui lui reprochent une vision « hyper-socialisée » des individus.

■ Le second risque, que l'on peut lier au premier, est de sous-estimer les transformations sociales. D'une manière générale, le changement social est difficilement pris en compte par une analyse en termes de « système » puisque, par hypothèse, celui-ci se reproduit. Les conflits et leur rôle dans la transformation sociale sont également mal appréhendés. Ils sont en effet analysés soit comme des perturbations qui empêchent un bon fonctionnement du système soit, au contraire, comme des processus qui permettent au système de se reproduire.

Fréquemment utilisé au cours des années 60, le concept de système a été abandonné depuis par l'essentiel des courants de pensée qui se sont développés en opposition au fonctionnalisme. Mais l'émergence d'un néo-fonctionnalisme contemporain dont le représentant le plus connu est l'Allemand N. Luhmann lui a rendu une certaine actualité.

LES SOCIÉTÉS « PRIMITIVES »

Le terme de société primitive a longtemps été utilisé pour désigner des sociétés sans écriture et à faible division du travail. Les anthropologues modernes ont, la plupart du temps, pris leurs distances avec un terme conçu dans une perspective évolutionniste. Refusant l'idée selon laquelle ces sociétés seraient le premier maillon d'une chaîne aboutissant à nos sociétés modernes, ils ont cherché, au contraire, à en montrer la spécificité.

1 LES SOCIÉTÉS PRIMITIVES ONT D'ABORD ÉTÉ ÉTUDIÉES DANS UNE OPTIQUE ÉVOLUTIONNISTE

A La « société primitive » a d'abord été considérée comme la première des sociétés

■ Conformément à une méthode d'analyse qui fait de l'économie l'infrastructure de la société, les anthropologues marxistes définissent la société primitive par sa faible division du travail et par l'organisation de la production sur la base des relations de parenté. La productivité et la production sont faibles et condamnent ces populations à l'insécurité alimentaire.

■ Durkheim fait également le constat d'une faible division du travail et en recherche les conséquences sociales. Les membres des sociétés primitives, nous dit-il, sont fondamentalement semblables et seul le statut (hommes/femmes, jeunes/vieux, etc.) les différencie. La conscience collective (ensemble des croyances et des sentiments véhiculés par la société) y est forte et laisse peu de place à l'autonomie individuelle. La solidarité entre les hommes est qualifiée par Durkheim de mécanique *(cf. fiche 11)*.

B Elle a été étudiée dans une perspective évolutionniste

■ Dans la perspective marxiste du développement des forces productives *(cf. fiche 8)* la société primitive est dotée du mode de production le moins efficace. Certains marxistes y voit le premier stade du développement des sociétés conduisant inéluctablement (et provisoirement) à la société capitaliste. D'autres nuancent ce propos en parlant d'« évolutionnisme multilinéaire ».

■ On retrouve également cette vision évolutionniste chez Durkheim, puisque l'accroissement de la population et l'intensification des échanges entre les individus accentuent la division du travail et donc la différenciation des hommes en fonction de leurs métiers. On passe ainsi d'une société à solidarité mécanique à une société moderne à solidarité organique.

2 Ces sociétés sont aujourd'hui considérées comme spécifiques

A Selon Claude Lévy-Strauss, elles sont organisées autour du système de parenté

■ En cherchant à définir positivement ces sociétés, Claude Lévi-Strauss *(cf. fiche 19)* a rompu avec cette perspective évolutionniste. Il a montré que les relations de parenté avait pour fonction de codifier la prohibition de l'inceste. Il considère que le système de parenté forme la charpente de l'organisation sociale des sociétés primitives. La parenté crée, en effet, des relations d'interdépendance entre les membres de la société et permet à chacun d'acquérir une personnalité sociale.

■ Les rôles sociaux sont alors dépendants de la position dans le lignage formé par l'ensemble des personnes (parfois cinq ou six générations) descendant d'un ancêtre commun reconnu et réel. La place qu'une personne occupe dans une famille lui confère des droits et des obligations vis-à-vis de chacun des autres membres du groupe. L'augmentation de la population du lignage provoque périodiquement sa séparation (sa segmentation) en plusieurs lignages nouveaux. Une société formée d'une combinaison de segments identiques est alors qualifiée de « segmentaire ».

B Pour Pierre Clastres, elle sont indivisées

■ Refusant de réduire une société à un système de parenté, P. Clastres parle, quant à lui, de sociétés indivisées. Il affirme en effet qu'elles ont fait le choix de ne pas accorder à certains de leurs membres un pouvoir politique sur les autres. Si l'on fait exception de certaines circonstances particulières (ex. : la guerre), le chef d'une société « primitive » n'a en effet pas la possibilité d'exercer une violence et de se faire obéir. Refusant une séparation entre un embryon d'appareil politique et la communauté, ces sociétés seraient « contre l'État ».

■ Ce choix étant fait, elles sont logiquement hostiles au changement. Leur conception religieuse du monde et d'elles-mêmes légitime ce refus. Puisque les dieux ou les ancêtres sont à l'origine du monde et de l'organisation sociale, il n'appartient pas aux hommes de modifier un ordre social qui n'est pas de leur compétence.

Dans le domaine économique, ce refus de la division se traduit par une réticence à augmenter la production et à accumuler un surplus. Il n'y a donc pas de logique économique au sens moderne du terme (la recherche du profit et de l'accumulation) et donc de sphère économique autonome. Toutes les activités humaines sont imbriquées les unes dans les autres et répondent, d'après P. Clastres, à une logique d'indivision.

Conçue dans une optique évolutionniste, l'expression de « société primitive » n'est plus satisfaisante. Elles ne sont plus considérées aujourd'hui comme des sociétés premières, originelles, mais comme des organisations sociales spécifiques ne conduisant pas nécessairement aux sociétés modernes.

On peut, alors, mettre l'expression de société primitive entre guillemets, ou lui préférer celle de société archaïque, celle de société segmentaire, voire celle de société traditionnelle encore que cette dernière soit souvent utilisée dans un sens plus large (cf. fiche 40).

LES SOCIÉTÉS TRADITIONNELLES

La tradition est tout ce qui, du passé, est transmis dans le présent et accepté par les hommes qui, à leur tour, le transmettront à la génération suivante. Par opposition aux sociétés modernes (les sociétés industrielles), on qualifie les autres (sociétés « primitives », d'ordre, de caste, etc.) de « sociétés traditionnelles » car elles se réfèrent à la tradition pour justifier leur ordre social. Réticentes vis-à-vis de la nouveauté, ces sociétés apparaissent d'abord comme des sociétés répétitives, mais les recherches récentes en sciences sociales montrent qu'elles sont, comme toutes les sociétés, inachevées et en mouvement.

1 Les sociétés traditionnelles semblent immobiles

A Elles cherchent leur légitimité dans la tradition

■ Pour justifier l'ordre social, ces sociétés font référence à des traditions immémoriales dont les dieux constituent bien souvent le fondement ultime. Les hommes ont le sentiment que l'ordre social qu'ils connaissent a toujours existé et qu'il est l'expression de la volonté divine.
Dans les sociétés primitives, les mythes, dont les principaux racontent la création du monde et des hommes, explicitent et justifient l'ordre social. Dans les sociétés historiques (ex. : sociétés d'ordre ou de caste), la religion est considérée comme le fondement ultime de l'ordre social.

■ Appuyé sur la tradition (Max Weber qualifie ce type de légitimité de « traditionnelle »), le pouvoir n'est pas contestable. L'homme qui l'exerce peut être combattu mais cela se fait au nom de la tradition ou de la volonté divine. Le principe du pouvoir et de son fondement n'est donc pas mis en cause.

B Elles sont faites d'ordre et de répétitions

■ Les sociétés de caste, tout comme les sociétés d'ordre se caractérisent par une hiérarchie sociale institutionnalisée.
En Inde, les quatre castes principales (prêtres, guerriers, producteurs, serviteurs) auxquelles il faut rajouter les « intouchables » hiérarchisent la population en fonction du degré supposé de pureté religieuse. À caractère héréditaire et endogamique, chacune de ces castes exerce une fonction économique spécifique.
Dans les sociétés d'ordre, le principe de hiérarchisation est celui de l'honneur et du prestige. À la veille de la Révolution, la société française était organisée en trois ordres : la noblesse, le clergé, et le tiers état.

- Dans ces sociétés, les statuts sociaux sont, en principe, héréditaires même si la société d'ordre autorisait en fait une certaine mobilité sociale. On naît dans un groupe social, on épouse quelqu'un issu du même groupe, et les enfants issus de cette union ne peuvent quitter leur groupe d'appartenance. Dans ces conditions, les rôles sociaux qu'ils soient liés au sexe, à l'âge ou à la place dans la division du travail (quand elle est développée) sont très largement assignés et les quelques rôles acquis sont fortement encadrés par la tradition.

2 ELLES NE SONT POURTANT PAS FIGÉES

A Ces sociétés évoluent

- L'anthropologie moderne a montré qu'aucune société, y compris la société « primitive » n'était totalement figée. Par contre, toutes les sociétés ne désirent pas le changement et le rythme de leur transformation diffère très fortement de l'une à l'autre.

- Réticentes vis-à-vis des transformations de leur organisation sociale, les sociétés traditionnelles acceptent plus volontiers une transformation d'ordre technologique même si, à terme, elle peut modifier l'ordre social. En Europe, les sociétés du Moyen Âge ont, au cours des siècles, profondément transformé leur façon de faire la guerre, de produire ou de commercer. Même les sociétés « primitives », pourtant très lentes au changement, on su perfectionner leur outillage.
  Ces sociétés, enfin, ont parfois été le théâtre de transformations sociales majeures. L'introduction de l'État et de la hiérarchie sociale dans certaines sociétés primitives ou le développement d'une bourgeoisie capitaliste au sein de sociétés d'ordre en sont des exemples.

B Leurs transformations ont des causes internes et externes

- Ces transformations peuvent d'abord s'expliquer par la dynamique interne de ces sociétés dont les divisions sont, du moins potentiellement, sources de déséquilibres et donc d'évolution. Ainsi, le développement de la bourgeoisie en Europe à partir du XVe siècle a miné l'ordre social ancien et conduit à son dépassement selon des modalités qui ont différé d'un pays à l'autre.

- Les sociétés, enfin, sont rarement isolées les unes des autres. Les conquêtes, les colonisations, les échanges commerciaux et technologiques laissent des traces dans leur organisation sociale. L'anthropologue G. Balandier a montré comment la colonisation avait profondément transformé les sociétés africaines.

La notion de société traditionnelle permet de définir les sociétés « pré-modernes » comme celles qui fondent la légitimité de l'ordre social sur la tradition et finalement sur le divin c'est-à-dire sur quelque chose d'extérieur à la société. Par opposition, les sociétés modernes se veulent responsables de leur organisation sociale.

Cette opposition est donc pertinente pour comprendre le fonctionnement des sociétés, et en particulier de la société moderne. Pour ce qui est des sociétés traditionnelles, elle présente l'inconvénient de masquer les spécificités de chacune d'entre elles et de sous-estimer le changement social.

FICHE 41

LA SOCIÉTÉ DE CLASSE

Marx fait de l'opposition entre la bourgeoisie et le prolétariat la caractéristique essentielle des sociétés modernes (cf. fiche 9). *Les difficultés rencontrées par l'analyse marxiste pour expliquer le fonctionnement des sociétés contemporaines doivent-elles faire renoncer à toute analyse en termes de classes sociales ?*

1 POUR MARX, LES CLASSES ET LEURS LUTTES ONT UNE ORIGINE ÉCONOMIQUE

A Marx définit les classes sociales à partir de trois critères

■ Marx n'est pas à l'origine du concept de classe sociale, mais il est le premier à en avoir fait une notion clé dans l'analyse des sociétés qui sont, d'après lui, toujours divisées en classes. Juridiquement reconnue sous l'Ancien Régime qui était organisé en trois ordres (noblesse, clergé, tiers état), cette division n'a aucune existence légale dans la société capitaliste mais elle s'inscrit dans les faits.

■ Il définit une classe comme étant un groupe d'hommes qui répond à trois critères :

– ses membres occupent une place spécifique dans les rapports de production (ils sont, ou non, propriétaires des moyens de production) ;

– ils ont conscience de leurs intérêts communs ;

– ils s'organisent afin de les défendre.

En accordant la priorité au premier de ces critères sur les suivants, Marx inscrit les classes sociales dans le domaine économique.

B La conflit majeur qui traverse la société est d'origine économique

■ Toute société est, selon Marx, caractérisée par l'exploitation d'une classe sociale par une autre et, automatiquement, par le conflit qui oppose ces deux classes. Considérant que le travail est l'unique source de la création de richesses, il dénonce l'appropriation par la classe exploiteuse d'une partie de la richesse créée par la classe laborieuse. Dans notre société, la classe capitaliste exploiterait le prolétariat grâce à sa possession des moyens de production.

■ Conscient de cette exploitation, le prolétariat s'organise dans des syndicats et dans des partis politiques afin de l'atténuer et de la supprimer. Il s'ensuit une lutte des classes qui serait à l'origine des transformations de la société. L'intensité de ces conflits peut varier mais ils sont incontournables car l'économie est traversée par une contradiction majeure qui oppose bourgeoisie et prolétariat.

2 D'AUTRES DÉFINITIONS DES CLASSES SOCIALES SONT POSSIBLES

A L'analyse marxiste ne rend pas compte de la complexité de la société

- Hiérarchiser nos sociétés contemporaines sur le seul critère de la possession ou non des moyens de production ne permet pas de rendre compte de la complexité de cette société. M. Weber avait déjà relevé qu'à côté d'une stratification économique qui partage la société en classes, existe une stratification basée sur le prestige qui réunit des individus dans des groupes de statut. Deux personnes peuvent donc appartenir à la même classe et à des groupes de statut différents. En fait, le sexe, l'âge, la qualification, le niveau de revenu ou de richesse ainsi que le statut juridique (salarié du privé, du public, indépendant, emplois précaires...) sont autant de clivages qui partagent la population en groupes sociaux multiformes.

- L'idée enfin selon laquelle notre société est polarisée en deux classes antagonistes a été mise à mal par le développement des classes moyennes salariées *(cf. fiche 60)* dont le cœur est constitué par les cadres et les professions intermédiaires du privé et du public. S'il est abusif de regrouper les deux tiers de la population de nos sociétés dans cette classe moyenne, il n'en reste pas moins que l'analyse marxiste est mal armée pour rendre compte du développement de groupes sociaux qui n'appartiennent ni à la bourgeoisie, ni au prolétariat.

B Les nouvelles sociologies du conflit

- En accord avec Marx sur l'importance et le rôle des conflits dans le changement social, le sociologue allemand R. Darhendorf déplace l'origine du conflit de la production vers le pouvoir. Il estime en effet, que le pouvoir a échappé aux détenteurs des capitaux dans les grandes entreprises modernes et qu'il est désormais exercé par des cadres dirigeants salariés de l'entreprise. Les classes sociales ne sont donc plus en conflit pour la propriété des moyens de production mais pour l'exercice de l'autorité.

- Privilégiant, de son côté, le domaine culturel au sein du social, P. Bourdieu *(cf. fiche 25)* définit les classes sociales par les capitaux (économique, culturel, social) dont elles sont dotées et, au sein du capital culturel, par leur habitus. Dans chacun des domaines de la vie sociale (les champs sociaux), les classes sont en compétition pour la valorisation de ces capitaux. Pour dominer un champ social et en tirer le meilleur parti, une classe a besoin de faire accepter aux autres une vision du monde qui lui soit favorable. La lutte des classes est donc, à la fois, matérielle (son enjeu est la richesse) et symbolique (elle porte sur une représentation du monde). Ainsi, alors que la classe ouvrière a pu utiliser l'analyse marxiste pour légitimer sa revendication de meilleures conditions d'existence au cours des années 60 et 70, la bourgeoisie a réussi depuis à améliorer sa situation en mobilisant les énergies sur le thème de l'entreprise.

Définir notre société comme étant une société de classe, c'est mettre le conflit au cœur du social. Ce conflit peut porter sur la propriété des moyens de production (Marx), sur l'autorité (Darhendorf) ou sur la légitimité (Bourdieu). Autant de façons de définir les classes sociales.

FICHE 42

La société industrielle

On ne peut utiliser l'expression de « société industrielle » sans accepter l'idée selon laquelle une société est d'abord caractérisée par son organisation économique. L'essor de l'industrie et l'approfondissement de la division du travail constituent donc les premières caractéristiques de cette société. Mais une société est également définie par son modèle culturel et son organisation sociale. À un modèle culturel centré sur le progrès correspond une organisation sociale souple et conflictuelle.

1 La société industrielle est caractérisée par l'essor de l'industrie et de la division du travail

A L'industrie est devenue le moteur de l'économie

- L'industrie, définie comme étant l'ensemble des activités de transformation des matières premières ou des produits semi-finis, a pris une part croissante dans la richesse produite par les économies européennes à partir de la seconde moitié du XVIIIe siècle. Cela s'est traduit par une augmentation de l'emploi industriel sans que le secteur secondaire ne devienne majoritaire au sein de la population active.

- La société industrielle s'est donc substituée à la société agricole. Bien que la production agricole ait fortement augmenté en raison de la mécanisation de l'agriculture, sa part dans le PIB a décliné. L'emploi agricole, lui, a régressé dans tous les pays industrialisés que ce soit en valeur absolue ou en valeur relative.

B La division du travail s'est accrue

- La société industrielle a développé la division du travail sous deux formes :
  - sous la forme d'une division sociale du travail dans la mesure où chaque producteur se spécialise dans une activité particulière ;
  - sous la forme d'une division technique du travail puisqu'au sein des manufactures et plus encore dans les grandes industries, l'activité est répartie entre les salariés. La logique de parcellisation des tâches a été menée à son terme par le taylorisme puis par le fordisme.

- Cet approfondissement de la division du travail a permis une augmentation considérable de la productivité du travail, c'est-à-dire de l'efficacité de ce travail. L'objectif premier était d'améliorer les profits, mais ces gains de productivité ont également été utilisés, dès le XIXe siècle, pour diminuer le temps de travail et, surtout entre 1880 et 1914 puis entre 1945 et 1980, pour augmenter les salaires.

2 La société industrielle est conflictuelle et en mouvement

A L'économie est l'enjeu de conflits

- À la différence des organisations sociales qui l'ont précédée, la société industrielle ne possède pas de hiérarchie sociale inscrite dans le droit. Devenus égaux en droit, les individus y ont acquis une liberté et une autonomie que la société traditionnelle leur refusait. En principe, la place d'un individu dans la hiérarchie sociale n'est jamais définitive et cette hiérarchie sociale est, elle-même, fluctuante : la situation relative d'un groupe n'est jamais acquise.
  Mais les besoins de l'accumulation ont amené les entreprises à augmenter le nombre des ouvriers et à les concentrer au sein des plus grandes d'entre elles. Il existe donc, dans les faits, une structure sociale relativement stable dont Marx a rendu compte en utilisant le concept de « classe sociale ». La bourgeoisie qui possède les moyens de production et le prolétariat qui fournit sa force de travail sont, pour Marx, les deux classes caractéristiques de cette société.

- Les conflits qui portent d'abord sur le partage de la richesse produite et sur les conditions de travail trouvent leur origine dans les contradictions économiques de la société. Ils ont parfois été violents puis ils ont pris des formes plus apaisées au fur et à mesure que les partis d'opposition et les syndicats étaient légalisés et intégrés au fonctionnement de la société. La société industrielle apparaît donc comme une société conflictuelle dont l'enjeu porte sur l'organisation de la production.

B Le modèle culturel de la société industrielle favorise le progrès

- Des transformations culturelles ont accompagné ces bouleversements économiques. L'économie, en effet, est le domaine par excellence où s'est affirmée une nouvelle façon de penser. A. Comte voit dans les progrès de l'esprit scientifique la première caractéristique des sociétés industrielles *(cf. fiche 7)*. Pour M. Weber, l'originalité de cette société réside dans la rationalisation des actions sociales : au lieu de se référer à la tradition, les individus fixent maintenant eux-mêmes les objectifs de leurs actions et se donnent les moyens pour y parvenir *(cf. fiche 13)*.

- Alors que la société traditionnelle *(cf. fiche 40)* était tournée vers le passé, la société industrielle est tournée vers l'avenir. Les chefs d'entreprises, les scientifiques, les philosophes et les artistes ont substitué la recherche de l'innovation, de la créativité et du progrès au respect de la tradition. Les hommes ont pris conscience que l'ordre social n'était pas un héritage mais une construction dont ils étaient à l'origine. Conformément au modèle culturel de la société industrielle, les organisations se réclamant de la classe ouvrière ont exigé que les transformations économiques et technologiques ne se fassent pas sans progrès social.

Une société est caractérisée par une structure économique, une structure sociale et un modèle culturel qui, réunis, forment un tout. Parler de société industrielle, c'est accorder la priorité au développement de l'industrie au sein de l'économie sur tous les autres éléments de la société. C'est également attirer l'attention sur les contradictions économiques qui engendrent des conflits sociaux.

FICHE 43

La société postindustrielle

*Après le passage d'une société agricole à une société industrielle au cours du XIX*e *siècle, certains voient dans le développement actuel des services le signe de l'émergence d'une société postindustrielle. Ne peut-on pas, au contraire, estimer que la logique qui était propre à l'industrie au siècle dernier s'est étendue aux services ?*

1 La société industrielle aurait laissé la place à une société postindustrielle...

A L'accumulation des connaissances aurait remplacé celle du capital

■ Quand, en 1942, l'économiste australien Colin Clark a proposé une répartition de la population active en trois secteurs, il était couramment admis que les sociétés développées étaient des sociétés industrielles *(cf. fiche 42)*. Or, sous l'effet conjugué d'une forte croissance de la demande et d'une faible augmentation de la productivité du travail dans le secteur tertiaire, l'emploi s'est considérablement accru dans les services alors que les effectifs de l'agriculture puis de l'industrie déclinaient. Cela traduit un déplacement du centre de gravité de nos économies de l'industrie vers les services et conduit nombre de sociologues à qualifier les économies modernes de société postindustrielles.

■ Selon le sociologue américain Daniel Bell, la recherche, l'éducation ou la santé seraient devenues les activités motrices de cette société car elles permettent d'augmenter la productivité des entreprises. La source de la richesse dans la société moderne ne serait plus ni les matières premières ni le travail mais le savoir. Alors que la société industrielle accumulait du capital, la société postindustrielle accumulerait des capacités de création et des connaissances scientifiques et techniques, c'est-à-dire des capacités de produire de la production.

B Les conflits sociaux ne seraient plus centrés sur le domaine économique

■ Dans la société industrielle, les intérêts contradictoires du capital et du travail alimentaient des conflits qui ont souvent pris des formes violentes. Mais, au cours du XXe siècle, la régulation des contradictions sociales s'est faite de façon plus pacifique. Pour D. Bell, la fin des idéologies et la pacification des relations sociales seraient quelques-uns des signes du passage d'une société industrielle à une société postindustrielle.

■ Comme D. Bell, Alain Touraine est, au début des années 70, le témoin de l'affaiblissement des conflits caractéristiques de la société industrielle mais il observe également le développement de conflits portant sur l'organisation sociale et politique de la société (les statuts respectifs des hommes et des femmes, l'écologie, les pouvoirs médicaux, administratifs ou judiciaires, etc.). Il développe alors l'hypothèse selon laquelle la société postindustrielle ne serait pas une société apaisée mais, au contraire, une société où la contestation se généraliserait à l'ensemble des domaines sociaux.

2 ... MAIS LA CONTINUITÉ ENTRE CES DEUX SOCIÉTÉS EST RÉELLE

A La logique marchande s'est étendue au savoir

■ Le passage d'une société agricole à une société industrielle avait profondément transformé l'organisation sociale. L'autonomie croissante de l'économie par rapport à la politique et la transformation du travail en marchandise sont deux des caractéristiques majeures de la société industrielle.

Par la suite, le développement de cette société s'est réalisé par intégration dans le domaine marchand d'activités auparavant pratiquées gratuitement par leurs bénéficiaires. Dès le XIXe siècle, les entreprises ont mis à la disposition des ménages des biens de consommation qui étaient, jusque-là, produits dans un cadre familial. Ce même phénomène se produit, aujourd'hui, pour le savoir et la connaissance dont la création a longtemps été une activité gratuite et qui est de plus en plus considérée comme une marchandise par les entreprises.

■ Les principes généraux d'organisation de la société n'ont pas été remis en question pour autant : l'essor de la sphère économique s'est poursuivi au point de menacer l'autonomie des domaines politique ou culturel ; les règles du jeu économique sont restées les mêmes quand elles se sont étendues à la production et à la diffusion des connaissances. La société postindustrielle ne diffère pas fondamentalement de la société industrielle.

B Les services se sont partiellement industrialisés

■ Jean Fourastié qui est un des premiers Français à s'être intéressé à la tertiarisation des économies avait attiré l'attention sur l'inégalité des rythmes d'accroissement de la productivité du travail dans chacun des trois secteurs. Alors que la productivité augmentait fortement dans le primaire et moyennement dans le secondaire, elle stagnait dans le tertiaire en raison de l'impossibilité de mécaniser les activités de service.

■ Or, de nos jours, les principes tayloriens de division du travail pénètrent dans les activités de service et permettent d'y augmenter la productivité. Dans les entreprises financières, les bureaux d'études, le commerce, etc., le travail s'intensifie du fait de l'application de méthodes élaborées dans l'industrie. On observe donc une industrialisation d'une partie des services et la distinction entre le secondaire et le tertiaire a perdu de sa pertinence.

Alors que la société industrielle du XIXe siècle se distinguait nettement de la société agricole féodale, ce que l'on appelle parfois « société postindustrielle » se situe plus dans la continuité de la société industrielle qu'en rupture avec elle.

FICHE 44

LA SOCIÉTÉ DE CONSOMMATION

Développé au cours des années 60 et 70, ce concept a été utilisé pour caractériser la société industrielle moderne, également appelée société postindustrielle. La société de consommation se définit d'abord d'un point de vue économique par l'accession du plus grand nombre à la consommation et, d'un point de vue culturel, par la valorisation du bonheur. C'est également une société où la consommation sert, à la fois, de moyen de communication et d'élément de distinction.

1 La consommation de masse caractériserait la société de masse

A La grosse majorité de la population a accès à une consommation de masse

- Alors que la majorité de la population n'avait qu'un accès limité à la consommation au cours du XIXe siècle, la salarisation croissante et l'augmentation des salaires ont permis à des fractions de plus en plus larges de la population d'accéder à cet univers à partir des années 50. Après les cadres, la majorité des employés et des ouvriers ont eu plus largement accès à des biens produits en grandes séries dans le cadre d'une organisation du travail fordiste *(cf. fiche 68)*. Certes, une partie des ménages restait à l'écart de ce processus, mais il semblait plausible d'intégrer, à terme, la quasi-totalité de la population dans une « société de consommation ».

- La crise économique n'a pas stoppé la hausse du niveau de vie dans les pays développés et la consommation des ménages (en particulier celle des retraités) a continué de progresser. Mais la perspective d'une intégration de la quasi-totalité de la population dans la société de consommation s'est éloignée : 10 et 20 % des habitants des pays développés restent durablement soit exclus, soit aux franges de cette société.

B La valeur caractéristique de la société ne serait plus le travail mais le bonheur

- Bien avant que la consommation ne se démocratise, les économistes libéraux en avaient fait un moyen de satisfaire des besoins et, de là, d'accéder au bonheur qu'ils considèrent comme le but ultime de l'activité humaine. Selon les microéconomistes, des consommateurs rationnels et dotés d'un certain revenu font des choix entre plusieurs combinaisons de biens afin de rendre maximum leur satisfaction. La consommation s'inscrit donc dans cette recherche du bonheur et permet d'en mesurer le niveau : plus la consommation est importante, plus le niveau de satisfaction est élevé et plus le bonheur est supposé l'être.

- La valeur centrale d'une société de consommation est donc le bonheur. À cette valeur correspondent des normes (posséder une voiture, une télévision, partir en vacances… sont des pratiques qui se sont développées à partir des années 60). David Riesman parle de « norme de consommation » pour désigner l'ensemble des biens et des services (voiture, équipement du logement, etc.) qu'il est devenu normal de posséder.

2 La consommation remplit des fonctions de communication et de distinction

A La consommation est un système d'échange

- Alors que les microéconomistes considèrent qu'un individu achète un bien ou un service pour satisfaire un besoin, Jean Baudrillard voit dans la consommation l'achat de signes destinés à rentrer en contact avec les autres. Dans *La société de consommation* paru en 1970, il compare la consommation à un langage. Un vêtement, une coupe de cheveux, une voiture, un meuble... permettent à un individu de communiquer ses valeurs aux autres et de s'intégrer à l'intérieur d'un groupe. En tant que langage, la consommation est un acte social car elle met les individus en relation.

- Comme tout langage, la consommation répond à des codes. Ceux-ci sont transmis par la famille mais, peut-être plus encore, par la publicité et les médias qui font œuvre d'agents de socialisation. Cet apprentissage de la consommation a été étudié par Galbraith qui s'oppose à l'hypothèse classique selon laquelle des individus rationnels orienteraient, par leur consommation, la production des entreprises. Il estime, au contraire, que les grandes entreprises ont « inversé la filière » et manipulent les consommateurs par le biais de la publicité.

B Elle est un instrument de distinction

- Un certain type de consommation permet à des groupes d'individus non seulement de se reconnaître mais également de se distinguer des autres groupes. Dans un ouvrage *(La distinction)* paru en 1979, Pierre Bourdieu a montré comment les classes sociales s'opposent par leur consommation *(cf. fiche 25)*. La classe dirigeante se distingue d'abord par le niveau de sa consommation mais également par le choix de ce qui est consommé, indépendamment du revenu : un disque de musique classique confère à son détenteur un prestige plus important que la possession d'un disque de variétés alors que tous les deux coûtent le même prix.

- Il faut donc en conclure que les consommateurs ne sont ni passifs ni totalement manipulés par les grandes firmes et que les individus ont, consciemment ou inconsciemment, des stratégies de consommation. Celles-ci peuvent être des stratégies de distinction, d'imitation (des pratiques de la classe dirigeante imitées par la petite bourgeoisie) ou bien encore de repli sur une identité menacée (pour ce qui est de certaines catégories populaires).

La notion de société de consommation a connu son apogée au début des années 70. Depuis, bien que la consommation ait continué d'augmenter, la crise de l'emploi et les signes d'une bipolarisation de nos sociétés ont relégué cette problématique au second plan. On préfère, aujourd'hui, parler de « société de communication » (cf. fiche 45).

LA SOCIÉTÉ DE COMMUNICATION

La notion de « société de communication » est apparue au milieu des années 40 et s'est popularisée au cours des années 80 lorsque la montée du chômage a éloigné la perspective d'une intégration de tous dans la société de consommation. Le développement de réseaux de communication serait la principale caractéristique d'une société définie non pas par l'économique, le social ou le culturel mais par sa technologie. Cette technologie est censée réunir les hommes (créer du lien social) mais les faits semblent contredire cet espoir.

1 LES RÉSEAUX DE COMMUNICATION SONT CENSÉS CRÉER DU LIEN SOCIAL...

A Les technologies de la communication...

- Au cours de la seconde moitié du XXe siècle, le développement des télécommunications puis de l'informatique ont permis la mise en place de réseaux de communication nationaux et internationaux. Les autoroutes de l'information, terme utilisé pour la première fois en 1980 par Al Gore, vice-président des États-Unis, s'inscrivent dans cette perspective.
- Alors que la complexification des sociétés a rendu plus difficile la communication entre les hommes, ces nouvelles technologies devraient, au contraire, la faciliter. Grâce au codage informatique, considéré comme un langage universel, certains espèrent réduire les parasites de toutes natures (problèmes technologiques mais également problèmes posés par des langues et des cultures différentes) qui brouillent la communication et seraient source de tensions entre les hommes.

B ... devraient rassembler les hommes

- Ainsi que l'a montré P. Breton, la notion de « société de communication » a été créée après la Seconde Guerre mondiale par des scientifiques, en réaction à l'échec des politiques qui n'avaient su maîtriser la violence sociale. Elle se développe aujourd'hui alors que les États s'avèrent incapables d'enrayer une crise économique qui menace la cohésion sociale.
- Dans cette perspective, les réseaux de communication doivent suppléer cette carence des politiques et créer du lien social. On considère alors que l'homme est un être de communication et que les conflits viennent d'une mauvaise circulation des informations. Une société où les réseaux de communication permettraient à l'information de circuler parfaitement serait alors transparente, rationnelle et maîtrisée par les hommes. Nous avons là l'image d'une société sans État, autorégulée et où les réseaux font liens sociaux.

  Avec les « autoroutes de l'information », cette image d'une société transparente s'est doublée de celle d'un « village planétaire ». En abolissant les distances, les réseaux permettraient à tous les habitants de la planète de se rencontrer, comme sur une place de village.

2 ... MAIS LA SOCIÉTÉ NE PEUT PAS ÊTRE RÉDUITE À UN ENSEMBLE DE TECHNIQUES

A L'analyse est, bien souvent, infirmée par les faits

- Les exclus de la « société de communication » sont nombreux. Une infime minorité de la population mondiale a accès à l'outil informatique. En France, seuls 15 % des ménages sont dotés d'un micro-ordinateur et rares sont ceux qui l'utilisent pour émettre des informations. Le premier obstacle à l'intégration dans cette « société » est d'ordre financier puisque les informations qui circulent sont également des marchandises qu'il faut payer. Le second obstacle est d'ordre culturel dans la mesure où une partie des individus n'arrive pas à manipuler des outils complexes et à se repérer dans le labyrinthe de ces réseaux. Dans notre société, cela concerne, en premier lieu, des personnes peu ou pas qualifiées, des femmes ou des personnes âgées.

- Enfin, ces technologies peuvent supprimer des relations sociales : il est aujourd'hui possible d'obtenir de l'argent à partir d'un guichet automatique, il sera peut-être possible, un jour, de faire ses courses sans sortir de chez soi et sans rencontrer personne. Le vide social est paradoxalement un des risques de la société de communication.

B Cette analyse surestime le rôle joué par la technologie dans l'organisation sociale

- Une des hypothèses de ce type d'analyse est que la technologie est un principe premier qui expliquerait l'organisation sociale. Elle serait l'élément moteur de l'économie qui, dans la société moderne, aurait pris l'ascendant sur les domaines politiques et culturels. Evidemment, chacun reconnaît une relative autonomie à ces deux derniers domaines, mais à la condition de rester compatibles avec la technologie caractéristique d'une société.

- On peut, au contraire, considérer que l'influence du culturel sur la technologie est plus forte que la relation inverse. La conception qu'une société a d'elle-même conditionne l'émergence du progrès technique. C'est pourquoi les sociétés traditionnelles sont toujours réticentes vis-à-vis de celui-ci alors que la société moderne l'encourage. Enfin, la culture influence très largement l'utilisation qui est faite d'une découverte technologique. On remarque, en effet, que les inégalités dans l'utilisation de certaines technologies (minitel par exemple) s'expliquent mieux par des inégalités culturelles que par des inégalités financières.

La société de communication est une utopie : les réseaux ne suffisent pas à créer du lien social au sein des pays développés et, encore moins, au niveau mondial puisque la quasi-totalité de la population n'a pas accès à ces technologies.

La fragilité du lien social n'a pas son origine dans la technologie et il est vain de rechercher une solution technique à ce problème. De plus, accorder une place exclusive au marché dans la régulation de la société risque, au contraire, d'aggraver la crise du lien social que connaissent les pays développés.

PARTIE VI

LE CHANGEMENT SOCIAL

FACTEURS ET ACTEURS DU CHANGEMENT SOCIAL

À la différence des sociétés traditionnelles, la société moderne est ouverte au changement social. Tous les domaines de la société (l'économie, la politique et la culture) connaissent des transformations durables et profondes de leur organisation. Comment expliquer ces changements ? Il est possible de faire une analyse en termes de facteurs, mais les sociologues ont de plus en plus souvent recours au concept d'acteur pour rendre compte de ces phénomènes.

1 Les facteurs du changement social

A L'explication du changement social par des facteurs

- Les facteurs du changement social sont les éléments qui favorisent ce changement. L'économie, la technologie, les valeurs ou encore les conflits sont quelques-uns des facteurs le plus souvent avancés pour expliquer les transformations de la société. Quand le changement social affecte tous les domaines de la société en même temps, il est tentant de rechercher la cause première de ces transformations. Dans ce cas, il faut accorder à un facteur un statut supérieur à celui des autres.

- Deux facteurs doivent tout particulièrement attirer notre attention : l'économie et la culture. En raison de l'importance prise par l'économie dans la société moderne, il est légitime, en effet, de considérer que les changements économiques ont toujours des répercussions sur les autres domaines sociaux. C'est la position défendue par Marx *(cf. fiche 8)* qui fait de l'économie la base matérielle sur laquelle repose la culture et la politique. Mais l'on peut nuancer la relation marxiste et estimer, avec Weber, que les transformations culturelles peuvent être une des causes des changements économiques. Dans cette optique, la diffusion de nouvelles valeurs favoriserait les transformations économiques, mais Weber précise que la culture ne peut pas être la cause unique du changement social.

B La pluralité des facteurs

- Les sociologies qui accordent à un facteur unique le rôle premier dans les transformations sociales ont du mal à échapper à une vision linéaire du changement social. Une modification du facteur déterminant entraîne nécessairement celle du domaine déterminé. C'est un reproche couramment adressé à Marx pour qui les changements économiques se répercutent inéluctablement dans les autres domaines sociaux.

- Weber, puis les fonctionnalistes *(cf. fiche 18)*, se refusent à donner la priorité à un des facteurs sur les autres. Ils considèrent que le changement social est la résultante d'une pluralité de facteurs interdépendants. Dans cette optique, les transformations économiques alimentent des transformations culturelles qui, en retour, rendent possibles les changements économiques sans qu'il soit possible de donner la priorité à l'un des facteurs sur l'autre. Enfin, en multipliant les facteurs explicatifs, ces sociologues introduisent de l'indétermination dans les enchaînements : les conséquences d'une transformation d'un des domaines de la société ne sont jamais certaines car l'influence des différents facteurs peut être contradictoire.

2 Les acteurs du changement social

Les facteurs du changement social ne font sentir leurs effets qu'à condition d'être relayés par des acteurs qui agissent pour favoriser ce changement. Pour certains sociologues, ces acteurs sont ancrés dans le social ; pour d'autres, ils sont à l'origine du social.

A Les acteurs ancrés dans le social

■ Ces acteurs inséparables de la société dans laquelle ils évoluent peuvent être des acteurs collectifs. Chez Marx, les classes sociales sont des acteurs collectifs dont les conflits débouchent sur du changement social. Dans une autre optique, les élites ou les mouvements sociaux peuvent également être considérés comme des acteurs collectifs.

■ Ces acteurs peuvent également être des individus. Pour les fonctionnalistes, les acteurs sont des individus porteurs de valeurs. Ils sont le produit d'une socialisation et leur conduite est largement bornée par les valeurs et les normes spécifiques à la société dans laquelle ils vivent.

Les individus, dans la sociologie de Pierre Bourdieu *(cf. fiche 25)*, sont également situés dans des relations sociales qui, cette fois-ci, sont conflictuelles. Ils font des choix et agissent, mais ces choix reflètent une appartenance de classe.

B Les acteurs créateurs du social

■ Le modèle de l'acteur stratège est développé en France par Michel Crozier *(cf. fiche 22)* ou Raymond Boudon *(cf. fiche 24)*. L'acteur est généralement un individu (mais cela pourrait être une organisation) doté d'une rationalité limitée. Il bénéficie d'une liberté d'action et fait des choix rationnels en tenant compte du contexte dans lequel il se situe.

■ Dans ce type de théorie, le changement social résulte des actions des acteurs. Chacun d'entre eux a une certaine perception du contexte dans lequel il est situé et agit rationnellement dans le but d'obtenir un certain résultat. La rencontre de toutes ces actions aboutit à un effet qui n'était peut-être pas celui désiré par les acteurs, mais qui sert, maintenant, de contexte à leurs nouvelles actions.

Pour ces sociologues, le changement social ne peut pas être expliqué par des facteurs, mais doit l'être par la stratégie des individus.

Acteurs et facteurs du changement social sont inséparables. Certains sociologues partent des facteurs de ce changement et montrent comment l'action des acteurs s'inscrit dans leur logique. On reproche parfois à ce type d'analyse de sous-estimer l'autonomie des acteurs.

D'autres sociologues partent d'acteurs dotés d'une grande liberté et accordent une place secondaire aux éléments qui orientent leurs actions. Mais on peut légitimement se demander quelle marge de manœuvre laisse le contexte de l'action (en fait les facteurs) aux acteurs.

FICHE 47

ÉCONOMIE ET CHANGEMENT SOCIAL

Ayant pour projet d'expliquer l'apparition et l'évolution du capitalisme, Marx et Engels se sont tout particulièrement intéressés aux transformations des sociétés. Contre les philosophes et les sociologues qui expliquaient le changement social par le progrès de la raison (Hegel) ou de l'esprit humain (Comte), ils ont privilégié une explication économique : pour eux, le changement social s'explique par les transformations économiques. Ce faisant, ils ont sous-estimé la complexité des relations qui unissent l'économique et le social.

1 MARX EXPLIQUE LE CHANGEMENT SOCIAL PAR LES TRANSFORMATIONS ÉCONOMIQUES

A Marx distingue « infrastructure » et « superstructure »

- Marx et Engels font de l'économie et, plus précisément des forces productives, l'infrastructure, c'est-à-dire la base des sociétés. Ces forces productives sont constituées des moyens de production (bâtiments, machines, etc.) et de l'organisation du travail propre à la société étudiée.
- Sur cette infrastructure, ils construisent une superstructure qui englobe la culture, la religion, le droit et, finalement, la politique. La famille, l'État, les Églises, les valeurs, les idéologies appartiennent donc à cette superstructure.
- Sans doute dans un souci de clarté et d'efficacité, Marx et Engels ont souvent insisté sur la détermination de la superstructure par l'infrastructure. S'ils reconnaissent que le social peut agir sur l'économique, c'est avant tout l'économique qui détermine le social. Ainsi, les idées, les représentations et les connaissances dépendent finalement des conditions économiques.

B Il explique le changement social par les transformations économiques

- Dans cette perspective, les transformations économiques sont la cause du changement social. Ainsi, Marx explique-t-il le déclin de la religion et la montée de l'individualisme par le passage d'une société féodale à une société capitaliste caractérisée par la propriété privée des moyens de production. Ce passage d'un mode de production à un autre lui permet également de rendre compte de la mise en place d'une nouvelle forme de hiérarchie sociale (les classes sociales) et du remplacement de l'absolutisme par la « démocratie bourgeoise ».
- Dans son analyse du changement social, Marx privilégie donc les transformations structurelles qui accompagnent le passage d'un mode de production à un autre. Ils s'intéresse moins aux changements qui affectent une société sans en bouleverser l'organisation économique. En ce sens, Marx est également un penseur de la reproduction sociale.

2 L'économique et le social sont en réalité interdépendants

A La distinction faite par Marx entre « infrastructure » et « superstructure » est critiquable

■ La distinction opérée par Marx entre infrastructure et superstructure est cependant moins facile à faire qu'il n'y paraît au premier abord. En effet, au sein d'une société, les machines utilisées par des entreprises ainsi que l'organisation du travail dépendent des connaissances et, éventuellement, des valeurs qui, toutes deux, sont du domaine de la superstructure.

■ Si les forces productives représentent la capacité d'une société à produire de la richesse, il faudrait alors y intégrer les savoirs scientifiques ainsi que les valeurs ou les croyances qui rendent possible leur développement. Mais, dans cette hypothèse, l'infrastructure finirait par intégrer l'essentiel des activités sociales et la distinction opérée par Marx perdrait toute justification.

B Les relations entre l'économique et le social ne sont pas univoques

■ Il faut donc refuser tout déterminisme simple et univoque entre l'économique et le social. Le social rend possible des mouvements économiques qui, en retour, modifient certains aspects de la vie sociale. À la simple relation de causalité, il faut préférer l'image d'une spirale ascendante qui ne privilégierait aucune des deux influences. Les transformations économiques accompagnant celles du social, on pourrait alors substituer la notion de « corrélation » à celle de « causalité ».

■ Enfin, le changement social ne résulte pas uniquement des transformations économiques. D'autres facteurs peuvent également intervenir : la technologie *(cf. fiche 48)* à laquelle Marx a prêté attention en tant qu'élément des forces productives, les conflits sociaux *(cf. fiche 52)* qui ne sont pas toujours des conflits de classe au sens où Marx l'entendait, mais aussi les valeurs *(cf. fiche 51)* ou la démographie *(cf. fiche 49)*. Il n'est donc pas possible d'imputer la totalité du changement social à un seul facteur, aussi important soit-il.

Face aux philosophes et aux sociologues qui expliquaient les transformations des sociétés par le mouvement des idées, Marx et Engels ont eu le mérite de mettre l'accent sur le poids de l'économie dans les sociétés modernes. Que les relations sociales soient liées aux conditions matérielles d'existence est, aujourd'hui, une chose acceptée par tous, mais l'idée d'une détermination totale du social par l'économique est rejetée. La relation entre l'économique et le social se fait dans les deux sens et plusieurs facteurs (dont l'économie) concourent à expliquer le changement social.

FICHE 48

TECHNOLOGIE ET CHANGEMENT SOCIAL

La technologie (ensemble des procédés et des méthodes utilisées dans la production) est parfois considérée comme le principal facteur du changement social. Intimement liée à l'économie, la technologie a effectivement une influence directe sur l'emploi et, de là, sur la hiérarchie sociale. Mais, pour ce qui est des modes de vie, c'est plutôt le social qui modèle l'utilisation que l'on fait des technologies.

1 LA TECHNOLOGIE EST PARFOIS PRÉSENTÉE COMME LE FACTEUR DÉCISIF DU CHANGEMENT SOCIAL

A La technologie serait une variable indépendante du social

- Considérant qu'une technologie peut être caractéristique du niveau de développement des forces productives, Marx et Engels ont été les premiers à faire de la technique une variable indépendante permettant d'expliquer le social. Ainsi, écrivent-ils, « le moulin à bras vous donnera la société avec suzerain, le moulin à vapeur la société avec le capitalisme industriel ».

- L'idée selon laquelle une technologie peut caractériser une société est aujourd'hui présente dans les analyses en termes de société de communication *(cf. fiche 45)*. La technologie serait une variable essentiellement subordonnée aux progrès de la science et donc largement indépendante du social. Le progrès scientifique, aujourd'hui lié à l'économique du fait du financement de la recherche, imprimerait donc son rythme au progrès technique

B Elle serait à l'origine du changement social

- Une nouvelle technologie se diffuserait dans la société à un rythme variable selon l'importance des contraintes économiques ou culturelles et modèlerait les comportements sociaux. De nouvelles technologies obligeraient les membres d'une société à adopter de nouveaux comportements et à reconsidérer leur ancienne conception du monde. La technologie serait donc le principal facteur du changement social.

- Les révolutions agricoles ou industrielles sont souvent utilisées pour illustrer cette logique :
  - Marx a montré que le développement des enclosures dans l'Angleterre des XVIIe et XVIIIe siècles avait entraîné une révolution sociale dans les campagnes et, en particulier, une libération de la main d'œuvre dont l'industrie naissante a pu bénéficier.
  - La première révolution industrielle (celle du textile, du charbon et de l'acier) est inséparable de l'apparition d'une classe ouvrière.

– Certains estiment que la troisième révolution industrielle (informatique, biotechnologie, etc.) bouleversera la façon de vivre des individus en réduisant le temps qu'ils consacrent au travail et leur apportera plus de liberté.

2 Technologie, économie et culture sont intimement liées

A Économie et technologie sont liées

■ L'influence du progrès technique sur l'appareil productif n'est plus à démontrer. En quelques décennies, les progrès réalisés dans les domaines de l'informatique et des télécommunications ont bouleversé la façon de produire et de vendre. Ainsi, dans l'automobile, une partie des tâches a été automatisée et la communication entre la maison mère, les centres de production et les lieux de vente et de réparation s'est grandement améliorée.

■ En conséquence, les transformations technologiques ont une influence directe sur l'organisation du travail et, de là, sur le volume de l'emploi et la structure des qualifications demandées par les entreprises. L'évolution technologique peut ainsi être considérée comme la cause structurelle du déclin de la classe ouvrière *(cf. fiche 59)*. La diminution du nombre des ouvriers, la bipolarisation de ce groupe social en fonction de la qualification, le poids croissant des PME dans l'appareil productif ont miné les bases de la culture ouvrière.

B La technologie dépend de la culture

■ En dehors de l'économie, la technologie ne modifie pas, ou peu, le social. La diffusion de l'informatique dans la société avait soulevé des passions : certains espéraient lutter contre l'échec scolaire, démocratiser la culture et développer la convivialité alors que d'autres redoutaient la mise en place d'une société policière. En fait, la diffusion de ces technologies dans le grand public a souvent été sélective (ex. : les micro-ordinateurs) et les modes de vie n'en ont été que peu affectés. C'est ainsi que les utilisateurs de l'informatique à domicile sont, en priorité, des hommes bénéficiant d'une qualification et d'un revenu élevés.

■ D'une manière générale, l'utilisation de ces nouvelles technologies par les ménages n'a pas bouleversé les pratiques sociales mais s'est, au contraire, effectuée dans le cadre d'une reproduction sociale. C'est donc plutôt le social (ici, la culture) qui oriente l'utilisation faite par les ménages des nouvelles technologies.

■ La culture, enfin, favorise l'émergence puis la diffusion du progrès technique. Les sociétés qui font du progrès une valeur sont attentives à développer de nouvelles technologies alors que les sociétés traditionnelles sont réticentes vis-à-vis du progrès technique.

La technologie permet effectivement d'expliquer les changements sociaux liés à la transformation de l'appareil productif. Dans les autres domaines du social, ce facteur est moins pertinent et l'on peut considérer, au contraire, que l'utilisation qui est faite des technologies dépend du social.

FICHE 49

DÉMOGRAPHIE ET CHANGEMENT SOCIAL

La démographie est, pour Durkheim, le facteur permettant d'expliquer le changement social de très long terme. Il considère, en effet, que l'accroissement de la population est à l'origine de l'approfondissement de la division du travail et des progrès de la civilisation. La sociologie moderne, de son côté, préfère utiliser le facteur démographique dans des théories à moyenne portée en le combinant avec d'autres.

1 LA DÉMOGRAPHIE EST UN FACTEUR DU CHANGEMENT SOCIAL

A Durkheim explique l'accroissement de la division du travail par l'augmentation de la « densité démographique »

■ L'intensification de la division du travail, nous dit Durkheim, explique le passage de la société traditionnelle à la société moderne *(cf. fiche 11)*. La démographie est, pour lui, le facteur explicatif de ce changement de très long terme : au fur et à mesure que la population s'accroît et que sa densité démographique (le rapport de la population à la surface occupée par celle-ci) augmente, les hommes sont obligés, pour survivre, de développer leur spécialisation.

■ Cette augmentation de la densité démographique provoque, ensuite, celle de la « densité morale ». Non seulement les relations entre les hommes s'accroissent mais leur nature change en gagnant en intensité et en moralité. Les progrès de la division du travail et de la densité morale conduisent, enfin, à celui de la civilisation caractérisée par un haut niveau de développement moral, économique, social et culturel.

En résumé, pour Durkheim, la croissance de la densité démographique est la cause déterminante du progrès de la civilisation.

B Elle est aussi utilisée pour des analyses plus restreintes

■ La sociologie moderne a abandonné l'idée selon laquelle la démographie pouvait être le facteur unique et déterminant du changement social. Par contre, elle utilise couramment ce facteur, en l'associant à d'autres, dans le cadre de théories à moyenne portée.

■ La sociologie de la famille est un cadre privilégié d'utilisation du facteur démographique. Ainsi, l'augmentation du taux d'activité des femmes en France à partir du milieu des années 60 peut être mise en relation avec la baisse de leur fécondité à cette même date. La fécondité est également un des facteurs explicatifs des formes prises par la socialisation des enfants. Ainsi, l'éducation des enfants du « baby boom » a été différente de celle de leurs propres enfants qui n'ont, pour la plupart, qu'un frère ou une sœur.

- La sociologie du développement accorde également une large place aux phénomènes démographiques. Les augmentations de la population et de sa densité (en association avec d'autres facteurs) sont ainsi utilisées pour expliquer l'exode rural, la crise urbaine, la désertification de certaines zones, etc.

2 Ce facteur n'est ni unique ni indépendant

A La démographie n'est qu'un des facteurs du changement social

- Contrairement à ce que pensait Durkheim, la démographie n'est pas le facteur déterminant du changement social. De nombreux contre-exemples montrent, en effet, que l'augmentation de la population ne se traduit pas nécessairement par un approfondissement de la division du travail. Pour que cette évolution ait lieu, il faut que d'autres facteurs, à la fois économiques ou culturels, aillent dans ce sens. Le changement social n'est donc jamais le fait exclusif de la démographie ; il est la résultante d'une pluralité de facteurs.

- Dans le domaine de la famille, par exemple, ni l'uniformisation des rôles engendrée par le travail des femmes, ni la diversification des formes familiales ne peuvent être exclusivement expliquées par les évolutions démographiques. L'augmentation de l'emploi dans le secteur tertiaire est peut-être la raison essentielle de celle du taux d'activité des femmes. La transformation des valeurs est également souvent évoquée pour expliquer ce phénomène : la progression de l'individualisme et la recherche d'une certaine égalité ont effrité les réticences des couples vis-à-vis du travail des femmes.

B La démographie est dépendante des autres facteurs

- Les phénomènes démographiques s'expliquent d'abord par d'autres phénomènes démographiques mais ils ne sont jamais indépendants. Natalité, mortalité et nuptialité s'inscrivent dans un environnement économique, culturel et politique et l'on ne peut étudier l'influence de la démographie sur le social sans, en même temps, replacer les faits démographiques dans une série d'influences réciproques.

- Les transformations de la famille dans les pays développés au cours de ces dernières décennies en offrent de multiples exemples. Ainsi, la baisse de la fécondité a transformé le statut des femmes au sein de la famille, mais cette évolution démographique a été favorisée par des phénomènes culturels (la transformation des valeurs), économiques (l'augmentation des offres d'emplois dans le secteur tertiaire) et techniques (la diffusion d'une contraception moderne).

L'erreur de Durkheim a donc été de faire de la démographie le facteur unique et décisif de la transformation sociale. Mais, combinée à d'autres facteurs, la démographie est un des éléments explicatifs du changement social, tout particulièrement pour ce qui est de l'étude de la famille ou du sous-développement.

FICHE 50

IDÉOLOGIES ET CHANGEMENT SOCIAL

L'idéologie a souvent été perçue par les précurseurs de la sociologie comme un facteur du changement social. L'échec du socialisme a, depuis, banalisé l'idée selon laquelle il y aurait un déclin des idéologies, mais le réveil des nationalismes nous oblige à reconsidérer le problème. En fait, une idéologie permet à une collectivité humaine de se créer une identité et d'agir pour la défense de ses intérêts. Mais elle n'est pas une variable autonome et dépend de phénomènes économiques et politiques.

1 LES IDÉOLOGIES SONT DES SYSTÈMES D'IDÉES ET DE CROYANCES

A Les idéologies sont des représentations du monde

■ Une idéologie est un système d'idées et de croyances offrant à une collectivité humaine une représentation du monde et de la société qui lui permet d'agir pour la défense de ses intérêts matériels.

On peut qualifier l'idéologie de système car les idées sont organisées de façon cohérente et rigoureuse de façon à lui donner l'aspect d'une science. Mais elle s'en distingue, en principe, par la place qu'elle accorde aux valeurs et, de là, aux jugements de valeur. En fait, cette distinction est, parfois, difficile à faire et des éléments scientifiques peuvent en côtoyer d'autres, idéologiques ceux-là, au sein d'une même théorie. Ainsi définie, l'idéologie est un élément de la culture d'une société et doit être étudiée en tant que tel.

■ Une idéologie peut être commune à une collectivité ethnique ou nationale à l'image du nationalisme. Elle peut, tout aussi bien, être propre à un groupe social particulier : on a souvent associé la classe ouvrière et le socialisme alors qu'une partie des chefs d'entreprise se réclament du libéralisme.

B Elles justifient l'action des groupes sociaux

■ Une idéologie offre une représentation du monde et de la société à un groupe social et lui permet à la fois de se construire une identité et de prendre conscience de ses intérêts pariculiers. Ceux-ci sont souvent présentés sous la forme d'intérêts universels dont la satisfaction bénéficiera à tous. L'idéologie légitime l'action de ce groupe, l'incite à se mobiliser et, éventuellement, à rentrer en conflit avec d'autres.

■ L'idéologie peut donc être un des facteurs du changement en favorisant l'action des groupes sociaux. Le socialisme, en tant qu'idéologie, a justifié les revendications d'organisations politiques se réclamant de la classe ouvrière et c'est au nom du libéralisme que les chefs d'entreprise souhaitent aujourd'hui une flexibilisation du marché du travail.

Mais si les idéologies progressistes ou réactionnaires sont hostiles au statu quo, d'autres, au contraire, sont conservatrices et cherchent à s'opposer au changement social. Toutes les idéologies ne favorisent donc pas le changement social.

2 Les idéologies favorisent l'action des groupes sociaux

A Les idéologies sont très souvent associées à des intérêts matériels

- Les idéologies étant très souvent associées à des intérêts matériels, il est tentant d'en faire le reflet d'une situation économique. C'est, du moins, la thèse de Marx pour qui l'idéologie est l'ensemble des représentations fausses qui légitiment la situation privilégiée de la classe dominante. L'idéologie qu'il assimile, en fait, à la culture est, d'après lui, déterminée par l'infrastructure économique *(cf. fiche 21)* dont les transformations sont à l'origine du changement social. Marx opère donc une démystification des idéologies en cherchant sous les discours universalistes les intérêts particuliers d'un groupe social.
- Mais, là comme ailleurs, il n'y a pas de déterminisme simple et une idéologie peut s'émanciper, au moins partiellement, de l'économie. C'est le cas du nationalisme qui a souvent été utilisé pour la défense d'intérêts économiques nationaux et qui a parfois débouché sur des guerres et ruiné les économies.

B Elles se situent toujours dans un contexte politique

- La plupart du temps, un groupe social se mobilise autour d'une idéologie afin d'agir sur le pouvoir politique. Sur la base de ce critère, on peut distinguer trois types d'idéologies.
  - Les idéologies qui justifient la prise du pouvoir par un groupe social. Le socialisme en est un exemple.
  - Celles utilisées par un groupe qui souhaite se maintenir au pouvoir. Le nationalisme ou la technocratie (qui justifie l'exercice du pouvoir par la compétence des experts) ont souvent été utilisés à cet effet.
  - Celle, enfin, d'un groupe de pression qui vise à influencer le pouvoir sans l'exercer (groupes de consommateurs par exemple).
- Le contexte politique va donc déterminer le contenu des idéologies et les formes d'actions qu'elles préconisent : là où l'opposition est privée de droits, elle développe souvent une idéologie justifiant la violence alors que, dans les démocraties, elle se dote d'une idéologie respectueuse du droit.

L'idéologie est un puissant facteur de mobilisation pour un groupe social dont l'action peut modifier la société. À ce titre, elle est un des facteurs du changement social. Mais elle ne constitue pas une variable autonome et doit être replacée dans un contexte économique et politique.

FICHE 51

VALEURS RELIGIEUSES ET CHANGEMENT SOCIAL

L'influence exercée par les valeurs sur le changement social a magistralement été illustrée par M. Weber dans un ouvrage publié en 1905 : L'éthique protestante et l'esprit du capitalisme (cf. fiche 13). *Il montre, en effet, qu'une morale issue du calvinisme a favorisé l'essor de l'esprit d'entreprise et, de là, l'apparition du capitalisme moderne. Mais, conformément aux précisions de Weber lui-même, il faut se garder de faire des valeurs le facteur unique permettant d'expliquer, en tout lieu et en tout temps, le changement social.*

1 LE PROTESTANTISME A FAVORISÉ LA NAISSANCE DU CAPITALISME

A La morale calviniste a favorisé l'esprit d'entreprise

- Diffusé tout au long des XVIIe et XVIIIe siècles en Occident et, en particulier, en Europe du Nord, le calvinisme se singularise par l'importance accordée à la notion de « prédestination ». Le salut étant un don de Dieu, la seule attitude offerte au croyant est de participer à l'édification du royaume de Dieu en réussissant dans son domaine d'activité. Le travail, l'austérité, l'étude sont les trois valeurs essentielles de la morale issue du calvinisme.

- L'esprit du capitalisme est une façon de penser qui fait qu'un individu cherche à maximiser son profit grâce à une utilisation rationnelle des moyens de production. Le travail et l'épargne en sont deux valeurs caractéristiques.
  La thèse de M. Weber est que l'éthique protestante a favorisé le développement de l'esprit du capitalisme et, de là, du capitalisme lui-même. Il explique ainsi la sur-représentation des protestants dans les activités économiques aux XVIIIe et XIXe siècles, que ce soit en Allemagne, en Angleterre ou aux États-Unis.

B Les valeurs du protestantisme ne sont pas le seul facteur expliquant l'apparition du capitalisme

- Cela ne signifie pas que le calvinisme soit l'unique raison du développement du capitalisme. M. Weber sait qu'une pluralité de phénomènes explique cette apparition mais il montre qu'on ne peut, comme l'avait fait Marx, négliger le facteur religieux. Quantifier le poids du religieux dans l'apparition du capitalisme est impossible, mais les contre-exemples qui infirment la thèse weberienne montrent qu'il ne faut pas le surestimer.

- Weber reconnaît également que le religieux n'est pas une variable indépendante de l'économique ou du politique, et il sait que certaines conditions politiques mais également économiques peuvent favoriser l'essor d'une religion. Économie et religion sont donc en interaction. Certains chercheurs ont même inversé la thèse weberienne en soutenant que le développement du capitalisme était antérieur à celui du calvinisme.

2 Les observations de Weber ne doivent pas être systématisées

A L'analyse de Weber est située historiquement

■ L'apparition du capitalisme moderne s'est faite à une époque où la question religieuse s'est posée en Europe avec une acuité qu'elle n'avait pas auparavant et qu'elle n'aura plus ensuite. L'Église catholique a répondu à l'engouement suscité par la Réforme par une contre-offensive qui lui a permis de renforcer son influence là où elle était solidement implantée.

■ Dans ce climat de compétition et, souvent, de guerre entre les deux branches principales de la chrétienté, les religions et les morales qui en découlent se sont fortement imposées dans les esprits. Weber étudie donc l'influence de certaines valeurs religieuses sur l'univers mental des chefs d'entreprise à une époque où la prégnance de ces valeurs est particulièrement forte.

B Elle ne peut être transposée sans précautions à l'époque actuelle

■ Il n'en est plus de même aujourd'hui. D'une part, l'influence des religions sur les consciences et les actes a fortement régressé et d'autres valeurs, qu'elles soient issues de la politique ou de l'économie, se sont souvent substituées aux valeurs religieuses. D'autre part, les différences entre les morales issues du catholicisme et du protestantisme se sont atténuées. De nos jours, les pratiques économiques des protestants ne se distinguent plus guère de celles des catholiques. L'action des valeurs religieuses sur le changement social des pays occidentaux s'est affaiblie au cours des derniers siècles.

■ Enfin, le rôle joué par les valeurs dans l'univers mental et les conduites des individus varie sensiblement selon l'origine sociale de ces personnes. Les chefs d'entreprise protestants étudiés par Weber étaient des personnes cultivées, biens disposées vis-à-vis des préceptes moraux. Les paysans, qui représentaient la grosse majorité de la population européenne, accordaient sans doute une place moindre aux valeurs dans la conduite de leurs actions. Cette inégale sensibilité à ce que représentent les valeurs reste d'actualité et il faut se garder d'expliquer toutes les conduites à l'aide de ce facteur.

Il ressort de l'étude de M. Weber que des valeurs (ici des valeurs religieuses) peuvent être un des facteurs du changement économique et social. Il ne faut pas en faire le facteur exclusif de ce changement et il convient d'adopter une attitude pragmatique : ce facteur peut jouer un rôle essentiel dans certaines transformations sociales et intervenir de façon très indirecte dans d'autres. Enfin, la prise en compte des valeurs ne peut pas nous faire oublier les conditions matérielles de leur développement.

FICHE 52

CONFLITS ET CHANGEMENT SOCIAL

Tout un courant sociologique, dont l'origine remonte à Marx et dont le représentant contemporain le plus connu est Ralf Dahrendorf, explique le changement social par les conflits. Ceux-ci ont leur origine dans les contradictions de la structure sociale et ils opposent les groupes sociaux.

1 LES CONFLITS SOCIAUX SONT LA CONSÉQUENCE DES CONTRADICTIONS DE LA SOCIÉTÉ

A Il existe des groupes sociaux aux intérêts divergents

■ Marx est le premier à avoir fait une analyse du social en termes de contradictions et de conflits *(cf. fiche 9)*. Il caractérise la société capitaliste par l'opposition irréductible entre une classe propriétaire des moyens de production et une classe ouvrière exploitée par la première. Selon lui, la contradiction fondamentale des sociétés se situe donc dans le domaine économique.

■ Un siècle plus tard, Ralf Dahrendorf renouvellera la sociologie des conflits en déplaçant la contradiction essentielle de la propriété vers l'autorité qu'il définit comme étant la probabilité qu'un ordre entraîne l'obéissance.

Il affirme, qu'au sein d'une communauté (ex. : une entreprise, une Église,...), il existe une séparation très nette entre ceux qui exercent l'autorité et ceux qui y sont assujettis. La logique voudrait qu'un groupe domine l'ensemble des relations sociales et qu'un autre subisse cette domination. Quand c'est le cas, ces deux groupes forment alors des classes sociales dont la lutte a pour enjeu l'exercice de l'autorité au sein de la société. La principale contradiction de la société est alors celle qui oppose une classe détentrice d'autorité (ex. : une technostructure) et une classe qui en est privée.

B Les contradictions du social sont à l'origine des conflits sociaux

■ Marx observe, ici ou là, des réactions de révolte des ouvriers vis-à-vis des conditions qui leur sont imposées. Ces révoltes peuvent se tromper d'objet (le luddisme luttait contre les machines) mais Marx est persuadé que la conscience de classe des ouvriers s'approfondit en même temps qu'ils s'organisent et que les conflits prennent de l'ampleur.

■ Pour Dahrendorf, les membres d'un groupe social ont des intérêts communs : ceux qui exercent l'autorité ont intérêt au maintien du statu quo, alors que ceux qui y sont soumis ont intérêt à son changement. Il en résulte une multitude de conflits qui opposent les groupes sociaux deux à deux au sein des communautés.

Dans l'hypothèse où deux classes sociales se sont constituées, le conflit porte sur l'exercice de l'autorité au sein de la société. Mais, une personne peut appartenir au groupe dirigeant au sein d'une organisation et être privée d'autorité à l'intérieur d'une autre. On peut même imaginer qu'un groupe soit à la fois dominant dans un contexte et dominé dans un autre. Il s'ensuit, alors, un éparpillement des conflits sociaux sans que l'ordre social, dans son ensemble, en soit affecté.

2 Ils provoquent une transformation du social

A Les conflits provoquent du changement social

- Marx espère que le processus d'organisation de la classe ouvrière débouche sur une révolution qui est un changement social brutal et structurel. Mais il se préoccupe peu du changement social affectant la société capitaliste car, par définition, il ne touche pas aux structures de la société.

- Pour Dahrendorf, les conflits débouchent sur du changement social à partir du moment où le groupe dominé réussit dans son entreprise. Ce changement sera localisé si les conflits sont éparpillés et ne portent pas sur l'ordre social dans son ensemble. Il affectera l'ensemble de la société si la classe dominée réussit à s'affranchir de sa sujétion vis-à-vis de la classe dominante.
  Le changement social n'est donc pas nécessairement brutal et profond. Il prend plus souvent la forme d'une évolution que celle d'une révolution et peut n'affecter que superficiellement la structure sociale. Plus un conflit sera violent, nous dit Dahrendorf, et plus le changement sera rapide ; plus le conflit sera intense, plus il soulèvera de passions, et plus il affectera en profondeur la structure sociale.

B Le changement social ouvre la possibilité de nouveaux conflits

- Le changement atténue certaines contradictions du social et en crée de nouvelles. Quand il est localisé, l'inégal développement entre les différents domaines de la société est à l'origine de nouvelles tensions et, à terme, de nouvelles transformations sociales. Il était, par exemple, impensable que la place accrue accordée à la communication au sein de la famille ne se traduise pas par un remodelage des relations d'autorité à l'école, dans le monde du travail ou à l'armée.

- Toute nouveauté, enfin, est susceptible de créer des conflits dès lors qu'elle affecte les relations sociales. Les innovations en termes d'organisation du travail ont, ainsi, toujours suscité la réaction de ceux ou celles dont elles dévalorisaient le travail. Dans le domaine culturel, le nouveau ne chasse pas l'ancien et la coexistence d'éléments différents et, parfois opposés au sein d'une même société est toujours susceptible de provoquer des tensions.

Le conflit est donc un des facteurs du changement social. C'est souvent la condition pour que les autres facteurs comme l'économie, la technique, les valeurs, la démographie ou l'idéologie puissent jouer un rôle actif dans la transformation sociale. En même temps, il fait partie du changement social puisqu'un conflit est, en soi, une modification par rapport au statu quo antérieur. Il accompagne donc les facteurs du changement social tout en étant partie prenante de ce changement.

FICHE 53

GROUPES SOCIAUX ET CHANGEMENT SOCIAL

Pour Marx, les classes sociales sont des acteurs collectifs dont les conflits, rendus nécessaires par la structure économique, débouchent sur du changement social. Mais une large partie du changement social échappe à ces conflits centrés sur le domaine économique. C'est pourquoi on privilégie aujourd'hui une analyse en termes de mouvements sociaux.

1 LES CLASSES SOCIALES SONT LES PRINCIPAUX ACTEURS DE LA SOCIÉTÉ INDUSTRIELLE

A Marx considère que la lutte des classe est le moteur de l'histoire

- Marx définit une classe sociale par la place qu'elle occupe dans les rapports de production, par la conscience qu'elle a de cette place et de son rôle dans l'histoire, par la lutte, enfin, qui l'oppose à une autre classe. Chaque mode de production, en effet, est caractérisé par l'opposition irréductible entre deux classes liées par un rapport d'exploitation *(cf. fiche 9)*.

- Refusant d'expliquer les transformations des sociétés par l'histoire des idées ou l'action des hommes illustres, Marx affirme que « l'histoire de toute société jusqu'à nos jours est l'histoire de la lutte des classes ». Cette lutte qui, dans toutes les sociétés, oppose oppresseurs et opprimés débouche, nous dit Marx, sur « une transformation révolutionnaire de la société », c'est-à-dire sur le remplacement d'un mode de production par un autre.

B L'action des classes favorise les changements économiques

- En fait, il est bien difficile d'expliquer l'histoire des sociétés pré-capitalistes par la lutte des classes. Les conflits sociaux qui n'étaient pas vécus comme des conflits de classes (le terme de « classe sociale » date de la fin du XVIIIe siècle) n'ont jamais été la cause de l'émergence d'une société. La société industrielle, par exemple, ne résulte pas des conflits opposant les serfs aux seigneurs mais apparaît alors que se développe une troisième classe sociale : la bourgeoisie.

- Dans la société industrielle, au contraire, les conflits sociaux ont souvent été vécus et analysés comme des conflits de classes. L' opposition entre la bourgeoisie et ses représentants d'une part et la classe ouvrière et les siens d'autre part ont profondément marqué l'histoire de notre société depuis deux siècles. Ces luttes pour le partage de la richesse créée, pour le contrôle des moyens de production, voire pour leur possession, ont contribué à la transformation des structures économique et sociale de notre société.

2 Les mouvements sociaux interviennent dans d'autres domaines que l'économie

A Les mouvements sociaux sont caractéristiques de la société postindustrielle

■ Il semble, cependant, que le mouvement ouvrier ait perdu son rôle central dans la dynamique sociale à la fin des Trente glorieuses. Beaucoup y voient la conséquence du passage d'une société industrielle à une société postindustrielle dans laquelle les conflits sociaux ne sont pas centrés sur l'appareil productif et ne peuvent pas être assimilés à des conflits de classes. Le combat écologique, par exemple, échappe à cette dimension et peut diviser des classes sociales.

■ On utilise le concept de « mouvement social » pour désigner une organisation qui mobilise des individus afin de faire prévaloir des intérêts ou des idées qui ne sont pas nécessairement liés à la production. Les groupes écologiques, féministes, religieux ou les associations de consommateurs sont donc des mouvements sociaux.

À côté de ces mouvements sociaux classiques sont apparus dernièrement sur la scène sociale de « nouveaux mouvements sociaux » qui, à l'image des « coordinations » de cheminots ou d'infirmières cherchent à obtenir satisfaction sur une revendication précise et disparaissent une fois le conflit achevé.

Les mouvements sociaux, qu'ils soient classiques ou nouveaux, se distinguent des conflits de classes sociales par leur origine qui n'est pas nécessairement d'ordre économique et par leur nombre qui est très élevé. À la bipolarisation de la société, ils opposent le fractionnement de l'espace social, chaque domaine de la société étant occupé par quelques mouvements sociaux.

B Leurs actions débouchent sur du changement social

■ Un mouvement social « classique » est doté d'une organisation, et d'une élite qui en est le symbole. Une des fonctions de celle-ci est de produire une représentation de la société (une idéologie) qui permette à des personnes de se situer socialement et de prendre conscience de la nécessité qu'il y a à défendre des intérêts ou des idées. Cette idéologie légitime, par avance, l'action en la plaçant sous l'auspice de grandes valeurs et de grands idéaux même quand il ne s'agit que de défendre des intérêts particuliers. Une autre des fonctions de l'élite est de représenter son organisation auprès d'autres mouvements mais surtout auprès des pouvoirs publics qui sont, souvent, un interlocuteur privilégié. En effet, les mouvements sociaux sont, la plupart du temps, des groupes de pression dont l'objectif est d'orienter l'action du pouvoir politique.

■ Il s'ensuit une multitude de conflits qui opposent chacun des mouvements sociaux au pouvoir politique et les mouvements entre eux. La structure économique et sociale en sort modifiée sans qu'il soit possible de distinguer nettement l'influence des facteurs du changement social de celle des acteurs de ce changement. Ainsi, la légalisation de l'avortement est à la fois le produit de l'action de groupes féministes et de l'évolution des valeurs.

Après les classes sociales et, tout particulièrement, la classe ouvrière dans la société industrielle, les mouvements sociaux sont donc considérés comme un des acteurs du changement social dans la société postindustrielle. Ils contribuent à ce changement par la production d'idéologie, par les conflits qu'ils suscitent et par l'action de leurs élites. Facteurs du changement et acteurs de ce changement sont, ici, intimement liés.

FICHE 54

ÉLITES ET CHANGEMENT SOCIAL

Lorsque l'élite est le groupe social qui dirige la société, son action est, en principe, conservatrice. Mais lorsqu'il existe plusieurs élites, la compétition qui les oppose est un des facteurs du changement social.

1 L'ÉLITE EST UN GROUPE SOCIAL QUI EXERCE LE POUVOIR

A L'élite est un groupe social qui exerce le pouvoir

■ Partant du constat selon lequel il existe dans toute société une classe dominante et une classe dominée, le sociologue italien Gaetano Mosca définit l'élite comme étant « la minorité de personnes qui détient le pouvoir dans la société ». C'est, d'après lui, une classe sociale dont les membres sont soudés par une culture et des intérêts communs ainsi que par des liens familiaux.

■ Après Mosca, le sociologue américain C. Wright Mill fait le constat de l'homogénéïté de l'élite. Il affirme que le personnel politique, le monde des affaires et la hiérarchie militaire sont rassemblés au sein d'une élite qui exerce son pouvoir sur la société sans, pour autant, former une classe sociale.

B Elle est, par principe, conservatrice

■ Que ce soit pour Marx ou pour Lénine, l'élite au pouvoir dans la société industrielle est au service de la bourgeoisie. Elle n'a, en principe, pas d'autonomie et met l'appareil d'État à la disposition de cette classe. Tirant quelques avantages matériels de cette dépendance, elle est, par nature, conservatrice. Conformément à une analyse centrée sur l'économie, Marx subordonne la domination (concept politique) à l'exploitation (concept économique) et ne conçoit pas que le personnel politique puisse avoir de l'autonomie.

Mais, pour les sociologues modernes, l'élite au pouvoir est à son propre service. Ses différentes composantes (personnel politique, monde des affaires, haute fonction publique) ont des intérêts matériels en commun mais se rassemblent, avant tout, pour rester au pouvoir. Ce qui fait dire à C.W. Mill qu'elle est naturellement réticente vis-à-vis d'un changement qui limiterait soit son pouvoir soit les avantages dont elle dispose.

■ En France, la réflexion a souvent porté sur les éléves de l'École nationale d'administration en raison de la place prise par cette école dans la formation de l'élite administrative, politique et économique. Au cours des années 60, les énarques ont souvent été présentés comme des acteurs de la modernisation de la société française. Mais les critiques à l'encontre de leur conservatisme se sont affirmées depuis le début de la crise économique. Qualifiée par P. Bourdieu de « noblesse d'État », cette élite est tenue pour responsable du blocage de la société par M. Crozier.

2 La compétition entre les élites favorise le changement social

A Les élites sont en compétition

- V. Pareto définit l'élite de deux façons différentes. Elle est, d'une part, l'ensemble des personnes ayant particulièrement réussi dans un domaine ; elle est, d'autre part, la minorité de personnes qui exerce des fonctions dirigeantes dans le domaine politique. Il distingue alors l'élite gouvernementale qui exerce le pouvoir étatique de l'élite non gouvernementale qui est dans l'opposition.

- Reprenant une distinction déjà faite par Machiavel, Pareto affirme que les élites peuvent utiliser soit la force soit la ruse pour accéder au pouvoir et y rester. La ruse consiste, pour Pareto, à déguiser la recherche du pouvoir sous l'apparence de mobiles généreux. Les élites qui utilisent la ruse prendront l'ascendant sur celles qui font un usage exclusif de la force. Les élites au pouvoir risquent donc toujours de disparaître et l'histoire est « un cimetière d'aristocratie ». Élite gouvernementale et élite non gouvernementale sont toujours en compétition l'une avec l'autre.

B Cette compétition favorise le changement social

- Ces élites contribuent, tout d'abord, au changement social en prenant des décisions qui affectent l'organisation d'un des domaines de la société. Même quand une évolution est rendue nécessaire par une série d'innovations technologiques, culturelles, économiques..., le contenu de cette évolution dépend bien souvent des décisions prises par un nombre restreint d'individus.

  Il ne faut pourtant pas exagérer le rôle joué par les prises de décision dans le changement social dans la mesure où des contraintes d'ordre culturel, politique, économique limitent la marge de manœuvre des décideurs.

- Les élites participent ensuite au changement social en produisant des normes, des valeurs et, finalement, des idéologies. L'influence de l'élite culturelle du XVIIIe siècle sur les bouleversements sociaux qui ont affecté la France à l'époque n'est plus à démontrer. Dans le domaine culturel, les élites sont donc bien souvent en concurrence puisque chacune d'entre elles cherche à rendre légitime une représentation du monde qui lui est favorable. Ce faisant, elles alimentent le débat social, participent aux conflits qui opposent les groupes d'intérêts et sont donc des agents du changement social.

Quand elle détient solidement le pouvoir, une élite est, logiquement, conservatrice. Mais la segmentation relative de la société et la pluralité des groupes sociaux ont multiplié les élites. Leur concurrence éventuelle alimente la production d'idéologies et favorise les conflits. Facteurs et agents du changement social sont, ici encore, intimement liés.

FICHE 55

L'ACTION COLLECTIVE

Sur la base d'une méthodologie individualiste, la sociologie américaine a montré que la mobilisation des membres d'un groupe afin de défendre leurs intérêts n'était pas automatique et que l'action collective pouvait être analysée en termes de stratégie d'acteurs rationnels. Ces théories ont, aujourd'hui, montré leurs limites et de nombreux chercheurs tentent de les dépasser en expliquant, par exemple, la mobilisation par la construction d'identités collectives.

1 LES THÉORIES DE L'ACTEUR RATIONNEL S'OPPOSENT AU MARXISME ET AUX THÉORIES PSYCHOSOCIOLOGIQUES

A En opposition au marxisme et aux théories psychosociologiques...

■ Marx et les auteurs marxistes qui, comme lui, ont joué un rôle dans les luttes politiques ou syndicales savent que la mobilisation de la classe ouvrière pour la défense de ses intérêts n'est jamais automatique. Ils la considèrent, par contre, comme toujours légitime et normale et expliquent son absence éventuelle par la violence physique ou idéologique exercée par la classe dominante.

■ A la fin du XIXe siècle, Tarde et Lebon tentent de réfuter l'analyse marxiste en présentant des analyses psychosociologiques de l'action collective. Selon leurs théories, les hommes, quand ils sont en foule, deviennent irrationnels et imitent des meneurs ou se laissent manipuler par eux.

B ... de nombreux sociologues ont expliqué l'action collective par la rationalité des acteurs

■ Au milieu des années 60, en adoptant une méthodologie individualiste *(cf. fiche 24)*, de nombreux sociologues américains ont renouvelé l'analyse de l'action collective. Au niveau microsociologique, Mancur Olson a montré que des individus rationnels ayant des intérêts en commun ne se mobilisent pas automatiquement pour les défendre. D'après lui, un individu ne participera à une action collective que si le coût de sa mobilisation (en argent, en temps...) est inférieur au gain escompté. Si ce gain est un bien collectif (chaque individu en profite qu'il ait, ou non, participé au mouvement), l'attitude rationnelle est celle du « passager clandestin » *(free rider)* qui consiste à ne pas se mobiliser (le coût est nul) et à profiter des éventuels résultats acquis par l'action collective.

■ Cette théorie a été complétée par une analyse de l'action collective dans laquelle les reponsables d'une organisation revendicative sont assimilés à des chefs d'entreprise mobilisant les ressources dont ils disposent afin de faire triompher leurs intérêts. À l'intérieur, ils doivent motiver les militants en leur accordant des gratifications matérielles et, surtout, symboliques (de la reconnaissance). À l'extérieur, ils doivent utiliser au mieux les ressources dont ils disposent (argent, travail des militants, contacts auprès des médias...) afin d'accroître l'audience de leur organisation et de faire triompher les intérêts de ses membres.

2 Les théories de l'acteur rationnel ont montré leurs limites

A Le pouvoir explicatif des théories de l'acteur rationnel est limité

- La première critique adressée à ces théories concerne, bien sûr, l'hypothèse de rationalité qui est prêtée aux acteurs. Dans la réalité, la participation à un mouvement de protestation résulte rarement d'un calcul coûts/avantages, mais s'explique, bien plus, par le rôle joué par les normes et les valeurs dans les conduites humaines.

- La seconde critique porte sur la logique interne de cette analyse. Bien souvent, en effet, un individu rationnel ne devrait pas agir puisque les avantages escomptés de l'action sont soit infimes soit imprévisibles alors que les coûts de la mobilisation sont immédiats. Il en est ainsi du vote qui a un coût (essentiellement le temps passé à s'informer et à voter) alors que la possibilité, pour un individu, de modifier le résultat du scrutin est quasiment nulle. Or, les citoyens votent, y compris dans les pays où s'opposer au parti en place est dangereux et, d'un strict point de vue électoral, inutile puisque les élections sont arrangées par le pouvoir. Les théories de la mobilisation fondées sur l'hypothèse d'un acteur rationnel sont convaincantes quand il s'agit d'expliquer l'absence de mobilisation mais le sont beaucoup moins quand il s'agit de rendre compte du phénomène inverse.

B Les théories en termes d'identité collective ont un meilleur pouvoir explicatif

- En rupture avec le modèle précédent, on peut s'interroger sur le rôle joué par la culture (un ensemble de valeurs, de normes, de comportements) dans la création d'une identité collective et, de là, dans l'intensité et les formes prises par la mobilisation. Dans cette optique, le conflit s'explique plus par la cohésion culturelle d'un groupe que par les enjeux de la lutte. L'affirmation d'une culture spécifique et la constitution d'une conscience sont considérées comme des préalables à l'action collective.

- On peut alors considérer que la participation à un mouvement de protestation est guidée par des sentiments de solidarité et de loyauté. Cette participation est l'occasion, pour un individu, de témoigner de son appartenance à une collectivité. Les réunions, les manifestations, les fêtes, en un mot, les rites ont pour fonction de renouveler cette identité collective et de renforcer la solidarité entre les membres du groupe. La participation d'individus à des actions offrant peu de perspectives d'avantages matériels est, ainsi, expliquée puisque l'objet de la lutte est moins d'obtenir satisfaction que de souder les membres du groupe contre un adversaire commun.

Les théories de l'individu rationnel ont donc montré que la mobilisation d'un groupe social pour la défense de ses intérêts n'était pas automatique et qu'une organisation pouvait la favoriser en distribuant des gratifications matérielles ou symboliques.

En fait, la dimension symbolique est prépondérante dans les phénomènes de mobilisation collective. Les analyses en termes d'identité collective s'inscrivent dans cette perspective.

PARTIE VII

GROUPES SOCIAUX, EXCLUSIONS ET SOLIDARITÉS

LES GROUPES SOCIAUX

Le concept de « groupe social » est central en sociologie mais tous les sociologues n'en ont pas la même conception. Les uns s'intéressent aux groupes de petite taille ; les autres aux groupes de grande taille.

1 AU SEIN DES GROUPES RESTREINTS, LES RELATIONS SOCIALES SONT CARACTÉRISÉES PAR UN CERTAIN DEGRÉ D'INTIMITÉ

A Un groupe restreint est défini à partir de deux critères

■ Un groupe restreint réunit un petit nombre d'individus en relation les uns avec les autres et conscients de leur unité. Cela suppose que ces individus aient le sentiment d'appartenir à une communauté et que celle-ci soit reconnue comme telle par des individus qui n'en sont pas membres. Au sein des groupes restreints, les relations sont fortement personnalisées et contiennent toujours une part d'affectivité. C'est le cas de la famille, des groupes d'amis ou des groupes de voisinage.

■ Une telle définition élimine les groupes dont les membres sont suffisamment nombreux pour qu'ils ne puissent pas entretenir de relations personnelles. Elle élimine également les rassemblements accidentels ou occasionnels d'individus car de telles relations sont insuffisantes pour créer un sentiment communautaire.

B La psychosociologie a pour objet l'analyse des relations interindividuelles au sein de ces groupes

■ L'analyse de ces groupes relève à la fois du domaine de la psychologie et de la sociologie. Au croisement de ces deux disciplines, la psychosociologie dont l'origine remonte aux années 30 a pour objet l'étude des interactions individuelles au sein des petits groupes. Les psychosociologues cherchent à comprendre les raisons pour lesquelles les relations au sein d'un groupe sont coopératives ou, au contraire, conflictuelles.
La coopération est, à priori, bénéfique pour tous mais peut être entravée par un manque de coordination entre les membres, l'adoption par certains d'une stratégie de « passager clandestin » ou la défection de certains membres qui préfèrent se retirer plutôt que d'exprimer leur désaccord.
Le conflit est d'abord le signe de l'échec de la coordination et perturbe, au moins momentanément, l'efficacité du groupe.

■ Les psychosociologues s'intéressent tout particulièrement au rôle et aux caractéristiques des meneurs dans les groupes restreints. Certains insistent sur les qualités des meneurs (la compétence, l'habileté, etc.), d'autres sur la façon dont ils dirigent le groupe (pratiques autoritaires ou consensuelles), d'autres enfin, sur la place qu'ils occupent dans les réseaux de communication à l'intérieur comme à l'extérieur du groupe.

2 Les groupes de grande taille sont des acteurs macrosociologiques

A Les groupes sociaux de grande taille sont des acteurs dont l'origine est diverse

- À la différence des groupes restreints, les groupes de grande taille ne peuvent pas être définis par l'existence d'interactions individuelles car leurs membres sont trop nombreux pour être directement en relation les uns avec les autres. Cependant, tous ces membres ont quelque chose en commun qui les distingue des autres. Ce critère de différenciation peut être d'ordre économique (la place dans les rapports de production, la richesse, le niveau de revenu, etc.), politique (l'exercice ou, au contraire, la soumission au pouvoir), culturel (des valeurs, des normes et des pratiques) ou sociodémographique (le sexe, l'âge ou, plus précisément, la génération).

- L'ensemble des individus possédant une caractéristique commune ne forme pas automatiquement un groupe social. Il lui faut, en plus, exprimer la conscience qu'il a de son unité et être reconnu en tant que groupe par les autres. Ce critère de la conscience fonde la différence entre une catégorie statistique (les personnes dont le revenu est compris entre 5 000 et 10 000 F par mois) et un groupe social qui, à l'image des agriculteurs, est conscient de ses intérêts et agit pour les défendre.

B La sociologie de l'action collective étudie les conditions de formation d'un groupe social

- La sociologie de l'action collective *(cf. fiche 55)* s'interroge sur les processus qui font qu'un groupe latent ou quasi-groupe (un ensemble d'individus ayant des intérêts en commun) se transforme en groupe social en se mobilisant pour la défense de ses intérêts.

- Les sociologues du conflit trouvent dans les contradictions du social (l'exploitation, la domination) la cause première de la mobilisation collective. L'action alimente la prise de conscience qui, en retour, modifie les formes de la mobilisation.

  Les tenants de « l'individualisme méthodologique » expliquent la mobilisation ou son absence par la recherche de l'intérêt individuel. Un groupe se mobilise lorsque ses membres ont le sentiment que l'avantage escompté de la mobilisation est supérieur à son coût. Cette analyse suppose que l'on puisse réduire l'action humaine à un calcul coûts/avantages.

  Un troisième courant insiste sur la dimension culturelle des groupes sociaux et explique la mobilisation d'un groupe par l'existence d'un sentiment communautaire.

L'étude des groupes sociaux relève de deux sociologies très différentes : la première, microsociologique, est d'origine américaine et a pour objet l'amélioration du fonctionnement des groupes restreints ; la seconde, macrosociologique, est d'origine européenne et cherche à comprendre la logique des relations sociales. Les études portant sur la classe ouvrière (cf. fiche 59), *les classes moyennes* (cf. fiche 60) *ou les indépendants* (cf. fiche 61) *relèvent de cette tradition.*

FICHE 57

LA STRUCTURE SOCIALE

Tous les sociologues constatent que notre société est hiérarchisée mais tous ne font pas la même analyse de la structure sociale. Peut-on analyser la société à partir d'une hiérarchie sociale unique ou faut-il en prendre en compte plusieurs ? Y a-t-il rupture ou, au contraire, continuité entre les différents groupes sociaux ? Telles sont les deux questions qui alimentent le débat.

1 LES SOCIOLOGUES S'OPPOSENT SUR LE NOMBRE DES HIÉRARCHIES SOCIALES

A Pour certains sociologues, dont Marx, il y aurait une hiérarchie sociale unique

- L'étude de l'aristocratie anglaise du XVIIIe siècle avait convaincu Marx qu'une classe dominante monopolisait le pouvoir économique, le pouvoir politique et le prestige social. Persuadé, en outre, du statut supérieur de l'économie sur les autres domaines de la société, Marx estime que toutes les hiérarchies sociales peuvent être ramenées à une hiérarchie économique. Il conçoit alors la structure sociale comme l'ensemble des relations entre des classes sociales définies par leur place dans les rapports de production *(cf. fiche 9)*.
- Estimant que le critère économique avait perdu beaucoup de sa pertinence au cours du XXe siècle, le sociologue allemand Ralf Dahrendorf privilégie, quant à lui, une hiérarchie basée sur l'autorité. Dans chaque organisation, il oppose les individus qui exercent le pouvoir à ceux qui y sont soumis. Une classe dominante est alors un groupe social qui exerce le pouvoir dans l'ensemble des domaines sociaux.
- Aux États-Unis, plusieurs équipes de sociologues ont montré qu'il était possible de classer la population sur une même échelle de prestige. C'est le cas de L. Warner qui, dans l'entre-deux-guerres, a mis en évidence l'existence de six strates sociales superposées qu'il appelle « classes sociales » mais qui sont, en fait, des « groupes de statut » *(cf. fiche 17)*.

B D'autres, avec Weber, prennent en compte une pluralité de hiérarchies sociales

- À l'encontre de Marx, Max Weber estime qu'il existe trois hiérarchies sociales distinctes correspondant aux ordres économique, social et politique *(cf. fiche 13)*.
  - Dans le domaine économique, les hommes sont regroupés dans des classes sociales (en fait des classes économiques) caractérisées par la probabilité pour leurs membres d'accéder à certains biens et à certaines conditions matérielles. La position d'un individu sur le marché du travail (salarié, propriétaire d'une entreprise) est le fondement des classes sociales. Weber semble proche de Marx mais, pour ce dernier, les classes sont des acteurs sociaux alors que pour Weber, ce ne sont que des catégories statistiques.
  - Dans le domaine social, les hommes se distinguent par l'appartenance à des

groupes de statut caractérisés par un certain prestige social et un mode de vie particulier.
- Dans le domaine politique, les hommes se distinguent par leur capacité à exercer un pouvoir qui consiste à imposer leur vision du monde et à défendre leurs intérêts.

■ L'idée d'une pluralité des hiérarchies sociales est souvent retenue pour rendre compte de la complexité de la société moderne. Alors que les trois hiérarchies étaient effectivement confondues dans le cas de l'aristocratie anglaise du XVIIIe siècle et l'étaient encore relativement dans la société industrielle du XIXe, les progrès de la démocratie et de l'individualisme auraient relâché les correspondances qui pouvaient exister entre elles. Pouvoir politique, pouvoir économique et prestige social ne seraient plus systématiquement associés.

2 Hiérarchies et conflits

A Les hiérarchies dichotomiques sont conflictuelles

■ Les théories des classes sociales de Marx, Dahrendorf et Weber ont en commun d'opposer ceux qui sont dotés d'un attribut (la possession d'un capital, le pouvoir, la propriété) à ceux qui en sont privés. Exploitants et exploités, dominants et dominés, propriétaires et non-propriétaires sont, ici, clairement distincts.

■ Cela ouvre la voie à des analyses en termes de conflits de classes. Pour Marx, les conflits sociaux sont le moteur de l'histoire et doivent déboucher sur une transformation révolutionnaire de la société. Dahrendorf déplace la lutte des classes du domaine économique vers le domaine politique et nuance l'analyse marxiste en montrant que le changement social peut être superficiel et lent. Weber, enfin, fait remarquer que les conflits sont rendus possibles par les antagonismes de classe mais que la lutte des classes n'est jamais automatique car elle passe, au préalable, par une prise de conscience des oppositions de classes.

B Les hiérarchies gradualistes sont consensuelles

■ Dans le cadre de l'analyse de Warner, il n'y a pas de discontinuité entre la strate sociale la plus élevée et la plus basse. À l'encontre des analyses dichotomiques qui privilégient la notion de rupture, celle-ci, gradualiste, oppose l'image d'une échelle sociale.

■ Cela débouche, en principe, sur une conception consensuelle des relations sociales. Il n'y pas, en effet, de possibilité de conflits centraux entre deux classes puisque tous les membres d'une société possèdent un même attribut mais dans des proportions différentes. Enfin, la proximité du groupe social immédiatement supérieur rend toujours possible un minimum d'ascension sociale. Tous les membres de cette société doivent donc également avoir en commun la croyance dans la possibilité d'une ascension sociale et la volonté d'y parvenir. La compétition individuelle pour accéder à un niveau plus élevé doit, en principe, remplacer la lutte des classes.

L'enjeu central du débat sur la structure sociale est de savoir si la société est conflictuelle ou, au contraire, consensuelle. Les sociologues qui optent pour une hiérarchie sociale unique et dichotomique font du conflit une caractéristique centrale de notre société. À l'opposé, ceux qui envisagent l'existence d'une pluralité de hiérarchies gradualistes considèrent comme impensable l'existence d'un conflit central dans notre société.

FICHE 58

Les catégories socioprofessionnelles

Fidèles à une tradition durkheimienne, les sociologues français cherchent à mesurer les pratiques sociales. Ils sont aidés en cela par les statisticiens de l'INSEE qui ont mis au point une liste de groupes sociaux présentant chacun une relative homogénéité sociale. Les catégories socioprofessionnelles (CSP) sont un des outils les plus couramment utilisés dans la sociologie française. Il nous faut nous interroger sur l'utilisation qui est faite de cet outil et, également, sur ses limites.

1 Les catégories socioprofessionnelles (CSP) sont un outil mis au point par l'INSEE

A Les CSP ont été élaborées par l'INSEE

- L'Institut national de la statistique et des études économiques (INSEE) a mis au point les CSP au début des années 50 afin d'étudier la structure sociale et de mieux comprendre les modes de vie des Français. Ces CSP étaient fondées sur des critères objectifs (les membres d'une CSP ont des caractéristiques communes) et subjectifs (ils ont le sentiment d'appartenir au même groupe). Dans la mesure où l'identité sociale des actifs était, à l'époque, clairement définie par leur identité professionnelle, il a semblé légitime de constituer les CSP à partir de critères d'ordre professionnel.
- C'est ainsi que l'INSEE avait partagé la population active en neuf groupes : les agriculteurs exploitants, les salariés agricoles, les patrons de l'industrie et du commerce, les professions libérales et cadres supérieurs, les cadres moyens, les employés, les ouvriers, les personnels de service et, enfin, un groupe résiduel dénommé « autres catégories ».

B Elles permettent d'étudier la structure sociale et d'expliquer certains comportements

- Cet outil s'est avéré précieux pour étudier la structure sociale. Tout au long des Trente glorieuses, il a permis de suivre la progression des ouvriers et, surtout, l'irruption des employés et des cadres qu'ils soient moyens ou supérieurs. À l'inverse, l'INSEE a mesuré le déclin des agriculteurs, des salariés agricoles et, dans une moindre mesure, des patrons de l'industrie et du commerce.
- En identifiant les ménages par la CSP du « chef de ménage », l'INSEE a également favorisé la compréhension des pratiques sociales. L'inégalité sociale face à l'école a, ainsi, pu être mesurée ; les inégalités de consommation entre CSP ont également été mises en évidence. Cela a permis de mieux identifier les modes de vie des différents groupes sociaux.

2 Elles ont été réactualisées en 1982

A Leur validité est limitée dans le temps et dans l'espace

- Cependant, la validité de cet outil est limitée dans le temps. La quasi-disparition des salariés agricoles entre 1950 et 1980 rendait problématique la persistance de cette catégorie. Certains clivages qui n'avaient pas été pris en compte en 1950 ont pris, au fil des ans, une importance nouvelle. C'est le cas de la distinction entre les salariés du privé soumis au risque de chômage et les fonctionnaires qui bénéficient d'une sécurité de l'emploi. Enfin, le terme de « cadre moyen » ne se justifiait plus puisque que la quasi-totalité des membres de cette catégorie (techniciens, instituteurs, etc.) n'avait pas le statut de cadre.

- Limité dans le temps, cet instrument l'est également dans l'espace puisque la France est le seul pays à l'utiliser et à en avoir fait un outil de référence que ce soit dans le public ou le privé. Ailleurs, d'autres nomenclatures, moins sophistiquées, sont utilisées sans qu'il soit possible d'établir des correspondances entre les unes et les autres.

B Elles ont été remplacées par les PCS

- L'INSEE a réactualisé les CSP au début des années 80 en les remplaçant par les « professions et catégories socioprofessionnelles » (PCS) qui regroupent plusieurs listes en fonction de leur niveau de détail (des groupes socioprofessionnels aux professions). Cette nouvelle nomenclature offre une partition de la population en huit groupes dont six pour la population active : agriculteurs exploitants ; artisans ; commerçants et chefs d'entreprise ; cadres et professions intellectuelles supérieurs ; professions intermédiaires ; employés et, enfin, les ouvriers auxquels on a ajouté les anciens « salariés agricoles ».

  Au-delà du changement d'intitulés, cette refonte a permis de redessiner les contours des catégories afin d'en améliorer l'homogénéité. Le redécoupage interne des PCS a également permis d'introduire de nouvelles distinctions : la taille de l'entreprise ou le clivage privé/public sont ainsi mieux pris en compte.

- Toutefois, certains problèmes n'ont pas été résolus. Ainsi, la généralisation du travail des femmes rend parfois délicat l'identification du ménage par son chef de famille que l'INSEE nomme, aujourd'hui « personne de référence ». Bien que l'homogamie reste fréquente *(cf. fiche 63)*, de nombreux ménages sont composés d'actifs classés dans des PCS différentes et il est impossible de négliger une de ces appartenances sans introduire un biais dans les statistiques.

  La variable culturelle, ensuite, est insuffisamment pris en compte par l'INSEE alors qu'elle est souvent pertinente pour expliquer les pratiques sociales. Or, avec l'augmentation de la qualification des jeunes et la dévalorisation des diplômes, des individus aux cursus scolaires très différents sont regroupés dans une même catégorie.

  Enfin, la construction européenne rend de plus en plus nécessaire une nomenclature commune à l'ensemble des pays européens.

Les PCS sont un outil qui met en valeur des différences de mode de vie entre des groupes sociaux constitués sur la base d'un critère professionnel. Cela permet, ensuite, aux théoriciens de mettre leur analyse à l'épreuve de ce qui est mesuré par l'INSEE et, éventuellement, de critiquer l'instrument de mesure voire de le rejeter. Car d'autres outils peuvent être utilisés pour analyser le social : certains sociologues font des analyses en termes de « classes sociales » alors que d'autres accordent une plus grande importance aux classes d'âge qu'aux groupes professionnels.

FICHE 59

LA CLASSE OUVRIÈRE

Les ouvriers forment d'abord un groupe social que l'on définit par la nature de leur travail : c'est un travail d'exécution, manuel et en lien direct avec la production. Dans cette optique, nous pouvons suivre l'évolution de ce groupe en France utilisant la CSP « ouvriers » créée par l'INSEE.

Nous pouvons également nous intéresser aux ouvriers en tant que classe sociale, c'est-à-dire en tant qu'acteur qui intervient sur la scène politique, économique et sociale française.

1 LE NOMBRE D'OUVRIERS DIMINUE

A La diminution du nombre des ouvriers date du milieu des années 70

■ Si l'on fait exception de la période ouverte par la crise des années 30, le nombre des ouvriers a augmenté de façon ininterrompue en France du début du XIXe siècle jusqu'au milieu des années 70. À cette date, il y avait 8,2 millions d'ouvriers, ce qui représentait 37,2 % de la population active. Le nombre des ouvriers diminue depuis : ils ne sont plus que 7,0 millions en 1995, soit 27,8 % de la population active. Pour la première fois, les employés sont devenus plus nombreux que les ouvriers. Cette diminution d'effectif est principalement le fait des ouvriers non qualifiés dont le nombre diminue rapidement depuis 1975.

■ Au cours des Trente glorieuses, la progression numérique des ouvriers s'est accompagnée d'une relative uniformisation de leur statut : le modèle de l'ouvrier d'usine mensualisé et employé à plein temps est devenu dominant au détriment de toutes les formes du travail ouvrier héritées de la proto-industrie (travail à domicile, travail saisonnier, etc.). Depuis les années 70, au contraire, on observe une hétérogénéité croissante entre ceux qui sont relativement protégés par leurs qualifications et les autres. Cette ligne de partage n'a cependant pas pris l'ampleur de celles qui existaient 100 ans plus tôt.

B Les causes de ce déclin sont conjoncturelles et structurelles

■ À l'image de ce qui s'est déjà passé au cours des années 30, le déclin numérique de ce groupe social peut être expliqué par la crise économique. L'intensification de la concurrence incite les entreprises à diminuer leurs coûts de production et à réduire l'emploi. En France, le textile et les BTP ont réduit leurs effectifs dès 1974, la sidérurgie et l'automobile en 1979 et la diminution du nombre des ouvriers est devenue une pratique normale pour les entreprises industrielles à partir du plan de rigueur de 1983.

■ Mais, à la différence de ce qui s'est passé à la suite de la crise des années 30, le déclin actuel semble également être structurel : les transformations de l'organisation tayloriste du travail *(fiches 69 et 70)* dans les pays développés et l'industrialisation de certains pays en développement semblent rendre ce déclin irréversible. Nous assistons au déplacement des ouvriers d'industrie des pays anciennement industrialisés vers des pays nouvellement industrialisés.

2 L'ACTEUR SOCIAL EST EN CRISE

A L'effacement de la classe ouvrière

- Ainsi que l'a montré l'historien G. Nioriel, l'irruption de la classe ouvrière sur la scène sociale et politique date de 1936. À cette date, le parti communiste et la CGTU ont su parler au nom des ouvriers et, en particulier, des ouvriers qualifiés des industries de la seconde révolution industrielle (l'automobile, la mécanique, etc.). L'influence de la classe ouvrière dans la vie sociale, politique et économique de la France est à son apogée après la guerre en raison de l'image qu'elle a su se forger dans la résistance et de la déconsidération du patronat.
- L'influence de la classe ouvrière sur la société française s'est ensuite effacée, lentement dans un premier temps, puis très rapidement depuis le début des années 80. En effet, les organisations qui se revendiquent de cette classe n'ont pas su faire obstacle aux progrès du libéralisme économique et se sont marginalisées sur la scène politique et sociale.

B La crise de la classe ouvrière a une origine économique et culturelle

- Cette marginalisation de l'acteur social a, tout d'abord, une cause économique : en période de réduction du nombre d'emplois ouvriers et d'augmentation du chômage, il est difficile pour ces organisations de mobiliser leurs partisans. Mais l'exemple de la crise des années 30 nous conduit à relativiser cet argument. À cette époque, en effet, une forte insécurité de l'emploi n'avait pas empêché la classe ouvrière de s'affirmer.
- La crise que traverse cette classe est, avant tout, identitaire et remonte aux années 60. Longtemps marginalisée au sein de la population française, la classe ouvrière avait développé une culture d'exclusion et de solidarité qui la différenciait des autres groupes sociaux et qui alimentait son action politique. Mais son désenclavement social entamé au cours des années 60 a fragilisé cette identité. L'accès au logement neuf, en transplantant cette population de quartiers ouvriers vers des zones urbaines socialement plus hétérogènes a souvent cassé les anciennes solidarités de voisinage. Puis la place prise par la télévision dans les loisirs et l'allongement de la scolarisation ont encore atténué la spécificité de ce groupe social.

  Cette crise identitaire s'est ensuite approfondie à la fin des années 70 lorsque le drame cambodgien et l'échec de plus en plus visible des pays socialistes ont déconsidéré l'idée de révolution et retiré à la classe ouvrière quelques-uns des repères qui lui restaient. Les organisations qui la représentent n'ont pas su proposer une alternative crédible au projet libéral et se sont effacées en tant qu'acteurs sociaux.

Le groupe social formé par les ouvriers est sur le déclin et l'acteur social a perdu beaucoup de son influence. Ces évolutions semblent irréversibles mais la convergence des conditions de travail et de vie d'une large part des ouvriers et des employés ouvre la possibilité de l'émergence d'un nouvel acteur social.

FICHE 60

LES CLASSES MOYENNES

Au cours des deux derniers siècles, la notion de « classe moyenne » a été utilisée avec des sens très différents. Le rappel de ces différentes définitions permet de s'interroger sur le statut de cette classe : est-elle une classe parmi d'autres ou a-t-elle pour vocation de devenir majoritaire dans la société moderne ?

1 LES CLASSES MOYENNES SONT DES CLASSES INTERMÉDIAIRES

A De la petite bourgeoisie...

- Au début du XIXe siècle, A. de Tocqueville qualifie les travailleurs indépendants de classe moyenne en raison de leur situation intermédiaire entre le peuple et la noblesse. Le premier, il prophétise le regroupement de la population au sein d'une vaste classe centrale caractéristique, selon lui, des sociétés modernes.
- Quelques décennies plus tard, K. Marx reprend parfois ce terme (bien qu'il lui préfère celui de « petite bourgeoisie ») pour désigner les artisans, commerçants et chefs de petites entreprises. À l'opposé de Tocqueville, il prévoit la bipolarisation de la société et l'éclatement des classes moyennes entre le prolétariat d'une part et les capitalistes d'autre part.

B ... aux classes moyennes salariées

- Au cours du XXe siècle, et surtout après la Seconde Guerre mondiale, le terme de classe moyenne est utilisé pour définir des couches sociales salariées intermédiaires entre les classes populaires cantonnées dans des travaux d'exécution et les classes dirigeantes (ou dominantes) qui ont un pouvoir décisionnel au sein des organisations.
- Bien que cela soit difficile, il est indispensable de préciser la composition, en France, de ces classes moyennes salariées. En plus des professions intermédiaires, il convient d'y inclure la majorité des cadres dans la mesure où leur pouvoir de décision est, la plupart du temps, très limité. Le statut des employés est différent puisque ce sont des personnels d'exécution. Leur rémunération, leur patrimoine, leur vulnérabilité face au chômage, etc. les situent davantage au côté des ouvriers. En fait, la coupure entre les classes populaires et les classes moyennes traverse le groupe des employés : certains employés de bureau ont des fonctions assimilables à celles des cadres et appartiennent aux classes moyennes.

2 La forte progression des classes moyennes durant les « Trente glorieuses » s'est ralentie depuis les années 80

A Les classes moyennes ont profité des « Trente glorieuses »

- Ces classes moyennes salariées ont fortement progressé au cours des Trente glorieuses. En y intégrant les trois quarts des cadres supérieurs, la totalité des cadres moyens et le quart des employés, leur effectif au sein de la population active française passe de 3,6 millions en 1962 à 5,9 millions en 1975. En valeur relative, la progression est tout aussi significative puisque qu'elles représentaient 27,2 % de la population active en 1975 contre 18,8 % en 1962.

- Elles ont surtout mieux tiré parti de la croissance économique que les autres classes sociales, au point de symboliser la société de consommation. Jusqu'en 1968, leur rémunération augmente plus vite que celle des ouvriers et elles ont souvent pu accéder à la propriété. Bien avant les classes populaires, elles ont investi l'école et aspiré à une mobilité sociale ascendante que les transformations structurelles de l'économie rendaient possible. En raison de leur progression rapide et de l'attrait exercé par leur mode de vie, ces classes moyennes salariées semblaient devoir, à terme, regrouper l'essentiel de la population.

B La dynamique de la moyennisation de la société est grippée

- Malgré la crise, l'effectif de ces classes moyennes continue de croître, bien que le rythme de sa croissance se soit ralenti. Avec 8 millions d'actifs en 1989, les classes moyennes regroupaient environ le tiers de la population française. Mais, depuis le milieu des années 80, la distance qui sépare les groupes sociaux semble s'accroître. À l'une des extrémités de l'espace social, des possesseurs d'actifs mobiliers et immobiliers bénéficient à la fois de la hausse de la valeur de leurs biens et d'une augmentation du revenu de leur patrimoine. À l'autre extrémité de l'espace social, un nombre croissant de personnes peu ou pas qualifiées sont plus ou moins durablement exclues du système productif.
- Les classes moyennes salariées ne sont donc plus, en tant que telles, les principales bénéficiaires d'un système économique qui privilégie aujourd'hui les épargnants. Or, la ligne de clivage entre les détenteurs de patrimoine et les autres ménages sépare ces classes moyennes : les professions intermédiaires ont un patrimoine relativement faible, alors que celui des cadres supérieurs se rapproche de celui des travailleurs indépendants. Si la situation perdurait, l'homogénéité des classes moyennes pourrait être mise en question.

Malgré leur progression, les classes moyennes ne sont pas devenues majoritaires dans la société moderne. En fait, la société est soumise à deux forces contradictoires : une force centripète favorise le développement des classes moyennes, une force centrifuge conduit à l'éclatement et, éventuellement, à la bipolarisation sociale. Alors que l'homogénéisation sociale avait progressé au cours des Trente glorieuses, il semble, qu'aujourd'hui, la distance sociale qui sépare les différentes classes s'accroisse.

FICHE 61

LES INDÉPENDANTS

Caractérisés par la possession et la direction de leur entreprise, les indépendants (agriculteurs, artisans, commerçants et professions libérales) forment un groupe social dont nous étudierons l'évolution numérique puis le pouvoir exercé sur la société française.

1 LE NOMBRE D'INDÉPENDANTS DIMINUE TANDIS QUE CE GROUPE SOCIAL SE RECENTRE

A Le déclin démographique des agriculteurs et des autres indépendants

■ Lent jusqu'à la Seconde Guerre mondiale, le déclin numérique des agriculteurs s'est accéléré depuis : ils ne constituent plus que 2,4 % de la population active en 1995 contre 23,5 % en 1936 et 33,8 % en 1851. La poursuite de ce déclin au rythme actuel (le tiers des exploitations a disparu entre 1982 et 1990) pourrait réduire le nombre d'agriculteurs à moins de 300 000 en l'an 2000 alors qu'ils étaient proches du million en 1990.

■ Moins prononcée que celle des agriculteurs, la diminution du nombre des artisans, commerçants et chefs d'entreprise (17,5 % de la population active en 1851, 7,9 % en 1975 et 6,3 % en 1995) s'est ralentie depuis le début de la crise. Contrai-rement aux deux catégories précédentes, le nombre des professions libérales s'accroît (62 000 en 1851, 315 000 en 1990) mais ce groupe ne constitue guère plus de 1,2 % de la population active.

B Leur groupe social se transforme

■ Les agriculteurs sont vraisemblablement le groupe social qui s'est le plus transformé au cours des cinquante dernières années. Les exploitations de petite agriculture qui ne procurent qu'un complément de revenu à leur propriétaire sont en train de disparaître au profit des exploitations industrialisées fortement capitalistiques et intégrées au complexe agro-alimentaire. Entre les deux, les exploitations de taille moyenne tentent soit de s'industrialiser soit de se diversifier dans des activités complémentaires à l'agriculture dominante (le tourisme ou la production de produits biologiques en sont deux exemples).

■ On observe le même phénomène de recentrage chez les indépendants non agricoles sans que le processus ait l'ampleur de celui que l'on connaît chez les agriculteurs. Le nombre des artisans et des commerçants diminue en raison de la concurrence exercée par les entreprises de plus grande taille. Par contre, celui des professions libérales augmente.

Relativement rapide au cours des Trente glorieuses, la diminution du nombre d'entreprises s'est ralentie depuis le début de la crise. Deux raisons à cela : la création de micro-entreprises (entreprises sans salarié) par certains chômeurs et l'externalisation de quelques-unes de leurs activités subalternes par les moyennes et grandes entreprises.

2 LES INDÉPENDANTS SONT DES ACTEURS SOCIAUX DE PREMIER PLAN

A La représentation des indépendants

■ En dépit d'une certaine forme d'individualisme, les agriculteurs se sont dotés dès la fin du XIXe siècle d'organisations syndicales destinées à défendre leurs intérêts. Créée à la Libération, la Fédération nationale des syndicats d'exploitants agricoles (FNSEA) s'est affirmée comme la seule organisation représentative des agriculteurs. En raison de ses liens avec certains partis politiques et sa capacité de mobilisation, ce syndicat a obtenu de fait le statut d'interlocuteur unique des gouvernements qui se sont succédé depuis sa création.

■ La représentation des patrons de l'industrie et du commerce est plus diversifiée. Le CNPF (Confédération nationale du patronat français), qui représente aujourd'hui 1,5 million d'entreprises sur les 2,3 recensées en France, défend, en priorité, les intérêts des plus grandes entreprises. Les artisans et commerçants qui s'identifient mal à son projet libéral ont choisi d'autres modalités pour intervenir sur la scène sociale. Les thèmes de P. Poujade au cours des années 50 puis ceux du CID-UNATI au début des années 70 ont ainsi trouvé un écho favorable auprès de ces professions.

B Les agriculteurs et le patronat sont des acteurs sociaux de premier plan

■ Le modèle rural centré sur l'agriculture s'est effrité depuis la Seconde Guerre mondiale au point de perdre toute consistance. Le mérite de la FNSEA est d'avoir négocié le déclin numérique des agriculteurs et obtenu, en échange, une augmentation importante de leur revenu. Encore aujourd'hui, son monopole syndical et ses liens privilégiés avec certains acteurs politiques lui confèrent une influence sans commune mesure avec la part des agriculteurs dans la population française.

Les chefs de moyennes et grandes entreprises représentent également un acteur social dont le pouvoir est totalement indépendant de leur poids numérique. Au cours des deux dernières décennies, l'influence de ce noyau dur du patronat sur la société française s'est renforcée. Celle-ci s'est exercée dans le domaine législatif avec les modifications de la fiscalité et du droit du travail, dans le domaine culturel avec la priorité donnée aux valeurs de l'entreprise (efficacité, compétition, etc.) au détriment de valeurs politiques (telle la solidarité), dans le domaine économique avec un partage de la richesse produite plus favorable au capital.

■ Par opposition, le pouvoir des artisans et commerçants paraît bien faible. Faute d'être porteur d'un projet compatible avec la modernisation de la société française, ce groupe social a vu son influence régresser depuis la fin de la Seconde Guerre mondiale. Il a, pourtant, obtenu quelques mesures législatives visant à limiter la concurrence, mais cela n'a pas empêché la marginalisation sociale d'une partie de ses membres.

Le nombre des indépendants diminue alors que le pouvoir de ce groupe social sur la société s'accroît. Ce groupe, pourtant, n'est pas homogène. Plus que le secteur d'activité, c'est la taille des entreprises qui différencie ses membres. Alors que l'essentiel du pouvoir est détenu par le noyau dur des agriculteurs et des chefs d'entreprise, les plus petits indépendants sont totalement soumis à leur environnement social.

FICHE 62

LA MOBILITÉ SOCIALE

La mobilité est un phénomène de déplacement dans l'espace social. Une telle définition exige que l'on s'interroge sur les caractéristiques de cet espace social et donc sur l'enjeu des études portant sur la mobilité sociale. Il faut, ensuite, s'intéresser aux résultats des études et tenter de les expliquer.

1 ENJEUX ET OUTILS DES ÉTUDES DE MOBILITÉ SOCIALE

A L'objet de ces études est de mesurer le degré de fluidité de la société

■ L'enjeu de toute étude portant sur la mobilité sociale est de mesurer le degré de fluidité de la société que l'on étudie. Cette fluidité est bornée par deux cas extrêmes : la société parfaitement immobile (à l'image des sociétés de castes) dans laquelle les situations sociales sont héréditaires et la société parfaitement fluide dans laquelle tous les individus ont la même chance d'accéder à un échelon hiérarchique quel qu'il soit. Par principe, la société moderne devrait relever de ce deuxième cas de figure et les études portant sur la mobilité permettent de mesurer l'écart qui nous sépare de cet idéal.

■ De telles études s'inscrivent dans le cadre d'une conception gradualiste de la hiérarchie sociale *(cf. fiche 57)*. On suppose, en effet, qu'il n'y a pas de rupture nette dans la hiérarchie sociale. Les marxistes et les sociologues du conflit reprochent donc à ces analyses d'ignorer les phénomènes d'exploitation ou de domination qui sont, à leurs yeux, au centre des relations sociales.

B Il faut, pour cela, construire des tables de mobilité sociale

■ Pour mesurer la mobilité intergénérationnelle (la mobilité des fils par rapport aux pères), l'INSEE construit des tables de mobilité sociale c'est-à-dire des tableaux construits à partir des PCS qui croient la situation sociale des fils avec celle des pères. La table des recrutements nous renseigne sur l'origine sociale des membres des différents groupes ; on apprend, ainsi, que la quasi-totalité des agriculteurs avaient un père agriculteur. La table des destinées nous indique ce que sont devenus les fils issus d'un groupe social ; seul un quart des fils d'agriculteurs exerce la même profession que leur père.

■ Ces tables permettent de mesurer le pourcentage des fils immobiles et, à l'inverse, celui des individus qui n'occupent pas la même position que leur père. Cependant, ces résultats doivent être commentés avec prudence car ils dépendent, avant tout, du nombre de catégories utilisées dans l'enquête. Plus ce nombre est élevé et plus la mesure de mobilité est forte. En effet, un fils d'ouvrier devenu employé sera considéré comme mobile si on distingue ces deux catégories et immobile si on les rassemble dans une même classe populaire.

2 Malgré la démocratisation de l'enseignement, la mobilité sociale a peu progressé

A La mobilité sociale est la règle mais elle est courte

■ Les principales conclusions de la dernière enquête que l'INSEE a réalisée en 1993 à l'aide des PCS sont les suivantes :

– La mobilité est supérieure à l'immobilité puisque les deux tiers des fils occupaient une situation différente de celle de leur père. Cette mobilité est forte pour les classes moyennes salariées mais faible pour les ouvriers et, surtout, pour les cadres qui bénéficient d'un « effet de cliquet ».

– La transformation de la structure économique n'explique qu'un tiers de cette mobilité. La mobilité nette (mobilité brute - mobilité structurelle) est donc importante.

– Cette mobilité nette est restée stable entre 1977 et 1993 et l'égalité des chances n'a pas progressé au cours de cette période.

■ Il en ressort que la mobilité sociale est la règle (sauf pour les enfants de cadres) mais qu'elle est courte. Il est peu fréquent qu'un fils exerce le même métier que son père mais les trajectoires sociales longues sont également rares. Ainsi, les fils d'ouvriers qui sont mobiles (55 % d'entre eux) deviennent employés ou professions intermédiaires, plus rarement cadres. Nous sommes loin d'une société parfaitement mobile et nous ne nous en rapprochons pas de façon sensible.

B La démocratisation de l'enseignement n'a que peu d'effets sur la mobilité sociale

■ Cette « viscosité » sociale semble en contradiction avec la démocratisation de l'enseignement *(cf. fiche 83)* que nous connaissons depuis plusieurs décennies. Dans la mesure où l'école est un facteur de mobilité sociale, on aurait pu s'attendre à ce que la démocratisation de l'enseignement rende la société beaucoup plus fluide. Cela ne semble pas être le cas.

■ Globalement en accord sur ce constat, les sociologues divergent quant aux explications de ce phénomène.

Raymond Boudon *(cf. fiche 24)* explique ce paradoxe par la divergence entre le nombre des étudiants et celui des emplois qualifiés. La démocratisation a bénéficié aux enfants des classes moyennes et populaires mais ceux-ci ne bénéficient pas systématiquement d'une ascension sociale en raison d'une rareté relative des emplois correspondant à leur qualification.

Pour P. Bourdieu *(cf. fiche 25)*, ce paradoxe n'en est pas un, puisque les familles les mieux dotées en capitaux utilisent l'école dans un but de reproduction sociale. L'inégale dotation des familles en capital culturel explique largement l'inégalité face à l'école ; ensuite, les étudiants dont les capitaux économique et social sont les plus importants ont un accès privilégié à l'emploi.

Les études portant sur la mobilité sociale mettent en valeur l'influence de l'origine sociale sur les destinées individuelles. La hiérarchie sociale n'est pas une échelle dont on monte ou descend tous les échelons avec la même facilité. Ce constat ouvre la voie à une analyse de la hiérarchie sociale en termes de rupture ou, tout au moins, de distance sociale.

FICHE 63

L'HOMOGAMIE

Les études portant sur la mobilité sociale (cf. fiche 62) *montrent que la société industrielle est caractérisée par une relative fixité de la hiérarchie sociale. L'étude du mariage est une autre façon de mesurer la mobilité sociale : une société dont les mariages se font, en priorité, entre individus du même groupe social (homogamie) a une structure sociale relativement rigide. Nous nous intéresserons à la nature et à l'évolution de l'homogamie dans notre société avant d'exposer deux des modèles permettant d'expliquer ce phénomène.*

1 La société industrielle est relativement homogamique

A L'enjeu des études portant sur l'homogamie sociale est d'évaluer la nature et le degré des rigidités sociales

■ Parce qu'il exprime une proximité sociale, le mariage est un bon indicateur de la rigidité des hiérarchies sociales. Une société dans laquelle les mariages se nouent entre personnes appartenant à un même groupe social (homogamie) est une société dont la hiérarchie est rigide. À contrario, une société dans laquelle les mariages se nouent entre personnes de groupes sociaux différents (hétérogamie) est une société dont les frontières sociales sont perméables.

L'homogamie peut être socioprofessionnelle (mariage entre deux personnes exerçant des professions proches) ou culturelle (mariage entre des personnes ayant des diplômes comparables).

■ Pour mesurer l'homogamie, les statisticiens construisent des « tables de mariage » qui croisent l'appartenance socioprofessionnelle des parents des conjoints ou, si l'on s'intéresse à l'homogamie culturelle, les diplômes des conjoints. Construites sur le même principe que les tables de mobilité *(cf. fiche 62)*, les tables de mariage en ont les mêmes caractéristiques : plus le nombre de groupes sociaux est important et plus l'homogamie mesurée est faible.

B L'homogamie diminue et se transforme

■ L'étude de ces tables de mariage nous montre que les sociétés industrielles sont plutôt homogamiques. Les mariages se font en priorité, mais pas principalement, entre personnes appartenant au même groupe socioprofessionnel. L'homogamie est forte pour les agriculteurs et les ouvriers, plus faible pour les classes moyennes qu'elles soient ou non salariées. Les mariages hétérogamiques réunissent rarement des groupes socioprofessionnels très éloignés : un fils d'agriculteur épouse plus fréquemment une fille d'ouvrier que de cadre supérieur. Enfin, l'homogamie professionnelle diminue, signe d'une plus grande perméabilité des frontières sociales.

- L'homogamie culturelle, évaluée au moyen des diplômes acquis par les conjoints, semble être devenue supérieure à l'homogamie socioprofessionnelle. Le mariage se fait un peu moins en fonction de la situation sociale d'origine mais reste très marqué par le diplôme obtenu par les conjoints. C'est le signe d'un affaiblissement de la hiérarchie socioprofessionnelle et, au contraire, d'un renforcement de la hiérarchie culturelle.

2 Les différentes explications de l'homogamie

A Les explications « probabiliste » et « stratégique » s'opposent

- L'homogamie est parfois expliquée par la forte probabilité qu'il y a à rencontrer quelqu'un qui nous soit socialement proche. Les études suivies, le métier ou les activités de loisir pratiquées opèrent une sélection. La probabilité qu'il y a à épouser quelqu'un ayant des pratiques sociales différentes des nôtres est donc faible.

- Cette première explication présente l'inconvénient d'ignorer totalement la volonté des individus. En faisant l'hypothèse d'un individu rationnel, l'individualisme méthodologique *(cf. fiche 24)* explique l'homogamie par une comparaison entre l'avantage et le risque d'une stratégie d'ascension sociale par le mariage. Un individu a intérêt à épouser une personne appartenant à un groupe social supérieur au sien mais risque d'échouer dans sa tentative en raison d'une forte concurrence sur le marché matrimonial. Une stratégie de mariage homogamique est moins risquée et donc plus fréquemment adoptée par les individus.

B Les explications « culturelles » tentent de dépasser cette opposition

- Un dernier type d'analyse voit dans la proximité culturelle des conjoints l'explication à l'homogamie sociale. L'amour naît de valeurs, de goûts et d'aptitudes communes ; il est d'autant plus probable que les deux conjoints ont bénéficié de socialisations comparables. Le mariage homogamique est alors une façon de réaffirmer son appartenance à un groupe social et d'y renforcer son intégration. La prudence incite également les individus à préférer l'homogamie à l'hétérogamie car la différence de culture entre les deux conjoints et l'alliance entre deux familles aux modes de vie dissemblables est source de tensions et, éventuellement, de fragilité du mariage.

- La sociologie de P. Bourdieu s'inscrit dans ce cadre d'analyse. Selon lui, une stratégie homogamique est la résultante d'une intériorisation par un individu des contraintes sociales qui pèsent sur le mariage. De façon le plus souvent inconsciente, un individu choisit un conjoint qui possède une dotation en capitaux comparable à la sienne. Le capital linguistique qui est constitué par l'ensemble des compétences linguistiques socialement acquises joue, d'après Bourdieu, un rôle primordial dans le choix du conjoint.

Dotées d'une structure sociale relativement rigide, les sociétés industrielles sont logiquement à tendance homogamique. Cependant, l'homogamie régresse et se déplace de la profession vers la culture, signe d'un affaiblissement de la hiérarchie socioprofessionnelle au profit d'une hiérarchie culturelle.

FICHE 64

PAUVRETÉS ET EXCLUSIONS

Au cours des années 60, les pays développés avaient nourri l'espoir de supprimer la pauvreté mais celle-ci a progressé à l'occasion de la crise. La conception que l'on a de ce phénomène a évolué et l'on est souvent passé d'une analyse en termes de pauvreté à une analyse en termes d'exclusion sociale. Il nous faut définir ces termes et s'interroger sur la logique des actions mises en œuvre pour lutter contre l'une ou l'autre.

1 La pauvreté est un phénomène économique alors que l'exclusion est un phénomène social

A Pauvreté absolue et pauvreté relative

■ La pauvreté absolue résulte d'un niveau de revenu insuffisant pour assurer le minimum vital d'un individu et de sa famille. Une telle conception est à l'origine du seuil de pauvreté américain calculé en multipliant par trois les dépenses de nourriture considérées comme indispensables ou du revenu minimum d'insertion (RMI) fixé en 1996 à 2 373 F par mois pour une personne seule.

■ La pauvreté relative résulte d'un niveau de revenu qui ne permet pas de vivre de façon « normale » dans une société. En France, l'INSEE considère comme pauvre un ménage qui bénéficie d'un revenu par unité de consommation inférieur de 50 % au revenu médian de l'ensemble de la population soit 3 490 F par mois en 1995.

■ Selon cette dernière définition, 9 % des ménages étaient pauvres en France en 1990. La pauvreté a diminué depuis le début de la crise et s'est transformée : elle régresse chez les agriculteurs et les retraités et augmente chez les ouvriers et les employés en raison de la progression du chômage et du travail à temps partiel.

B Les exclusions sociales

■ L'exclusion est un terme qui s'est substitué à celui de pauvreté dans le débat social au début des années 90 et qui évoque, comme celui de fracture sociale, l'effritement de l'unité d'une société. Un exclu est une personne qui ne trouve plus dans le travail, la politique ou la famille une identité sociale et donc une place dans la société. Le travail constituant la base de l'identité sociale dans notre société, l'exclusion du monde du travail est la cause première de l'exclusion sociale.

■ Exclusion et pauvreté ne sont pas toujours confondues. Ainsi, les sociétés religieuses valorisent les formes de pauvreté qui s'inscrivent dans leur conception du monde. Mais, dans les sociétés marchandes, pauvreté et exclusion se renforcent mutuellement. L'exclusion du marché du travail conduit à la pauvreté et la pauvreté est un facteur d'exclusion sociale en restreignant l'accès aux biens et aux services marchands (habitat, loisirs, santé, etc.).

2 Lutter contre la pauvreté ou lutter contre l'exclusion du marché du travail

A La lutte contre la pauvreté absolue ne suffit pas à faire reculer l'exclusion sociale

- L'extension de la protection sociale à l'ensemble des Français, la hausse du niveau des prestations sociales et l'augmentation du salaire minimum ont été les trois principaux moyens utilisés pour faire reculer la pauvreté en France au cours des années 70. En 1988, le RMI a été mis en place pour aider des individus qui ne travaillaient pas et étaient éventuellement exclus du système de protection sociale. Enfin, à la suite de la décentralisation de 1982, les collectivités locales ont développé des services spécifiques (hébergement, soins, etc.) en faveur des plus démunis. L'ensemble de ces dispositifs qui relèvent de l'État providence a été efficace pour contenir l'augmentation de la pauvreté la plus extrême.
- Mais cela n'a pas empêché la progression de l'exclusion sociale. D'une part, les minimums sociaux sont insuffisants pour accéder à un mode de vie considéré comme normal ; d'autre part, le chômage est devenu le facteur déterminant de l'exclusion sociale. Les chômeurs de longue durée sont non seulement privés d'un revenu suffisant pour vivre normalement mais également d'une identité sociale valorisante. Or, l'exclusion du monde du travail a pris, en France, des proportions jamais atteintes : plus de trois millions de personnes sont au chômage en 1996 et autant sont dans une situation intermédiaire, entre l'emploi, le chômage et l'inactivité.

B La solution libérale au chômage aggrave la pauvreté et alimente l'exclusion sociale

- Convaincus que l'État providence accentuait la pauvreté, les États-Unis et le Royaume-Uni ont préféré déréglementer le marché du travail afin de créer des emplois plutôt que de lutter contre la pauvreté. Le salaire moyen a baissé de 20 % aux États-Unis au cours des vingt dernières années et les inégalités de revenu se sont accrues dans les deux pays. Les entreprises ont obtenu plus de liberté en matière d'embauche, de licenciement et de temps de travail. Dans ces deux pays, le chômage a diminué depuis 1990 mais pour des raisons très différentes. Aux États-Unis, la baisse des salaires et des politiques économiques favorables à la croissance ont permi de créer des emplois ; au Royaume-Uni, la baisse du chômage résulte principalement d'une diminution de la population active.
- Mais la pauvreté, qu'elle soit relative ou absolue, a augmenté. Le salaire minimum est tellement faible aux États-Unis qu'un sixième des salariés vit en dessous du seuil de pauvreté. Enfin, les inégalités de salaires ont beaucoup augmenté et la position relative des salariés les plus modestes s'est dégradée que ce soit aux États-Unis ou au Royaume-Uni.
- De nombreux emplois créés ces deux dernières décennies aux États-Unis ne permettent pas à leurs titulaires d'adopter le mode de vie des classes moyennes, en raison d'une rémunération insuffisante et de la faiblesse du prestige social qui leur sont attribuées. Ils ne permettent l'intégration que dans des groupes sociaux défavorisés constitués souvent sur une base ethnique et qui vivent à la marge de la société américaine.

Il n'est pas indifférent de lutter contre la pauvreté ou contre une exclusion sociale assimilée à une exclusion du monde du travail. Sur le continent européen, la lutte contre la pauvreté absolue a permis d'en limiter l'accroissement sans enclencher un processus d'intégration sociale. Aux États-Unis, la lutte contre l'exclusion du monde du travail a aggravé la pauvreté sans toujours déboucher sur une intégration dans la société.

FICHE 65

LES FACTEURS DE L'INTÉGRATION SOCIALE

L'intégration sociale et son contraire, l'exclusion, sont des termes devenus fréquents dans le débat social au cours des années 90 en France en raison, principalement, de la progression du chômage de longue durée. Sociologues et philosophes se sont interrogés sur la capacité actuelle du travail à créer du lien social et sur le rôle joué par les autres facteurs de l'intégration que sont la solidarité familiale et la citoyenneté.

1 LE TRAVAIL RESTE LE FACTEUR ESSENTIEL DE L'INTÉGRATION SOCIALE

A Le travail conditionne l'accès aux revenus et crée une identité sociale

■ Avec l'émergence de la société industrielle, on est passé d'une intégration sociale communautaire basée sur la famille, la religion, la proximité géographique, etc. à une intégration sociale fondée sur le travail. Les entreprises mais également les administrations publiques sont devenues des lieux de socialisation et d'intégration sociale. Ce phénomène s'est étendu ces dernières décennies avec l'augmentation du taux d'activité des femmes : que ce soit pour les hommes ou pour les femmes, le travail est aujourd'hui la source principale d'identité sociale et la condition de l'intégration dans la société.

■ Il est également le préalable à la distribution de revenus que sont le salaire, le bénéfice des travailleurs indépendants et les prestations sociales conditionnées par l'exercice d'une activité professionnelle. Ces revenus permettent, la plupart du temps, d'accéder à un mode de vie considéré comme « normal » et donc de s'intégrer dans une société où la consommation joue un rôle identitaire *(cf. fiche 44)*.

B La crise du travail perturbe ce mécanisme intégrateur

■ La crise que connaît le travail depuis deux décennies perturbe ce mécanisme intégrateur. En France, 12,6 % des actifs auxquels il faudrait ajouter les chômeurs découragés sont exclus du monde du travail à la fin de l'année 1996. Une partie d'entre eux sont des chômeurs de longue durée dont les chances de trouver du travail sont faibles. À l'image de ce qui s'était passé au cours des années 30, une minorité de la population des pays développés est privée d'identité professionnelle.

■ La flexibilité croissante du marché du travail préconisée par les économistes libéraux afin de lutter contre le chômage a également réduit la capacité intégratrice d'une partie des emplois offerts. Les emplois précaires qui représentent moins d'un emploi sur dix en France ne permettent pas à leurs détenteurs de se forger une identité sociale forte et la faiblesse de certaines rémunérations rend impossible l'accès à un mode de vie considéré comme normal.

2 Les autres facteurs de l'intégration restent secondaires

A La solidarité familiale est un rempart contre l'exclusion

■ L'intégration familiale est insuffisante pour se forger une place dans la société. L'identité sociale des adultes passe avant tout par le travail et il est de plus en plus difficile à une femme de se définir exclusivement en tant qu'épouse ou que mère. Ce basculement de l'identité sociale des femmes de la famille vers le travail s'est accompagné d'une crise de la famille marquée par la montée des divorces. Ces ruptures familiales sont à l'origine d'une progression de la solitude ainsi que d'une diminution des revenus des ménages et ont favorisé la progression de l'exclusion.

■ La famille, pourtant, reste souvent un lieu de solidarité *(cf. fiche 87)*. À la faveur de la crise, de nouveaux liens se sont développés entre les générations. Les parents et les grands-parents font souvent preuve de solidarité en faveur des jeunes dont les conditions d'intégration dans le monde du travail sont particulièrement difficiles. La famille reste un rempart contre l'exclusion sociale sans, pour autant, créer un lien social suffisamment fort pour se substituer à celui généré par le travail.

B La citoyenneté pourrait être une alternative au travail comme source principale du lien social

■ La citoyenneté pourrait constituer le modèle alternatif au travail comme source du lien social. Les individus pourraient vivre ensemble non pas parce qu'ils travaillent mais parce qu'ils sont nés dans une société, qu'ils en acceptent les règles et qu'ils agissent pour les transformer conformément à leurs idéaux politiques. Cependant, la citoyenneté ne pourrait se substituer au travail comme source principale du lien social qu'à deux conditions. Il faudrait d'une part que le pouvoir de décision des citoyens soit infiniment plus développé qu'il ne l'est aujourd'hui. Le revenu, d'autre part, devrait être encore plus socialisé qu'il ne l'est afin de permettre aux individus qui ne travaillent pas de vivre dignement.

■ Ce rapport intime entre la citoyenneté et le lien social explique que l'État soit un acteur central de l'intégration. En France, son rôle dans la création de la nation explique qu'il soit souvent considéré comme le garant de l'unité nationale. L'égalité des citoyens devant la loi ou les services publics réunit les individus dans une communauté nationale. Dans les pays favorables à l'État providence, ce dernier joue un rôle central dans la lutte contre l'exclusion en réglementant l'activité économique et en redistribuant des revenus. Cependant, si cette action permet de limiter la progression de la pauvreté la plus extrême, elle est insuffisante pour lutter contre l'exclusion sociale *(cf. fiche 64)*.

Des trois principaux facteurs de l'intégration sociale que sont le travail, la solidarité familiale et la citoyenneté, le premier a joué un rôle déterminant au cours de ce siècle. Le déclin de la société salariale qui nous est annoncé (cf. fiche 77) *marquerait la fin de cette prééminence. Mais la précarisation est, jusqu'à maintenant, restée confinée aux marges du salariat et la relation salariale n'a pas été profondément transformée. Devenu plus rare, le travail typique de la société salariale est également devenu d'autant plus indispensable que ni la solidarité familiale ni la citoyenneté ne sont en mesure d'assurer, à eux seuls, l'intégration sociale.*

PARTIE VIII

LE TRAVAIL ET LES RELATIONS PROFESSIONNELLES

FICHE 66

De la sociologie du travail à la sociologie des travailleurs

Elton Mayo est souvent considéré comme le père de la sociologie du travail. Il fut le premier à étudier les relations humaines dans la sphère de la production. Par la suite, considérant que Elton Mayo ne tenait pas assez compte de l'environnement social des travailleurs, les sociologues du travail ont de plus en plus axé leurs études sur l'interaction entre la sphère du travail et la sphère sociale qui l'englobe. La sociologie du travail s'est alors peu à peu transformée en sociologie des travailleurs.

1 La prise en compte de l'environnement social du travail

A La mise en cause relative de la sociologie de Hawthorne

- Dans les ateliers de Hawthorne, Elton Mayo et les autres théoriciens de l'école des relations humaines ont montré la nécessité de bonnes relations sociales entre les ouvriers, et entre eux et la direction *(cf. fiche 69)*. Leurs nombreuses études et enquêtes ayant pour objectif d'accroître l'efficacité des entreprises, ces sociologues avaient tendance à éluder tous les facteurs n'étant pas du ressort du chef d'entreprise. Ainsi, Elton Mayo a fait abstraction de l'environnement social et familial des ouvriers.
- Dans les années 60, le sociologue français G. Friedmann s'oppose au taylorisme qu'il considère – le titre de l'un de ses ouvrages en témoigne – comme du *Travail en miettes*, mais il pense aussi que les sociologues de Hawthorne opèrent une réduction abusive de l'univers humain à son univers de travail. L'homme est membre de plusieurs collectivités à l'intérieur de son entreprise, mais il appartient aussi à d'autres collectivités à l'extérieur comme sa famille, son syndicat ou son groupe social.

  Cette intégration de l'univers de travail dans son environnement social va être effectuée par A. Touraine *(cf. fiche 21)* en France et par l'école de Cambridge en Grande-Bretagne.

B Le travail est lié à son contexte social

- Le sociologue A. Touraine montre comment la « situation de travail » peut influer sur le type de conscience sociale et donc sur l'action collective. Il distingue trois phases dans l'histoire sociale :
  - Dans la phase A, les ouvriers sont des ouvriers de métier qui possèdent un savoir-faire et qui disposent d'une grande autonomie dans leur travail. L'ouvrier a conscience d'être au cœur de la création des richesses et il veut bénéficier de leurs fruits. Il a une « conscience fière » ; son action collective est teintée de corporatisme.
  - La phase B est celle du taylorisme. Dans l'entreprise, les ouvriers qualifiés laissent les tâches directement productives aux OS. Les premiers sont chargés de la préparation et de l'entretien alors que les seconds perdent toute autonomie. La présence de ces deux catégories dans l'entreprise fait naître selon A. Touraine une « conscience de classe ». Cette conscience amène les ouvriers à vouloir prendre le pouvoir par la révolution.
  - La phase C est celle de l'automation. La distance entre l'ouvrier et le produit se

creuse. Les ouvriers deviennent des techniciens qui ont surtout une mission de surveillance. L'action politique et révolutionnaire précédente est abandonnée au profit d'un syndicalisme de contrôle aspirant à cogérer l'entreprise. C'est la fin du mouvement ouvrier, l'action syndicale et la lutte des groupes d'intérêt a pris le pas sur l'action politique.

■ À la fin des années 60, l'école de Cambridge a mené une enquête à Luton auprès d'ouvriers disposant de conditions de vie et de salaire satisfaisantes. L'objectif était de savoir si la classe ouvrière existait encore ou si les ouvriers avaient tendance à s'embourgeoiser. Les conclusions résumées dans le livre au titre éloquent *Les ouvriers d'abondance* montrent que les ouvriers n'ont pas de sentiment affectif, ni vis-à-vis de leur entreprise, ni vis-à-vis de leur travail ; ils n'ont pas le sentiment d'appartenir à une classe sociale particulière, mais ont néanmoins des comportements très différents de ceux des cadres ou même des employés. La plupart d'entre eux étaient venus travailler à Luton dans l'espoir d'un bon salaire ; ils acceptaient alors le fait d'avoir un travail peu impliquant. On conçoit ici que le travail n'est pas une sphère autonome ; c'est la trajectoire personnelle, familiale et sociale ainsi que ce que l'ouvrier attend de son travail qui va largement agir sur le comportement au travail.

2 La sociologie du travail perd progressivement sa spécificité

A La dissolution de la sociologie du travail

■ En cherchant les facteurs explicatifs du comportement au travail à l'extérieur de la sphère du travail, la sociologie du travail perd de sa spécificité. Le contexte social prenant une importance croissante, le sociologue du travail doit faire appel à de nombreux autres domaines proches, comme celui des stratifications sociales ou celui des modes de vie.

■ La désindustrialisation et le déclin de la classe ouvrière jouent aussi dans ce sens. Le groupe ouvrier était le domaine de prédilection des sociologues du travail qui y trouvaient un monde relativement homogène. La formation d'une large classe moyenne, l'émiettement du collectif de travail, avec la disparition progressive des grandes usines et la multiplication des petites entreprises souvent dans le secteur tertiaire, obligent la sociologie du travail à se réorienter. Le groupe ouvrier ne peut plus demeurer le seul objet d'étude, la sociologie du travail doit étendre son domaine aux autres groupes sociaux ; elle se mue en sociologie du travailleur.

B Vers une sociologie des travailleurs

■ Dès les années 50 et 60, la seconde école de Chicago *(cf. fiche 20)* étudie le travail de catégories sociales très diverses. Ce sera par exemple le cas des concierges, des musiciens de jazz et même des pickpockets. C'est moins le travail qui est étudié que le travailleur.

■ La sociologie du travail va aussi en France porter de plus en plus sur des catégories sociales particulières comme celles des employés, des cadres, des hauts fonctionnaires...
La sociologie du travail récente effectue donc une rupture par rapport à la sociologie du travail classique qui était une sociologie de la classe ouvrière. Quand elle n'a pas pour objet d'étude les travailleurs, elle examine le marché du travail, ses discriminations et ses déséquilibres.

Entre la psychosociologie instrumentaliste au service de la productivité des entreprises (Elton Mayo) et la sociologie de la classe ouvrière (sociologie du travail traditionnelle en France), la sociologie moderne du travail conserve un large champ d'étude ; elle s'attache surtout à démontrer la diversité de la situation de travail.

FICHE 67

SOCIOLOGIE DU CHÔMAGE

Le chômage relève traditionnellement davantage du domaine d'étude de l'économiste que de celui du sociologue. Le chômage étant du « non travail », sa sociologie entretient des liens paradoxaux avec celle du travail. Après avoir présenté les principales étapes de la formation d'une sociologie du chômage, nous expliquerons les problèmes posés par sa mesure et par sa sélectivité.

1 LES ÉTAPES DE LA SOCIOLOGIE DU CHÔMAGE

A La genèse de la sociologie du chômage

■ La première étude sociologique importante à avoir été réalisée sur le chômage est celle de Paul Lazarfeld en 1931 à Marienthal en Autriche. Cette enquête se livre à une étude minutieuse de la vie des chômeurs, de leur consommation, de leurs maladies etc. ; elle témoigne avant tout du désespoir de ces chômeurs, de leur résignation mêlée à un sentiment de révolte.

■ En 1966, époque de plein-emploi, Raymond Ledrut fait paraître sa *Sociologie du chômage*, il y montre que le chômage est d'autant plus sélectif qu'il est rare et qu'il aboutit à l'exclusion et au cumul de tous les handicaps sociaux : la marginalité, le manque de logement, l'analphabétisme, la maladie...

B Les pistes actuelles de la sociologie du chômage

M. Maruani et E. Reynaud dans *Sociologie de l'emploi* distinguent trois directions de la sociologie actuelle du chômage.

■ Durant les années 80, de nombreux sociologues ont voulu mettre en évidence la diversité des situations et des vécus du chômage. Ainsi, D. Schnapper met l'accent en 1981 sur les nombreuses façons de vivre l'épreuve du chômage.

■ Une deuxième direction étudie les effets des politiques publiques de lutte contre le chômage. C'est par exemple le cas de A. Gauvin qui met en évidence, dans *Les données sociales 1993*, la succession des différentes politiques de l'emploi en France.

■ De nombreuses études portent sur le chômage de longue durée, sur les causes de l'entrée en chômage et sur le moment de la sortie du chômage. Le constat est souvent celui de l'hétérogénéité des caractéristiques de ce chômage qui se mue en « chômage d'exclusion ».

2 DÉFINITION ET SÉLECTIVITÉ DU CHÔMAGE

A « Le chômage et son halo »

■ Il existe trois façons principales de comptabiliser le chômage en France.

– Au sens du Bureau international du travail (BIT), les chômeurs doivent satisfaire quatre conditions : être dépourvus d'emploi, être à même de travailler, chercher un emploi rémunéré et être à la recherche effective de cet emploi.

- Au sens de l'INSEE, la population sans emploi à la recherche d'un emploi (PSERE) est une mesure plus restrictive que celle du BIT puisque pour être considéré comme chômeur il faut en plus être disponible pour occuper un emploi dans un délai de moins de 15 jours.
- La comptabilisation mensuelle du chômage par l'ANPE s'effectue grâce à l'indicateur « demandes d'emploi en fin de mois » (DEFM). L'ANPE distingue cinq catégories de DEFM classées par ordre d'exigence décroissante ; la catégorie 1, la plus utilisée, regroupe les actifs sans emploi, disponibles immédiatement et recherchant un emploi à durée indéterminée et à temps plein.

■ Les mesures du chômage ne témoignent pas de la réelle importance du sous-emploi.

La frontière entre l'activité et le chômage est de plus en plus floue. Cela justifie l'expression de Cézard : « le chômage et son halo ».

Une partie importante de la population se trouve dans des positions intermédiaires entre l'emploi, l'inactivité et le chômage. Il s'agit des personnes occupant les emplois précaires qui sont souvent des chômeurs récurrents, des personnes occupant les emplois à temps partiel, celles qui suivent différents stages de formation ou bien celles qui ne sont plus inscrites sur les listes de l'ANPE car elles sont découragées et n'en voient plus l'utilité lorsqu'elles ne peuvent pas prétendre au versement d'allocations.

Le sous-emploi est donc un phénomène d'une plus grande ampleur que le chômage.

B La sélectivité du chômage

■ Le chômage est un phénomène fortement sélectif. En 1990, 26,5 % des femmes de moins de 25 ans émargeaient sur les listes de l'ANPE alors que ce n'était le cas que pour 6,9 % des hommes de 25 a 49 ans.

Les actifs les plus touchés par le chômage sont les jeunes, les femmes, les personnes peu qualifiées et les étrangers.

L'importance du chômage féminin est un indicateur de discrimination puisqu'il témoigne des difficultés d'accès au marché du travail que rencontrent les femmes ; il est aussi un indicateur de la féminisation de la population active et du déclin de l'inactivité féminine.

■ La sélectivité du chômage se mesure par les indicateurs de vulnérabilité et d'employabilité.

- En raison des difficultés d'adaptation des actifs âgés, l'employabilité décroît avec l'âge. Au contraire, les jeunes actifs sont plus volontiers embauchés, même s'ils sont généralement les premiers licenciés. Le chômage de longue durée, qui a fortement augmenté durant les années 80 (jusqu'à concerner 44,8 % des chômeurs en 1988), touche surtout les actifs de plus de quarante ans. Pour reprendre la typologie de J. Freyssinet, ces derniers sont victimes d'un « chômage d'exclusion ».
- La vulnérabilité décroît avec l'âge. Plus un actif est âgé, mieux il est inséré dans son entreprise et sur le marché du travail. Les jeunes sont en revanche plus vulnérables car ils occupent souvent des emplois précaires. Plus employables, mais aussi plus vulnérables, les jeunes sont victimes d'un « chômage répétitif » (J. Freyssinet).

Le chômage de masse est un phénomène relativement récent, cela explique le retard de la création d'une réelle sociologie du chômage. Le sous-emploi concerne presque le cinquième de la population active, il n'est plus seulement un fait économique, il devient un fait social.

LA RATIONALISATION DE L'ORGANISATION DU TRAVAIL : LE TAYLORISME

Le XIXe siècle rompt avec ceux qui l'ont précédé. De nombreux sociologues comme Weber, Durkheim ou Tocqueville se sont attachés à décrire les caractéristiques de cette société moderne. Selon Weber, la rationalité, c'est-à-dire le primat de la raison sur la croyance, est un facteur décisif. Cette rationalisation va se diffuser dans tous les domaines de la science et de la pratique. C'est Frederic Winslow Taylor (1856-1915) qui va l'appliquer au domaine de l'organisation du travail.

1 L'OBJECTIF DE TAYLOR EST DE RATIONALISER L'ORGANISATION DU TRAVAIL

A Le taylorisme s'insère dans un siècle de rationalisation

- Tout le XIXe siècle est marqué par un stade nouveau de développement ; le stade de la rationalisation. Max Weber explique que le monde moderne est un monde désenchanté dans lequel les individus donnent un sens à leurs actions ; celles-ci ne sont plus exclusivement guidées par des valeurs ou par la tradition comme précédemment. Ainsi Weber nomme bureaucratie l'organisation rationnelle et efficace qui est née de ce désenchantement *(cf. fiche 13).*

- L'organisation du travail n'échappe pas à ce mouvement général. Auparavant, elle était marquée par la tradition et par l'empirisme. Au niveau de chaque entreprise, de chaque atelier, les ouvriers de métier organisaient eux-mêmes leur travail d'une façon plus ou moins efficace et jamais optimale.
  Taylor veut rompre avec l'empirisme; il veut organiser l'entreprise de façon rationnelle et scientifique.

B L'élaboration d'une science du travail

- Taylor préconise le regroupement et l'observation des connaissances et des pratiques des ouvriers, l'appropriation de celles-ci par les cadres, leur classification puis la conception de façon rationnelle de la meilleure façon de produire *« The one best way »*. L'organisation du travail est promue au rang de science ; le taylorisme devient l'OST (organisation scientifique du travail).

- L'organisation scientifique du travail tire sa légitimité de l'amélioration générale qu'elle devrait apporter. Il ne devrait plus y avoir de conflit du travail car l'organisation est optimale et toutes les parties prenantes de l'entreprise devraient y gagner. L'augmentation de la productivité induite par la rationalisation du travail permet des hausses importantes de profit dont bénéficient les entrepreneurs, des hausses importantes de salaire dont bénéficient les travailleurs et des baisses de prix de vente dont peuvent bénéficier les consommateurs.

2 Les principes du Taylorisme

Le taylorisme repose sur trois principes fondamentaux : la division verticale du travail, la division horizontale du travail et le travail normé.

A La séparation des tâches d'exécution et de conception

Le taylorisme propose une division verticale du travail, c'est-à-dire une séparation nette des fonctions entre la conception, la maîtrise et l'exécution.

- La conception est composée de la direction et des ingénieurs. Elle détermine l'organisation du travail optimale pour chaque ouvrier de chaque atelier.
- Les contremaîtres sont chargés de communiquer aux ouvriers les ordres concernant l'organisation du travail puis de contrôler leur application.
- Les ouvriers n'organisent plus leur travail, ils sont déqualifiés et se limitent à exécuter le travail tel qu'il a été conçu par la direction. Ils sont les exécutants d'un travail monotone, répétitif sans responsabilité ni initiative. Ils sont considérés comme de simples facteurs de production à optimiser.

B Division horizontale du travail et travail normé

- Le taylorisme développe à l'extrême la division horizontale du travail en se fondant sur une constatation : la multiplicité des tâches à accomplir sur un même poste de travail freine la productivité. Le travail devient, selon l'expression de G. Friedmann, du « travail en miettes » où chaque tâche est limitée à un ou à quelques gestes. Le travail est vidé de son intérêt.
- Le travail est précisément normé.
  - Les ouvriers doivent respecter des normes de gestes précisément définies et ne s'en éloigner sous aucun prétexte.
  - Les ouvriers doivent respecter des normes de temps. À chaque geste est imparti un certain nombre de secondes. Le travail est chronométré par les contremaîtres, ce qui limite la porosité du travail (temps morts) et rend inutile le salaire au rendement ou salaire aux pièces.

Le taylorisme a été prolongé par H. Ford qui a ajouté le travail à la chaîne (adjonction d'un transporteur mécanique qui permet de parcelliser encore plus le travail et qui rend inutile le chronométrage) et le « five dollars day » (très forte augmentation des salaires), et par H. Fayol qui a modifié la structure de responsabilité et de hiérarchie.

Cette organisation du travail a été mise en cause par la prise en compte de l'aspect humain ; l'homme n'est pas seulement une mécanique physique. C'est E. Mayo qui le premier mettra l'accent sur ce point (cf. fiche 69).

LA PRISE EN COMPTE DU FACTEUR HUMAIN : LE POST-TAYLORISME

Taylor avait éludé le facteur humain ; en l'intégrant, Elton Mayo (1880-1940) est souvent considéré comme le fondateur de la sociologie du travail. Il a créé l'école des relations humaines pour montrer que toute organisation du travail doit tenir compte des aspects humains et sociaux des travailleurs.

1 L'ÉCOLE DES RELATIONS HUMAINES…

L'école des relations humaines fut créée à la suite des études menées sous la direction de Elton Mayo, entre 1924 et 1932, à Hawthorne dans une usine de la Western Electric.

A Les principes de l'école des relations humaines

■ Dans sa première et célèbre expérience à la Western Electric, E. Mayo remarque que chaque modification de l'intensité d'éclairage (à la hausse ou à la baisse) dans un « atelier test » provoque une amélioration de la productivité. Suivent d'autres expériences et une campagne d'interviews qui ont amené les conclusions de l'école des relations humaines.

■ L'école des relations humaines considère que chaque entreprise doit avoir deux objectifs : créer un produit et « distribuer des satisfactions » aux salariés.

Pour cela il est nécessaire :

- de motiver les salariés en leur montrant le sens de leur travail, l'importance de ce qu'ils font ;
- d'améliorer la cohésion du groupe de travail, les ouvriers doivent bien s'entendre entre eux et se sentir appréciés par la direction ;
- de changer le mode de management qui ne doit plus être autoritaire comme dans le taylorisme, mais compréhensif et encourageant.

Chaque innovation technique doit s'accompagner d'une préparation humaine ; il faut étudier les réactions prévisibles des ouvriers, prévoir les problèmes de réaction interpersonnelle et donner des explications à tous ceux qui sont concernés.

■ L'école des relations humaines, en montrant que l'entreprise doit tenir compte de l'aspect humain et social et non plus seulement de l'aspect mécanique et physique du facteur humain, offre une alternative intéressante au taylorisme.

B Les limites de la théorie des relations humaines

■ Le rejet du taylorisme n'est que partiel.

Elton Mayo est un expert pour les entreprises avant d'être un sociologue. Son objectif est le même que celui de Taylor : augmenter la productivité du travail et déterminer *« the one best way »*. L'amélioration des relations professionnelles est préconisée pour le seul intérêt de l'entreprise ; Mayo oublie que les éléments de la vie privée des ouvriers jouent sur leur travail, il ne prend en compte que les éléments qui sont sous le contrôle du chef d'entreprise.

- E. Mayo considère que les groupes les plus soudés sont les plus favorables aux orientations de l'entreprise, alors que dès 1910, M. Weber avait montré que les ouvriers les plus solidaires et les plus impliqués dans la vie de l'entreprise étaient aussi ceux qui étaient les plus syndiqués. L'histoire du mouvement ouvrier le confirme.

2 ... A OUVERT LA VOIE AU POST-TAYLORISME

A Le post-taylorisme préconise une gestion participative de la main-d'œuvre

- Dans la lignée de l'école des relations humaines, dès la fin des années 60 au Japon, est apparue une nouvelle organisation du travail popularisée sous le nom de toyotisme. Ce post-taylorisme, qui s'est diffusé dans de nombreux pays industrialisés, cherche a impliquer les salariés dans la vie de l'entreprise en les faisant participer aux résultats et aux décisions et en mettant en place de nouvelles formes d'organisation du travail *(cf. fiche 70)*. Les salariés doivent être plus responsables, plus autonomes ; ils doivent être jugés sur la réalisation de leurs objectifs.
- Dans les faits, le post-taylorisme s'est traduit par :
  - la création de groupes d'expression dans lesquels les salariés volontaires donnent leur avis sur certains aspects du fonctionnement de l'entreprise. Ces groupes d'expression, dont la forme la plus courante est le cercle de qualité, permettent à l'entreprise de bénéficier des propositions émises, mais surtout ils permettent, en donnant la parole au personnel, de l'impliquer davantage dans la vie de l'entreprise et ainsi de le motiver et de limiter les conflits ;
  - l'instauration d'une communication plus directe avec la suppression de certains échelons hiérarchiques ;
  - la mise en place d'une DPO (direction participative par objectifs) : les salariés et leur hiérarchie fixent conjointement chaque année les objectifs à atteindre et dressent ensuite le bilan.

B Mais il est peu répandu et s'apparente surtout à un néo-taylorisme

- Le post-taylorisme est peu répandu.
  - Il est absent de l'organisation du travail des PME et du secteur tertiaire ; il s'est essentiellement développé dans les grandes entreprises industrielles et surtout dans la branche automobile.
  - Différentes études tendent à démontrer que lorsque l'autonomie et la responsabilité des salariés se sont accrues, les contrôles à posteriori ont été renforcés. La contrainte est toujours aussi rigide, mais elle devient une contrainte de résultat plus qu'une contrainte d'organisation.
  - Le taylorisme n'a pas disparu ; de nombreux salariés dans l'industrie et dans les services effectuent encore des tâches répétitives.
- Le post-taylorisme est parfois accusé de ne pas être un dépassement du taylorisme, mais un simple prolongement ; il est assimilé dans ce cas à un néo-taylorisme. La recherche de *« the one best way »* et d'une productivité maximale prime toujours. Le contrôle est toujours aussi important et la direction attend du salarié bien plus d'abnégation et d'esprit d'entreprise qu'à l'époque du taylorisme. Certaines entreprises, souvent américaines, se présentent à leurs salariés comme une grande famille et exigent en retour solidarité et sacrifice.

La sociologie du travail est née a Hawthorne, mais elle s'apparente plus à de l'ergonomie au service du management qu'à l'étude des faits sociaux. Elle a néanmoins le mérite de mettre l'accent sur le facteur humain comme en témoigne le titre de l'ouvrage de E. Mayo : The humam problems of an industrial civilization.

FICHE 70

LA PRISE EN COMPTE DES MOTIVATIONS : LES NOUVELLES FORMES D'ORGANISATION DU TRAVAIL

Les conclusions de l'école des relations humaines portaient essentiellement sur la nécessité d'améliorer les rapports sociaux dans l'entreprise. Elles ne concernaient pas directement le contenu du travail. En revanche, la théorie des motivations de Maslow et de Herzberg et les conclusions du Tavistock Institute préconisent de nouvelles formes d'organisation du travail afin que les individus puissent s'épanouir et gagner en autonomie.

1 LA PRISE EN COMPTE DES MOTIVATIONS ET DE L'INTERACTION ENTRE LE SOCIAL ET LE TECHNIQUE…

A La théorie des motivations et des besoins

- Le psychosociologue américain A.H. Maslow a présenté en 1954 sa théorie des besoins. Selon lui, les besoins sont hiérarchisés et s'imposent aux individus de façon contraignante. Dès qu'un besoin est satisfait, le suivant se fait sentir. À chaque besoin correspond une motivation. Les premiers besoins sont organiques, ils concernent ensuite la sécurité, puis l'estime de soi, et enfin la réalisation de soi. Ainsi, un individu qui reçoit déjà un salaire décent et qui bénéficie de la sécurité de l'emploi recherchera le prestige social puis l'épanouissement par son métier. On comprend donc la nécessité d'une valorisation par le travail pour satisfaire l'individu et ainsi améliorer son efficacité.
- Cette théorie a été reprise par F. Herzberg qui, en 1966, postule que tout individu doit s'épanouir par le travail. L'augmentation du salaire et l'amélioration des conditions de travail n'apportent que des satisfactions provisoires auxquelles l'individu s'habitue très vite. Il faut lui donner des responsabilités et un travail intéressant pour qu'il puisse se réaliser.

B Les chercheurs du Tavistock Institute pensent que la contrainte technologique est souple

- Les chercheurs anglais du Tavistock Institute ont développé l'analyse socio-technique. Selon cette théorie, le social et le technique sont en interaction constante. Le système technique est contraignant, mais il laisse une marge de manœuvre assez large au système social. Choisir une technique ne provoque donc pas l'obligation d'opter pour une seule organisation du travail ; à chaque système technique, plusieurs organisations du travail sont possibles. Le Tavistock Institute préconise de choisir, à chaque fois, celle qui offre le plus d'autonomie aux salariés et qui les oblige à prendre eux-mêmes les décisions face aux aléas de la production.
- Les auteurs ont mis leur théorie à l'épreuve dans une mine de charbon. Ils ont remarqué que lorsque chaque ouvrier est concerné par la globalité des tâches (et non par une unique tâche parcellisée) et lorsque la coopération du groupe de travail est large, l'organisation du travail est bien plus efficace au point de vue de la productivité et de l'intérêt porté au travail.

- Les chercheurs du Tavistock Institute se sont livrés à un travail de décomposition des tâches afin de pouvoir les recomposer en leur attribuant une marge d'incertitude pour que les opérateurs puissent bénéficier d'une autonomie réelle et puisse exercer une responsabilité.

  Ce sont les premières expériences de mise en place de nouvelles formes d'organisation du travail.

2 ... OUVRE LA VOIE AUX NOUVELLES FORMES D'ORGANISATION DU TRAVAIL

Les études de Maslow, Herzberg et du Tavistock Institute mènent à la mise en cause de l'organisation taylorienne du travail ; elles préconisent l'application de nouvelles formes d'organisation du travail.

A La rotation des postes et l'élargissement des tâches permettent de rompre la monotonie et la répétitivité du travail

- La rotation des postes consiste à changer de poste à intervalle régulier (une semaine par exemple) pour rompre la monotonie du travail.

  Elle permet de rendre à l'ouvrier une maîtrise partielle du processus de production puisqu'il occupe tour à tour l'ensemble des postes, mais elle ne rompt pas la répétitivité du travail. Par ailleurs, le changement régulier de poste exige à chaque fois des efforts importants d'adaptation.

- L'élargissement des tâches consiste en une recomposition du travail. Il s'agit de limiter la division du travail. La tâche de chaque exécutant ne se limite plus à un ou quelque gestes, mais à toute une partie du processus de production. Ainsi, le travail est moins répétitif, moins monotone et les salariés retrouvent la satisfaction du produit terminé.

  Les ouvriers demeurent toutefois de simples exécutants, leur travail n'offre aucune marge d'incertitude, ils n'ont pas d'autonomie.

B L'enrichissement des tâches et la formation de groupes semi-autonomes offrent responsabilité et autonomie aux travailleurs

- Les chercheurs du Tavistock Institute préconisent un enrichissement des tâches. Il s'agit, en plus d'une recomposition des tâches, d'offrir responsabilité et autonomie aux ouvriers en leur confiant des tâches de contrôle, de commande, d'entretien et de maintenance.

- À la suite de l'école des relations humaines, le Tavistock Institute a démontré l'importance de la coopération à l'intérieur du groupe de travail. Lorsque la coopération est bonne dans un groupe large (41 ouvriers dans l'exemple de la mine de charbon), les salariés se sentent soutenus par le groupe, mais aussi responsables vis-à-vis de celui-ci ; cela permet d'accroître la productivité ainsi que l'intérêt porté au travail.

  Le groupe semi-autonome est un groupe de travail, souvent constitué par affinités, sans relations hiérarchiques, dans lequel les salariés organisent eux-mêmes le travail et la production. Ils disposent d'une grande autonomie collective (gestion du temps de travail, partage des tâches...), leur seule contrainte est une contrainte de niveau et de qualité de production.

Les nouvelles formes d'organisation du travail se sont diffusées dans les années 70, mais elles ont trouvé leurs limites ; l'efficacité ralentit lorsque l'habitude et les comportements routiniers l'emportent sur un changement bien préparé et bien accepté. Leur caractère est essentiellement expérimental, mais elles ont le mérite de mettre en lumière les défauts du taylorisme.

FICHE 71

SYNDICATS ET MOUVEMENTS SOCIAUX

Nés à partir du milieu du XIXe siècle, les syndicats sont des acteurs importants dans les relations sociales. Le syndicalisme actuel, fruit d'une histoire assez chaotique, se caractérise surtout par sa diversité.

1 LE MOUVEMENT OUVRIER EST D'ABORD POLITIQUE PUIS SYNDICAL

A Au début inorganisé et spontané, le mouvement ouvrier émerge progressivement au XIXe siècle...

- Au début du XIXe siècle, le mouvement ouvrier est inorganisé car les coalitions sont interdites. Aucune organisation ne jouant le rôle de soupape de sécurité, les conflits sont spontanés, souvent très violents et se terminent par une répression encore plus violente. Les exemples des mouvement luddistes qui, en Grande-Bretagne, cassaient les machines accusées de prendre le travail des ouvriers, et de la révolte des canuts à Lyon en 1831 sont à cet égard éloquents.

- Au cours du XIXe siècle, le mouvement ouvrier se politise de plus en plus. Les premières tentatives de création de syndicats en Grande-Bretagne sont des échecs ; les mouvements sociaux se regroupent autour du projet de changer radicalement la société. Les idées de Marx commencent à se diffuser et la première internationale des travailleurs est créée en 1864 à Londres. Parmi les mouvements politiques, plus ou moins radicaux, il est possible de citer le mouvement chartiste en Grande-Bretagne et, en France, la révolution de 1848 et la Commune de Paris.

B ... puis, il s'organise dans le cadre de syndicats qui vont perdre, à partir des années 60, le monopole du mouvement social

- Grâce à la mise en place d'un cadre juridique permettant la création de syndicats (loi Waldeck Rousseau en France en 1884) et grâce à la croissance économique qui permet d'améliorer les niveaux de vie, le mouvement ouvrier s'éloigne, à la fin du XIXe siècle, de la revendication purement politique et se tourne vers des revendications sociales. Les premiers grands syndicats ont été créés dès le milieu du XIXe siècle en Grande-Bretagne. En France, les structures syndicales se mettent progressivement en place durant les vingt dernières années du XIXe siècle et, en 1895, la CGT (Confédération générale du travail) est créée.

- Durant le XXe siècle, le mouvement syndical se caractérise par des poussées irrégulières et chaotiques. Si l'on prend l'exemple de la France, on peut remarquer d'une part, une forte croissance des adhésions lors des grands mouvements sociaux (1936 par exemple) et d'autre part, une tendance à la division et à la scission se produisant essentiellement durant les périodes d'atonie du syndicalisme ; on peut ainsi noter la création de la CFTC en 1919, de la CGTU en 1921 (elle se réunifie avec la CGT en 1936), de la CGT-FO en 1947 et de la CFDT en 1964. Le paysage syndical français paraît bien divisé.

- À partir du début des années 60, les syndicats perdent une partie de leur influence sur le mouvement social. La contestation ne se situe plus seulement au niveau professionnel, elle s'étend à d'autres domaines comme le consumérisme, l'écologie, le féminisme, l'indépendantisme régional... Les revendications deviennent de moins en moins quantitatives et de plus en plus qualitatives. Même au niveau professionnel, les syndicats perdent le monopole de la revendication, ils sont parfois concurrencés par des coordinations indépendantes. Ces changements annoncent la crise du syndicalisme du début des années 70 *(cf. fiches 72 et 73).*

2 La diversité du monde syndical

A Syndicalisme d'opposition, de contrôle et de gestion

Il est courant de distinguer trois grands modèles de syndicat.

- Le syndicalisme d'opposition, appelé aussi syndicalisme révolutionnaire cherche à transformer la société. La charte d'Amiens définit en 1906 les deux objectifs principaux de la CGT : améliorer les conditions des ouvriers grâce aux luttes quotidiennes et changer fondamentalement la société grâce à la grève générale et illimitée. Le syndicalisme français est traditionnellement un syndicalisme d'opposition, et parmi les grands syndicats français, la CGT est certainement le plus révolutionnaire.
- Le syndicalisme de contrôle cherche avant tout l'amélioration des conditions de vie et de travail des salariés ; il n'a pas d'objectif de transformation en profondeur de la société et se refuse à cogérer les entreprises avec le patronat. Les syndicalismes anglais et américain sont les plus proches de ce modèle. En France, la CGT-FO était considéré comme un syndicat de contrôle, mais la stratégie de ce syndicat semble s'être profondément modifiée ces dernières années.
- Le syndicalisme de gestion cherche à participer aux décisions concernant les ouvriers et donc à cogérer les œuvres sociales et même les entreprises. Ce type de syndicat se retrouve en Allemagne et dans les pays nordiques. En France, c'est la CFDT qui est la plus proche de ce modèle.

B Le syndicalisme de cette fin de siècle : entre coopération et contestation

- Les syndicalismes les plus contestataires sont ceux qui traversent le plus mal l'épreuve de la crise économique. Ainsi, le syndicalisme français qui est un syndicalisme de militants où l'adhésion a toujours été proportionnelle à la conflictualité demeure globalement contestataire et traverse une crise grave. Les syndicats anglais et américains, fortement teintés de corporatisme et souvent inflexibles, enregistrent une forte baisse du nombre de leurs adhérents sous la pression de la crise et des politiques libérales.
- Les syndicats qui s'en sortent le mieux sont ceux qui ont opté pour la coopération. Il s'agit du syndicalisme allemand qui, habitué à la cogestion (Mitbestimmung), est prêt à négocier largement sans pour autant s'interdire la confrontation sociale. Le syndicalisme suédois est un modèle du genre, il a su négocier la flexibilité *(cf. fiche 75)* et il est le seul à enregistrer une hausse du taux de syndicalisation depuis le début de la crise. Le syndicalisme japonais a, lui aussi, accepté la coopération.

Alors que les syndicats d'opposition et de contrôle traversent avec difficulté la crise, les syndicats de gestion, lorsqu'ils acceptent la coopération, sont dans une relative bonne santé. On comprend alors la stratégie de la CFDT qui, en France, recherche davantage la coopération que la contestation.

CRISE DU SYNDICALISME ET PERTE DE LÉGITIMITÉ DE L'ACTION COLLECTIVE

Le syndicalisme traverse, dans tous les pays de l'OCDE, une crise profonde. Le syndicalisme français, qui était déjà le moins développé, semble connaître une crise de plus grande ampleur que celle de ses homologues. L'analyse des causes de cette crise rend nécessaire l'étude des déterminants de l'action syndicale et plus largement de l'action collective. Nous utiliserons, comme grille d'analyse, l'œuvre du sociologue américain Mancur Olson La logique de l'action collective.

1 La logique de l'action collective...

A Le paradigme de l'action collective

- La théorie de Mancur Olson est fondée sur l'hypothèse propre à l'individualisme méthodologique *(cf. fiche 24)* selon laquelle les individus sont rationnels et cherchent à maximiser leur satisfaction et à minimiser les coûts.
- Mancur Olson met en évidence un paradoxe : les résultats de l'action collective (augmentations de salaire, amélioration des conditions de travail...) profitent à tous qu'ils aient ou non participé à l'action collective. L'action collective ayant un coût (perte de temps, perte de revenu en cas de grève...), les individus devraient rationnellement adopter un « comportement de passager clandestin » et ne pas y participer tout en espérant profiter de ses gains éventuels.
  Si tous les individus adoptent cette stratégie, il n'y a plus d'action collective et les syndicats disparaissent.

B Les conditions de l'action collective

- L'action collective ne peut donc exister durablement que si elle regroupe des individus qui n'adoptent pas un comportement de passager clandestin. Cela n'est possible, selon Mancur Olson, que dans certaines conditions.
- On peut admettre que si les gains attendus de l'action collective sont très élevés par rapport à leurs coûts (si, par exemple, la simple signature d'une pétition fait espérer une augmentation de salaire), des individus, même rationnels, y prennent part.
  L'action collective peut aussi être rendue obligatoire lorsque l'embauche est conditionnée à la participation à un syndicat.
  Un autre moyen dont disposent les organisations syndicales pour contrer le comportement de passager clandestin et pour inciter les individus à les rejoindre est de leur offrir des avantages individuels en plus des avantages collectifs.
  Mancur Olson reconnaît que certaines considérations idéologiques liées au sentiment d'appartenir à un groupe solidaire peuvent expliquer un investissement

important dans l'action collective. Le refus de prendre part à l'action collective peut dans certains cas nuire à l'intégration dans le groupe.

2 ••• EXPLIQUE LA SYNDICALISATION ET SON ÉVOLUTION RÉCENTE

A La logique de l'action collective de différents syndicats européens

La réalité du mouvement syndical confirme en partie la théorie de Mancur Olson.

- Le syndicalisme anglo-saxon est en partie fondé sur l'obligation de l'adhésion. Les syndicats bénéficient parfois d'un *« closed shop »* c'est-à-dire d'un monopole à l'embauche et les cotisations peuvent être prélevées directement sur les salaires et reversées aux syndicats. Les différents gouvernements libéraux qui se sont succédés en Grande-Bretagne et aux États-Unis ont tenté de supprimer ces différentes contraintes pour casser le pouvoir syndical. En France, l'adhésion obligatoire est très rare, mais elle existe chez les dockers et dans le cas du Syndicat du livre.

- Les syndicalismes allemand, belge et nordique offrent de nombreux avantages personnels à leurs adhérents. Ainsi, les syndicats allemands très puissants proposent des services bancaires, des logements et garantissent à leurs adhérents un revenu minimum en cas de grève.

- Le syndicalisme français fonctionne en grande partie sur le sentiment de solidarité de la classe ouvrière ; c'est traditionnellement un syndicalisme ouvrier et révolutionnaire qui fait appel à l'idéologie socialiste de la lutte des classes. Ce syndicalisme est peu développé car son audience est forcément limitée.

B La perte de légitimité de l'action collective explique la crise du syndicalisme

La crise du syndicalisme et tout particulièrement celle du syndicalisme français peut s'expliquer par la perte de légitimité de l'action collective.

- En période de crise et de chômage, les entreprises sont moins promptes à accorder des augmentations de salaires, et d'autant moins lorsque les gouvernements mènent des politiques économiques rigoureuses. Les coûts de l'action collective sont donc plus élevés, et cela pour des avantages attendus moindres. Cette situation décourage donc l'action syndicale.

- Mais surtout, le syndicalisme français est fondé sur la solidarité et l'existence d'une conscience de classe, or celle-ci a tendance à s'effriter à la faveur de la crise. En effet, l'individualisme est plus important, la classe ouvrière perd son identité et l'émergence d'une large classe moyenne conduit à son déclin *(cf. fiche 73)*.

Le syndicalisme est en crise car l'économie est en crise. L'augmentation du chômage, la précarisation du travail provoquent un émiettement du lien social qui unissait les travailleurs et ceux-ci sont amenés à mettre en œuvre des stratégies plus individuelles que collectives. Les syndicats doivent alors s'adapter et proposer des solutions individuelles ; ils doivent devenir, pour reprendre le terme de P. Rosanvallon, des « fonctionnaires du social ».

FICHE 73

LA CRISE DU SYNDICALISME EN FRANCE

Le syndicalisme français a une tradition révolutionnaire (cf. fiche 71). *Malgré un taux de syndicalisation dans les plus bas de l'OCDE, le pouvoir syndical était important en France durant les Trente Glorieuses. Mais depuis les début des années 70, le syndicalisme français traverse une crise.*

1 LE SYNDICALISME FRANÇAIS EST EN CRISE

A Une crise de recrutement et d'audience...

- Les syndicats français traversent une crise de recrutement ; en effet, le taux de syndicalisation serait inférieur, en France, à 10 %. Cette crise de recrutement touche tous les pays de l'OCDE mais elle concerne davantage la France qui avait pourtant déjà le taux de syndicalisation le plus faible. Ainsi par comparaison, les taux de syndicalisation de la Suède, de l'Allemagne et des États-Unis sont respectivement de 82,5 %, 32,9 % et 15,6 %.

- Les syndicats français subissent aussi depuis le début de la crise une baisse de leur audience. L'étude des résultats des trois grandes élections professionnelles (Conseil des prud'hommes, comités d'entreprise, caisses primaires de sécurité sociale) permet de mettre en lumière plusieurs évolutions :
  - une forte progression de l'abstention ;
  - un bouleversement des rapports de force des syndicats avec un déclin important de la CGT ;
  - une forte progression (élections aux comités d'entreprise) des listes de non-syndiqués.

- Toutes les enquêtes d'opinion montrent que l'image syndicale s'est nettement détériorée. Les syndicats sont souvent accusés, par les jeunes notamment, d'être trop politisés, de manquer de flexibilité et de lutter davantage pour leur intérêt et leur audience que pour résoudre les problèmes des salariés.
  Le rejet des syndicats a pour effet la multiplication des coordinations de non-syndiqués dans de nombreux conflits. Ce fut le cas pour les chauffeurs routiers ou pour les infirmières.

B ... due essentiellement à une inadaptation des syndicats aux bouleversements économiques et sociaux

- Les syndicats français sont majoritairement des syndicats d'opposition qui recrutent traditionnellement en priorité dans le monde ouvrier. Depuis le début des années 70, une inadaptation de ceux-ci est remarquable et due à plusieurs facteurs :
  - depuis la crise, la valeur sociale « solidarité » perd de l'importance au profit de l'individualisme ;

– l'idéologie socialiste à laquelle se réfèrent certains syndicats est en perte de vitesse ;
– la classe ouvrière perd son identité, elle se diversifie et aurait tendance à « s'embourgeoiser ».

■ Certains changements économiques contribuent aussi à la crise du syndicalisme :
– le nombre des ouvriers diminue au profit des classes moyennes salariés ;
– de nombreux emplois se précarisent et ceux qui les occupent ne sont pas assez insérés dans la vie professionnelle pour se syndiquer ;
– la population active se tertiairise et se féminise (les femmes sont en moyenne moins syndiquées que les hommes) ;
– les nouvelles relations professionnelles sont moins conflictuelles, elles tendent à développer une communication directe entre les salariés et la direction ce qui court-circuite en partie l'action des syndicats ;
– l'emploi diminue dans les bastions du syndicalisme (les grandes entreprises) et augmente là où les moyens d'expression du syndicat sont plus réduits (les petites entreprises).

2 Le pouvoir syndical demeure néanmoins non négligeable

A Les syndicats conservent un rôle fondamental dans le fonctionnement de nombreuses institutions

■ Les syndicats jouent un rôle central dans de nombreuses institutions d'importance nationale ; c'est le cas des caisses primaires d'assurance maladie, des caisses d'allocations familiales et de l'UNEDIC. Ils contribuent aussi aux règlements des conflits du travail par la présence de leurs représentants en tant que conseillers aux prud'hommes.

■ Le rôle des syndicats est aussi loin d'être négligeable à l'intérieur des grandes entreprises, puisque les délégués syndicaux, les membres des comités d'entreprise et les délégués du personnel dont beaucoup sont syndiqués participent largement à la vie des entreprises.

■ Lors des consultations gouvernementales, les syndicats demeurent, malgré le faible taux de syndicalisation, les interlocuteurs privilégiés car le gouvernement a tendance à se méfier des coordinations dont les réactions sont souvent imprévues et l'audience aléatoire.

B Leur capacité de mobilisation est encore importante

■ Malgré la diminution des conflits, les syndicats font encore preuve d'une capacité de mobilisation importante et ils demeurent très puissants dans certaines grandes entreprises comme EDF, dans la plupart des branches industrielles et dans la fonction publique. Cela leur donne un pouvoir de négociation non négligeable.

■ Par ailleurs, la diffusion, dans certaines grandes entreprises, de nouvelles méthodes de production comme les flux tendus (zéro stock) fragilisent les entreprises car une grève à une étape de la filière peut rapidement bloquer tout le processus de production.

Le syndicalisme français est en difficulté parce qu'il n'a pas su s'adapter à la crise économique et sociale. La crise syndicale étant l'un des aspects de la crise de l'action collective (cf. fiche 72)*, c'est peut-être en offrant des services individualisés aux salariés (à l'image des syndicats allemands) que le syndicalisme français pourrait remonter la pente ; mais est-ce sa véritable vocation ?*

FICHE 74

LA SEGMENTATION DU MARCHÉ DU TRAVAIL

L'économiste américain Michael Piore a, au début des années 70, bâti la théorie de la segmentation du marché du travail. Le marché du travail aurait éclaté en deux segments principaux. Cette dualité du marché du travail provoque une dualisation sociale.

1 UN MARCHÉ DU TRAVAIL SEGMENTÉ...

A La dualité du marché du travail

- M. Piore pense que le marché du travail se divise en deux sous-marchés cloisonnés. Le marché primaire permet à l'entreprise de se constituer un noyau dur d'actifs ; il permet d'assurer la continuité et la pérennité de l'entreprise en se fidélisant une partie de la main-d'œuvre et en satisfaisant certaines revendications syndicales. Le marché secondaire permet de diminuer les coûts et d'assurer la flexibilité. Ainsi, sur le marché primaire, les emplois sont stables et souvent bien rémunérés alors que le marché secondaire se caractérise par la précarité et les mauvaises conditions de salaire et de travail.

- D'après M. Piore, le marché primaire est lui-même décomposé en deux strates principales. La strate inférieure regroupe les salariés bénéficiant d'une forte stabilité, de salaires corrects et étant fortement syndiqués et faiblement qualifiés. Il s'agit par exemple des ouvriers d'usine durant les Trente Glorieuses. Les salariés de la strate supérieure ont une qualification importante, ils sont peu syndiqués et sont fortement mobiles, mais leur instabilité est volontaire et non subie. Il s'agit des cadres supérieurs qui veulent gérer au mieux leur carrière.

- En France, l'emploi sur le marché secondaire concerne environ 30 % des actifs occupés, mais cette part tend à croître fortement avec la crise.

B La fonction publique offre l'exemple d'un travail très segmenté

- En 1974, Jacques Magaud, dans un article au nom évocateur de *Vrais et faux salariés* a montré que l'État segmente son propre marché du travail. L'objectif est d'acheter du travail en dehors des règles et du droit. Ainsi, contrairement au personnel titulaire qui bénéficie de nombreux avantages dont le premier est la sécurité de l'emploi, le personnel non titulaire est instable et ne profite pas des droits de la fonction publique.

- C'est la fonction publique qui offre l'exemple du travail le plus segmenté. En effet, la rupture entre les deux marchés est souvent moins nette dans les entreprises privées ; souvent, des salariés sont à mi-chemin entre les deux marchés et de nombreux salariés peuvent franchir la frontière parfois souple qui les sépare. Au contraire, dans la fonction publique, la rupture est nette entre les fonctionnaires et les auxiliaires et si les fonctionnaires sont sûrs de rester sur le marché primaire, il est difficile pour les nombreux auxiliaires d'intégrer ce marché.

2 ... QUI PROVOQUE UNE DUALISATION SOCIALE ET QUI RENFORCE LA DÉTÉRIORATION GÉNÉRALE DU MARCHÉ DU TRAVAIL

A Des relations professionnelles différentes provoquent une dualisation sociale

- Les salariés du marché primaire profitent d'un système de relations professionnelles développé. Les négociations entre les employés et les employeurs portent sur le salaire, la sécurité de l'emploi, mais aussi sur de nombreux autres critères ; les négociations collectives offrent aux salariés un statut lié à la reconnaissance de leur qualification et aux nombreux avantages extra-professionnels dont ils peuvent bénéficier (mutuelle, vacances, tarifs préférentiels...). L'employeur a des devoirs vis-à-vis de ses salariés et l'échange ne se limite pas à une échange travail contre salaire.

  En revanche, sur le segment secondaire, les négociations sont totalement atomisées ; chaque salarié se retrouve seul face à l'employeur et aucune relation professionnelle institutionnalisée ne le soutient. L'échange qui se limite à un échange de travail contre salaire est inégal et l'employeur n'a aucun devoir sinon celui de rémunérer le salarié et de respecter les normes de sécurité ; il peut à tout moment mettre un terme à cet échange.

- Certains actifs bénéficient donc d'emploi stable, de salaires corrects, de nombreux avantages sociaux, de bonnes conditions de travail, d'une sécurité de l'emploi, de possibilités de promotion ainsi que de possibilités de formation. Les actifs concernés cumulent donc les avantages ; ce sont en grande partie des hommes de plus de 30 ans qui ont une certaine qualification en termes de savoir ou de savoir-faire. Ils sont peu vulnérables car ils sont bien insérés dans l'entreprise.

  Certaines autres catégories de main-d'œuvre sont en revanche très vulnérables ; elles semblent cumuler les désavantages. Les actifs concernés sont surtout des femmes, des jeunes et des immigrés ; ils ont peu de qualification et d'expérience. Ils sont peu insérés dans l'entreprise, mais, en raison de leurs faibles possibilités de promotion et de formation interne, il ne peuvent pas espérer une meilleure insertion ; il est difficile en temps de crise de quitter le marché secondaire pour entrer sur le marché primaire.

B Une détérioration générale du marché du travail

- Le marché du travail est toujours segmenté, mais la crise provoque une précarisation générale du travail. Au début de la crise économique, le marché protégé pouvait rejeter les problèmes sur le marché exposé et ainsi conserver ses avantages. Mais avec la persistance de la crise, les licenciements se multiplient et le risque pour les actifs du marché primaire de se retrouver sur le marché secondaire augmente.

- Le marché primaire est toujours dans une situation privilégiée, mais les risques de licenciements et les pressions à la baisse des rémunérations et des acquis sociaux sont de plus en plus fortes. D'autant plus que l'existence du marché secondaire permet d'exercer une sorte de chantage sur les salariés du secteur primaire pour qu'ils acceptent une détérioration de leurs conditions de travail.

La théorie de la segmentation du marché du travail présente une analyse des inégalités sur le marché du travail. Un autre angle d'approche peut être l'étude des ruptures entre emploi typique et emploi atypique. Quel que soit l'angle d'approche, la constatation principale est celle de l'existence de profondes inégalités sur le marché du travail.

FICHE 75

La flexibilité du travail

Durant les Trente Glorieuses, la croissance de la demande était forte et la main-d'œuvre était en relative pénurie ; l'objectif des entreprises était alors de fidéliser leurs travailleurs et elles avaient tendance à créer des rigidités en multipliant les incitations à la stabilité (avancement à l'ancienneté par exemple). Depuis la crise, les aléas de la demande et les nouveaux équipements exigent une certaine flexibilité ; quantitative ou fonctionnelle, celle-ci dépend en grande partie des relations professionnelles et des rapports de force en jeu.

1 La flexibilité permet d'ajuster l'emploi aux contraintes économiques

A La flexibilité quantitative précarise l'emploi

■ L'objectif de la flexibilisation quantitative est d'ajuster la quantité de travail aux besoins de la production. Elle peut se réaliser de trois façons différentes.

- Le premier type de flexibilité quantitative concerne la possibilité d'embaucher et de licencier librement. Il s'agit de faciliter les procédures de licenciement ; c'est dans ce cadre que l'autorisation administrative préalable de licenciement a été supprimée en France en 1986.
- Le second type de flexibilité quantitative consiste à sous-traiter une partie de la production ou à faire appel au travail intérimaire.
- Le troisième type de flexibilité concerne les horaires de travail ; il s'agit de pouvoir les faire varier librement (temps partiel, travail saisonnier, heures supplémentaires...) en fonction des besoins des entreprises.

■ Considérée par les entreprises comme nécessaire pour faire face aux variations de la demande, la flexibilité quantitative provoque une précarisation du travail. En modulant les horaires de travail, en développant l'emploi intérimaire et temporaire et en augmentant les risques de licenciement, elle déstabilise l'emploi. Elle conduit à la détérioration des conditions sociales et à l'effacement de la norme d'emploi typique qui s'était développée durant les Trente Glorieuses *(cf. fiche 78)*.

B La flexibilité qualitative ou fonctionnelle ne précarise pas l'emploi

■ La flexibilité fonctionnelle permet d'ajuster le contenu du travail aux besoins de la production. Il s'agit d'employer les salariés à des fonctions variables suivant les besoins du moment. Elle nécessite une certaine polyvalence et donc l'élargissement des compétences des salariés qui doivent avoir un certain niveau de qualification et être formés dans ce sens.

■ Cette flexibilité ne précarise pas l'emploi, puisque c'est le contenu et non la quantité du travail qui s'adapte à la production. Elle exige néanmoins un certain consensus à l'intérieur de l'entreprise car pour être efficace, elle doit être acceptée.

2 Les formes de flexibilité sont largement dépendantes des relations professionnelles et des rapports de force

A La flexibilité fonctionnelle exige un certain consensus

■ Les pays dans lesquels la flexibilité fonctionnelle est forte et la flexibilité quantitative faible sont ceux dans lesquels il existe une certaine coopération entre les syndicats et les entreprises. Il s'agit de mettre en place des accords de réciprocité et de négocier la sécurité de l'emploi contre une certaine flexibilité fonctionnelle. La flexibilité fonctionnelle est d'autant mieux acceptée par les salariés que ceux-ci bénéficient d'une sécurité de l'emploi et de possibilités de promotion.

■ Le modèle suédois est le modèle type d'une forte flexibilité fonctionnelle et d'une faible flexibilité quantitative. Les salariés ont une grande polyvalence et bénéficient d'une grande sécurité de l'emploi. Très rapidement, le syndicalisme suédois a réussi à accompagner les mutations du marché du travail et est parvenu à négocier la flexibilité, acceptant la flexibilité qualitative mais refusant que l'effectif de l'entreprise soit une variable d'ajustement.

L'Allemagne présente une version atténuée du modèle suédois ; même si elle augmente, la flexibilité quantitative y est faible, mais la stratégie de compromis du syndicalisme allemand a rendu possible une flexibilité fonctionnelle assez forte ainsi qu'une certaine flexibilité des rémunérations.

■ La flexibilité fonctionnelle a parfois été introduite dans les entreprises sans passer par l'intermédiation des syndicats. De nombreuses entreprises tentent d'instaurer une communication directe et ont créé des cercles de qualité ou groupes d'expression dans lesquels les salariés font des propositions et sont amenés à accepter des modifications dans l'organisation de leur travail. Il s'agit là aussi de rechercher un certain consensus à l'intérieur de l'entreprise.

B La flexibilité quantitative n'est pas négociée, elle est subie

■ La flexibilité quantitative s'installe en dépit des relations professionnelles. Cette flexibilité n'est pas négociée car elle n'est pas négociable ; elle est mise en place lorsque les syndicats sont trop faibles pour la refuser ou lorsqu'ils ont d'autres objectifs.

■ C'est en Grande-Bretagne et aux États-Unis que la flexibilité quantitative est la plus développée, les licenciements et les contrats à durée déterminée n'ont pratiquement aucune limitation. En Grande-Bretagne, la flexibilité fonctionnelle est très faible car, plutôt que de former un salarié, les entreprises préfèrent souvent le licencier et en embaucher un autre ayant la qualification requise. Il faut dire que les syndicats britanniques sont traditionnellement corporatistes et très pointilleux sur la reconnaissance de la qualification ; ils sont souvent plus attachés à la défense du métier qu'à celle des individus qui l'exercent.

La France offre une version atténuée de celle de la Grande-Bretagne, la flexibilité quantitative y est assez forte et la flexibilité qualitative y est assez faible. Les syndicats français ne sont pas assez puissants pour refuser la flexibilité quantitative et trop contestataires pour négocier la flexibilité qualitative *(cf. fiche 73)*.

La flexibilité semble être une nécessité économique, mais ses effets sociaux sont largement dépendants de la forme qu'elle peut prendre. Souvent les syndicats craignent de perdre leur âme en négociant la flexibilité, mais une flexibilité fonctionnelle négociée vaut mieux qu'une flexibilité quantitative subie.

PARTIE IX

EMPLOI ET FORMATION

FICHE 76

STATUT DE L'EMPLOI ET STATUT SOCIAL

Dans une société à stratification de droit, le statut social et l'emploi résultent de la strate d'appartenance. Le fait d'être noble assure ainsi une certaine position sociale et ouvre la porte à certains emplois, officier dans l'armée par exemple. Dans les sociétés modernes, c'est surtout l'emploi qui définit le statut social, mais l'emploi est lui aussi déterminé en grande partie par le statut social. Ainsi, une dialectique entre type d'emploi et statut social tend à reproduire la structure sociale.

1 LE STATUT DE L'EMPLOI EST UN FACTEUR DÉTERMINANT DU STATUT SOCIAL...

A Le type d'emploi occupé est un déterminant du statut social

■ L'instrument dont dispose l'INSEE *(cf. fiche 58)* pour étudier la société est les PCS (professions et catégories socioprofessionnelles). Le type d'emploi tient une place centrale au sein de cette nomenclature puisque les principaux critères de classification sont le statut de l'emploi (salarié ou non), le niveau de qualification et le type de travail (manuel ou pas). Ainsi, les emplois définissent une certaine hiérarchie des catégories sociales.

■ Les modes de vie sont directement liés aux emplois, car les comportements ont de nombreux déterminants socio-économiques. De nombreuses études réalisées sur les goûts et les comportements des catégories populaires l'ont démontré.

■ Le statut de l'emploi influence également le statut social par le biais des différents contenus du travail. Ainsi, tel emploi s'accompagne de conditions de travail plus ou moins bonnes, d'une certaine qualification et d'une reconnaissance plus ou moins directe de celle-ci. Le statut de l'emploi induit donc un certain contenu de travail qui définit en partie le statut social.

B La crise a diversifié les statuts, mais l'emploi demeure le critère central de la position sociale

■ Lorsque l'emploi n'était pas un bien rare, il déterminait presque à lui seul le statut social. Maintenant, le statut de l'emploi ne peut être le seul critère et il faut tenir compte d'autres indicateurs au premier rang desquels la stabilité de l'emploi.

■ Ainsi, Dominique Schnapper en 1989 dans *La revue française de sociologie* considère que la crise et les interventions sociales de l'État providence ont contribué à la « multiplication des statuts ».

D. Schnapper établit une graduation progressive entre les « statuts liés à l'emploi » qui s'échelonnent de l'emploi parfaitement stable à l'emploi instable, les statuts « dérivés de l'emploi » qui définissent les chômeurs, les retraités ou les conjoints des travailleurs, les statuts « liés à la protection sociale » qui proviennent de la solidarité organisée par l'État providence (RMI par exemple) et les « hors statuts » qui sont totalement marginalisés.

2 ... MAIS LE STATUT SOCIAL DÉTERMINE EN GRANDE PARTIE L'EMPLOI

A L'emploi est en grande partie déterminé par la catégorie sociale d'origine

■ La faiblesse de la mobilité sociale témoigne d'une certaine reproduction sociale et donc de l'influence de la catégorie des parents sur celle des enfants. Que l'on explique ce phénomène comme le fait P. Bourdieu par des dotations différentes en capital économique, social ou culturel ou comme le fait R. Boudon par les différences de stratégies des acteurs, il n'en demeure pas moins vrai que la catégorie sociale d'origine et le statut social des parents influent très fortement sur le type d'emploi des enfants.

■ Des caractéristiques comme le sexe, l'âge ou la nationalité sont aussi déterminantes. Ainsi, le chômage touche davantage les jeunes, les femmes et les immigrés ; la plupart des emplois précaires sont occupés par des jeunes, alors que la plupart des emplois à temps partiel le sont par des femmes.

■ Un exemple éloquent des liens entre statut social et emploi peut être pris dans les mécanismes de l'exclusion. L'exclusion de l'emploi (le chômage) provoque souvent une exclusion sociale (pas de logement, marginalisation sociale...) qui renforce l'exclusion de l'emploi en rendant l'accès à un nouvel emploi de plus en plus aléatoire. C'est contre ce cercle vicieux que doit jouer le RMI ; il lutte contre l'exclusion et favorise l'insertion sociale et l'insertion sur le marché du travail.

B L'école et le diplôme sont insuffisants pour gommer les déterminismes de la catégorie sociale d'origine

■ La réussite scolaire dépend en grande partie de la catégorie d'origine.

- Les chances d'obtenir un diplôme sont fortement marquées par l'origine sociale : en 1993, 72 % des Français âgés de 25 à 39 ans étaient bacheliers quand ils avaient un père cadre et seulement 19 % quand ils étaient issus d'une famille ouvrière.

- Le diplôme du père est la variable la mieux corrélée à la réussite scolaire ; les inégalités face à l'école s'expliquent surtout par des inégalités d'ordre culturel.

- Mais le diplôme n'explique pas tout : à diplôme équivalent, la réussite scolaire varie en fonction de la catégorie du père. Ces différences sont le reflet d'inégalités économiques car les niveaux de revenus et de patrimoine orientent les stratégies et les possibilités des familles. Elles sont également le reflet de l'inégale dotation en ce que P. Bourdieu nomme le « capital social » *(cf. fiche 25)*.

■ L'emploi est davantage déterminé par la catégorie sociale d'origine que par la réussite scolaire.

Le sociologue américain Charles A. Anderson a, en 1961, mis en valeur la relative stabilité des positions sociales entre les pères et les fils quel que soit le niveau relatif des diplômes des uns et des autres. À diplômes équivalents, les enfants de cadres accèdent généralement à des emplois correspondant à un statut supérieur à celui des enfants d'ouvriers.

C'est donc le statut social d'origine qui est largement déterminant pour l'emploi.

Emploi et statut social sont étroitement liés dans les sociétés modernes ; le déterminisme est toutefois loin d'être absolu : l'ascension sociale est fréquente et le statut social peut dépendre aussi d'autres facteurs que l'emploi, la position politique (maire d'une commune) ou l'emploi du conjoint.

FICHE 77 LA SOCIÉTÉ SALARIALE

La société salariale est une société dans laquelle le salariat constitue le lien social primordial ; en opposition avec la société traditionnelle qui se caractérise par une certaine insécurité de travail, dans la société salariale, l'emploi salarié offre un statut, une garantie et une protection à la plupart des actifs. Pourtant cette société salariale semble s'effriter, c'est du moins ce qu'affirme R. Castel dans Les métamorphoses de la question sociale.

1 LA MISE EN PLACE D'UNE SOCIÉTÉ SALARIALE

A L'apparition de la société salariale

- K. Marx présente dès le milieu du XIXe siècle le salariat comme étant le rapport de production spécifique du capitalisme. Mais, le nombre des indépendants, qu'ils soient agriculteurs ou artisans, demeure élevé jusqu'à la Seconde Guerre mondiale ; c'est essentiellement à partir du début des Trente Glorieuses que se développe, en France, la société salariale.
- Effectivement, la forte croissance économique, la concentration des entreprises et le déclin relatif de l'agriculture vont provoquer la baisse du nombre des indépendants. En parallèle, en raison d'une certaine pénurie de main-d'œuvre et pour faire face aux fortes augmentations de la demande, les entreprises cherchent à fidéliser leurs salariés. Elles sont ainsi assez promptes à satisfaire les revendications salariales de syndicats encore puissants.

B De la « prestation de travail » à « l'emploi salarié »

- Le travail n'était qu'une marchandise vendue par le prolétaire ; progressivement, le contrat de travail se modifie et ne concerne plus uniquement l'échange d'une prestation de travail déterminée contre un salaire, mais une prestation d'une durée indéterminée contre un salaire et une protection. Le salarié acquiert une garantie de sécurité et est ainsi inséré de façon stable dans l'entreprise et dans le monde du travail.
- La société salariale se caractérise par la généralisation de l'emploi salarié stable contribuant à la définition du statut social. En plus d'un salaire qui augmente régulièrement avec l'ancienneté, l'emploi salarié donne accès à la Sécurité sociale, aux mutuelles, aux prêt immobiliers et donc à l'accession à la propriété, parfois aux centres de vacances et aux colonies pour les enfants... L'emploi salarié donne aussi accès à des activités collectives comme l'action syndicale.

  L'emploi salarié est donc, dans le cadre de cette société salariale, le fondement principal du statut social de la majorité des individus *(cf. fiche 76)*.
- La société salariale ne se caractérise pas seulement par la salarisation de la population active, c'est-à-dire par l'extension du salariat, mais aussi par l'effacement de la frontière qui sépare les salariés des indépendants. En effet, les principes généraux du droit du travail s'appliquent indifféremment aux salariés et

aux indépendants et ces derniers bénéficient des différentes mesures de protection sociale. Le terme d'emploi qui ne s'appliquait qu'aux salariés est maintenant utilisé pour caractériser l'ensemble de la population active. L'emploi a dorénavant une place centrale dans la vie sociale ; perdre son emploi, c'est souvent perdre une part de sa citoyenneté sociale.

2 LA FIN ANNONCÉE DE LA SOCIÉTÉ SALARIALE

A La crise relative de l'emploi salarié...

Selon R. Castel, l'ébranlement de la société salariale est due à trois phénomènes principaux.

- Le chômage touche en France plus de trois millions d'actifs qui sont autant d'individus rejetés du monde de l'emploi. Il contribue à l'éclatement de la société salariale et à l'abandon d'une de ses caractéristiques principales : la sécurité.
- La salarisation était une tendance lourde depuis le début du XIXe siècle, plus de 80 % des actifs sont en France des salariés. Mais depuis le milieu des années 80, la tendance est stoppée, le taux de salarisation stagne.
- L'indicateur le plus important de l'effacement de cette société salariale est selon R. Castel « la déstabilisation des stables ». Il s'agit de la forte diminution des emplois salariés dits « typiques » et de la forte précarisation du travail. Ainsi, le nombre des CDI (contrats à durée indéterminée) diminue fortement au profit des formes particulières d'emploi. Les nouvelles formes particulières d'emploi (CDD, intérim, temps partiel...) s'ajoutent aux anciennes formes particulières d'emploi (ouvriers agricoles, aides familiaux, apprentis et travailleurs à domicile) et représentent en France plus de 5,5 millions de personnes au début des années 90. 72 % des embauches dans les entreprises de plus de 50 salariés en 1994 était des CDD. C'est donc la norme même de l'emploi qui est menacée.

B ... ainsi qu'une renaissance du travail indépendant contribuent à l'apparition d'un nouveau modèle de travail

- Le travail indépendant qui semblait être en passe d'être totalement absorbé par le salariat connaît un regain de vigueur. Cette évolution se caractérise par la volonté de nombreuses entreprises de sous-traiter certaines de leurs activités, parfois même à d'anciens ingénieurs et par la création de nombreuses petites entreprises depuis une dizaine d'années.
- Il semble alors que l'on s'achemine vers un nouveau modèle de travail qui signe la fin de la société salariale. Il s'agit d'une sorte de retour à la prestation de travail où des actifs, dans le cadre de projets préétablis, offrent de façon indépendante leurs services à des entreprises. L'exemple du télétravail, bien que encore marginal, est à cet égard éloquent. Cette mutation signifie un ébranlement de la protection et de la stabilité qui caractérisaient la société salariale.

Cette évolution, certes réelle, doit toutefois être nuancée ; d'abord, il ne s'agit que d'une tendance actuelle qui a besoin d'être vérifiée sur le plus long terme, d'autre part, il est fort probable que les entreprises continueront à avoir besoin de fidéliser un noyau stable de main-d'œuvre afin de contribuer à leur pérennité ; cette fidélisation devrait passer encore longtemps par l'offre d'emplois salariés stables à durée indéterminée.

EMPLOI TYPIQUE, EMPLOI ATYPIQUE

Durant la période des Trente Glorieuses, une nouvelle norme d'emploi fut créée. Celle-ci semblait répondre à un besoin de sécurité et de reconnaissance sociale de la part des employés et d'un besoin de stabilité et de fidélisation d'une main-d'œuvre en pénurie relative de la part des employeurs. De son côté, l'État jouait son rôle de protecteur social en favorisant l'émergence de cette norme. Né d'un consensus social, l'emploi typique est néanmoins mis en question avec la crise et la multiplication des formes particulières d'emploi.

1 APPARITION PUIS EFFRITEMENT DE LA NORME DE L'EMPLOI TYPIQUE

A L'émergence d'une norme d'emploi

■ Avant 1945, aucune norme d'emploi n'existe. L'emploi est globalement instable, la plupart des entreprises ne cherchent pas à fidéliser la main-d'œuvre, le salaire à la tâche est courant et une part non négligeable de la population active est non salariée. L'emploi typique n'existe pas encore.

■ Après 1945, une norme d'emploi émerge *(cf. fiche 77)*. Les emplois typiques sont ceux qui satisfont à cette norme, il s'agit d'emplois salariés stables (donc de contrats à durée indéterminée) qui assurent un salaire décent et croissant avec l'ancienneté, une protection sociale et par voie de conséquence, une certaine reconnaissance sociale. Les anciennes formes d'emploi, que l'on peut dorénavant ranger sous l'appellation d'« emplois atypiques », n'ont pas disparu pour autant ; elles sont absentes de la grande entreprise, mais elles subsistent dans certaines professions : les ouvriers agricoles, les travailleurs à domicile, les gens de maison ou les apprentis par exemple.

B La crise provoque la multiplication des formes d'emploi

■ Avec la crise, les nouvelles formes d'emploi se multiplient et provoquent l'éclatement de la norme d'emploi typique. Il s'agit des emplois à durée déterminée, du travail intérimaire, de l'apprentissage, des différents stages, des emplois aidés comme les TUC ou les CES ; à tous ces emplois ou quasi-emplois précaires, il faut ajouter le développement important du travail à temps partiel.

■ Ces nouvelles formes particulières d'emploi se diffusent dans toute l'économie ; elles ne sont plus comme les anciennes formes particulières limitées à certaines professions ou à certains employeurs. Même les grandes entreprises et l'État font appel à l'emploi atypique, à tel point que la norme d'emploi semble s'effriter et que le concept même d'emploi typique perd de son sens.

2 Rarement acceptées, ces nouvelles formes d'emploi sont surtout subies

A La précarité devient un préalable à l'emploi

- En 1979, Michel Pialoux a montré que certains jeunes non qualifiés des banlieues étaient attirés par le travail intérimaire qui par son instabilité offre une impression de liberté. Ils y trouvent une échappatoire au travail peu qualifié et fortement encadré que pourraient leur offrir les grandes entreprises. Dans ce cas, la flexibilité et la souplesse sont mutuellement désirées par les offreurs et par les demandeurs d'emploi. La situation a bien changé depuis, le développement du chômage de masse a largement modifié la situation.

- L'emploi atypique est devenu un préalable à l'emploi et souvent aussi un préalable au chômage. Rares sont les actifs qui peuvent profiter dès leur entrée sur le marché du travail d'un emploi typique. La plupart doivent traverser une période de plus en plus longue durant laquelle ils alternent des phases d'emploi précaire et de chômage répétitif. Ce passage presque obligé est subi et souvent craint, il incite les jeunes à poursuivre leurs études et souvent à demeurer plus longtemps au domicile familial *(cf. fiche 80)*.

- Si les jeunes sont les premiers touchés, ils ne sont pas les seuls ; les emplois précaires atypiques concernent aussi de nombreuses femmes, de nombreux travailleurs peu qualifiés et de nombreux étrangers.

B Le travail à temps partiel est parfois l'expression du sous-emploi

- Le travail à temps partiel peut être désiré par le salarié, mais avec la crise, le développement du temps partiel s'est réalisé le plus souvent à l'initiative des employeurs et en dehors de la volonté des salariés. En l'espace de dix ans, le nombre de salariés à temps partiel est passé de 1,6 million à 2,8 millions en France.

  Les recrutements à temps partiels conduisent au sous-emploi, ils sont fréquents dans certaines activités de service comme la restauration ou l'entretien.

- M. Maruani et C. Nicole-Drancourt remarquent que le travail à temps partiel est typiquement féminin et qu'aucune autre forme de travail n'est à ce point « sexuée » puisque 85 % des travailleurs à temps partiel sont des femmes. Pourtant, celui-ci répond de moins en moins à une volonté de concilier vie familiale et vie professionnelle ; il s'agit souvent de travail nocturne, de travail aux heures du déjeuner ou le samedi. C'est l'employeur qui profite de la flexibilité.

  Les femmes sont donc avant tout des victimes de ce travail à temps partiel qui est devenu une forme d'emploi typiquement féminin.

Le concept d'emploi typique a-t-il encore un sens ? On peut penser qu'avec la crise, l'emploi atypique se développe, mais que la norme d'emploi demeure l'emploi stable (qui concerne encore près de 70 % de la population active) ou bien penser que l'emploi stable disparaît et que la nouvelle norme d'emploi, donc le nouvel emploi typique devient instable et précaire.

LES COMPORTEMENTS D'ACTIVITÉ

La population active a de nombreux déterminants quantitatifs. Parmi ceux-ci, il faut citer la structure par âge de la population, les migrations et les comportements d'activité. C'est ce dernier point qui fait ici l'objet de notre propos. Le taux d'activité global reste à peu près stable depuis le début des années 60, mais il est l'effet de deux tendances fortes et contradictoires : la concentration de l'activité aux âges intermédiaires et la féminisation de la population active.

1 LA CONCENTRATION DE L'ACTIVITÉ AUX ÂGES INTERMÉDIAIRES

Les jeunes entrent sur le marché du travail de plus en plus tard et les personnes âgées le quittent de plus en plus tôt. Ce phénomène conduit a une concentration de l'activité aux âges intermédiaires.

A La diminution du taux d'activité des jeunes

■ Entre 1954 et 1994, les taux d'activité des jeunes hommes de 15 à 24 ans est passé de 77 % à 32 %. L'âge moyen d'entrée en activité a augmenté, passant de 17 ans et demi en 1969 à 20 ans et demi en 1993.

■ L'explication essentielle de ce recul de l'âge moyen d'activité réside dans la volonté exprimée par les jeunes et leurs familles de poursuivre les études. Cela répond aux besoins de l'appareil productif qui exige un niveau de qualification de plus en plus élevé et à la concurrence que se livrent les jeunes pour occuper des emplois dont la rareté relative s'accroît. Cette demande des familles a été relayée par le pouvoir politique qui a fixé comme but à l'Éducation nationale de conduire 80 % d'une classe d'âge au niveau du baccalauréat.

Les jeunes poursuivent leur scolarité afin de retarder leur entrée sur un marché du travail surchargé, mais aussi afin d'être plus qualifiés et ainsi d'augmenter leur probabilité de trouver un emploi.

B La diminution de l'activité après 55 ans

■ Le taux d'activité des hommes de plus de 55 ans connaît une tendance forte à la diminution puisqu'il passe de 58 % en 1954 à 17 % en 1994.

Cette tendance est due à deux facteurs principaux : les sorties du marché du travail de plus en plus précoces et l'augmentation de l'espérance de vie qui fait baisser naturellement le taux d'activité des plus de 55 ans.

■ Les causes de la tendance à l'avancement de l'âge de sortie du marché du travail sont nombreuses.

– Les indépendants, dont les exploitants agricoles, sont de moins en moins nombreux alors qu'ils partent à la retraite plus tardivement que les salariés.

– L'âge légal de la retraite diminue (le droit à la retraite à 60 ans a été acquis en 1983).

– En raison de la mauvaise conjoncture de l'emploi, les départs en préretraite se multiplient.

Cette tendance risque toutefois de s'inverser, car les difficultés de financement des caisses de retraite et le risque d'un manque d'actifs dans le futur peuvent conduire à une augmentation de l'âge légal de la retraite. L'Allemagne est déjà entrée dans cette voie.

2 LA FÉMINISATION DE LA POPULATION ACTIVE

A L'émergence du travail féminin...

- Le taux d'activité des femmes entre 25 et 54 ans a fortement augmenté ; il est passé de 45 % en 1968 à 79 % en 1994 et l'on peut raisonnablement penser qu'il va poursuivre son ascension jusqu'à atteindre des taux proches de ceux des hommes (entre 95 % et 100 %).
- Le travail des femmes n'est pas un phénomène nouveau : au début du siècle, les femmes des travailleurs indépendants travaillaient aux côtés de leurs maris et le nombre de femmes ouvrières ou domestiques n'était pas négligeable. À partir du début des années 20, le taux d'activité des femmes diminue fortement. Ce phénomène peut certainement être attribué au déclin du travail indépendant, à l'émergence des classes moyennes salariées qui bénéficient de revenus en hausse (un seul salaire peut dorénavant nourrir toute une famille) et aux nouvelles valeurs de la IIIe République qui réhabilitent la famille.
- La tendance s'inverse à partir du début des années 60. En 1962, 6,5 millions de femmes et 13 millions d'hommes étaient actifs ; trente ans plus tard, 11 millions de femmes et 14 millions d'hommes le sont.

B ... est due à de nombreux facteurs

- La première interrogation peut porter sur les liens entre l'évolution conjoncturelle du marché du travail et l'entrée des femmes sur ce marché. Ainsi, deux causalités inverses peuvent être mises en évidence : l'augmentation du chômage peut encourager les femmes à diversifier les ressources du ménage et ainsi à réduire les risques, mais elle peut aussi les décourager en rendant très aléatoire la chance de trouver un emploi. Peu de femmes tiennent en réalité compte de ces considérations ; la plupart d'entre elles ne conditionnent pas leur activité à la situation du marché du travail.
- Cette sorte de «rééquilibrage» entre l'emploi masculin et l'emploi féminin est due à une homogénéisation des comportements d'activité, elle-même due à une certaine homogénéisation des comportements masculins et féminins. L'image de la famille stable dans laquelle l'homme pourvoit aux ressources et la femme pourvoit à l'éducation et aux tâches ménagères vole en éclats. La famille est de moins en moins stable (l'évolution des divorces en témoigne) et les différents rôles connaissent des mutations importantes.
- L'activité des femmes dans les années 60 était souvent discontinue selon le cycle suivant : activité, inactivité dès le premier enfant, activité. Depuis les années 80, le modèle dominant n'est plus celui de l'alternance, les retraits du marché du travail entre 20 et 35 ans sont de plus en plus rares (ils n'interviennent souvent qu'au troisième enfant) et le profil d'activité des femmes est de plus en plus proche de celui des hommes : un taux d'activité élevé et quasiment constant entre 25 et 55 ans.

Les trois évolutions principales des comportements d'activité sont donc le recul de l'âge moyen de l'entrée sur le marché du travail, l'avancement de l'âge moyen de sortie du marché du travail et l'augmentation du travail des femmes. La première tendance a toutes les chances de se poursuivre, la seconde tendance risque de bientôt s'infléchir et la troisième tendance n'est pas loin d'avoir atteint son maximum.

FICHE 80

L'INSERTION PROFESSIONNELLE DES JEUNES

Avec la crise économique, l'insertion professionnelle des jeunes (15 à 29 ans) devient de plus en plus difficile. Les jeunes comprennent qu'il est de leur intérêt de poursuivre leurs études et ils sont de moins en moins nombreux sur le marché du travail, mais ceux qui le sont ont de grandes difficultés pour trouver des emplois stables ; ils sont souvent au chômage et leurs emplois sont souvent précaires. Les difficultés d'insertion des jeunes ne sont pas spécifiques à la France, mais nous évoquerons surtout le cas français.

1 LES JEUNES SONT DE MOINS EN MOINS PRÉSENTS SUR LE MARCHÉ DU TRAVAIL...

A Les jeunes poursuivent plus longtemps leur scolarité

■ En période de croissance, le diplôme permet d'espérer atteindre une position sociale élevée ; en période de crise, il est un rempart plus ou moins efficace contre le chômage. Globalement, le taux de chômage est inversement proportionnel au niveau du diplôme obtenu. Ainsi, en 1994, le chômage des jeunes non diplômés est de 31 % alors que celui des jeunes diplômés de l'enseignement supérieur est d'environ 12 %.

La poursuite des études répond à une double motivation : obtenir un diplôme et avoir donc plus de chances de trouver un emploi et retarder le plus possible l'entrée sur le marché du travail et donc l'échéance du risque du chômage.

■ Près de 65 % d'une classe d'âge accède en Terminale en 1994 contre 30 % en 1975 (les filles sont légèrement plus scolarisées que les garçons). Les jeunes poursuivent aussi de plus en plus leurs études supérieures ; ainsi, environ 40 % des jeunes qui finissent leurs études sont diplômés de l'enseignement supérieur, soit deux fois plus qu'en 1975.

Toutefois, environ 15 % des jeunes sortent du système scolaire sans aucun diplôme. Leur chance de s'insérer rapidement sur le marché du travail est extrêmement faible.

B Le taux d'activité des jeunes diminue

■ Les jeunes font preuve d'une certaine adaptation ; le marché du travail étant déprimé, ils sont de moins en moins nombreux à y entrer. Le taux d'activité des jeunes diminue fortement *(cf. fiche 79)*. Il a été divisé par quatre entre 1975 et 1995 pour les jeunes de 15 à 19 ans et il est passé de 74,6 % à 51,1 % pour les jeunes de 20 à 24 ans. Seul le taux d'activité des jeunes de 25 à 29 ans augmente, ce qui est essentiellement dû à la hausse de l'activité féminine.

■ L'accès des jeunes au monde des adultes en a été transformé. Autrefois, les jeunes étaient autonomes plus rapidement. Souvent, à 25 ans, les jeunes hommes avaient fini leurs études, ils avaient fait leur service militaire, ils avaient trouvé un emploi et pouvaient quitter leurs parents et fonder une famille ; les jeunes filles avait généralement un parcours un peu plus rapide et fondait une famille à partir de 22 ou 23 ans.

La poursuite des études puis la difficulté de trouver un emploi stable repoussent d'autant l'âge auquel les jeunes accèdent à l'autonomie. Ils restent de plus en plus longtemps au domicile familial et leur accès au monde adulte en est d'autant transformé et retardé.

2 … MAIS LORSQU'ILS LE SONT, ILS SONT FORTEMENT TOUCHÉS PAR LE CHÔMAGE ET LE TRAVAIL PRÉCAIRE

A Le taux de chômage des jeunes est très élevé

■ Les jeunes sont les premiers touchés par le chômage. Ils sont les plus vulnérables en raison de leur manque d'expérience et parce qu'ils ne sont pas encore insérés dans les entreprises. Le taux de chômage des jeunes de 15 à 29 ans est de 19,5 % en 1995 et celui des jeunes de 15 à 24 ans est d'environ 25 %, soit plus du double que celui des plus de 30 ans.

Les jeunes sont aussi les plus touchés par les variations de la conjoncture ; leur taux de chômage est très fluctuant et diminue rapidement quand la conjoncture est créatrice d'emplois et augmente fortement dès que la conjoncture est défavorable. Le chômage des jeunes est la principale variable d'ajustement du marché du travail.

Les jeunes femmes sont davantage touchées par le chômage que les jeunes hommes, mais l'écart entre les deux sexes se réduit.

■ Il est à noter que si le taux de chômage (nombre de chômeurs rapporté à la population active) des jeunes est largement supérieur à celui des plus de 30 ans, la part des jeunes au chômage (nombre de chômeurs rapporté à toute la classe d'âge) n'est que légèrement supérieure à celle des plus de 30 ans. Cela s'explique par le fait que de nombreux jeunes poursuivent leurs études et reculent d'autant leur entrée sur le marché du travail.

B Les jeunes occupent souvent des formes particulières d'emploi

■ Les jeunes actifs sont fortement touchés par les emplois précaires *(cf. fiche 78)*. Nombreux sont les jeunes qui alternent emplois précaires et périodes de chômage. Plus de 20 % des jeunes qui ont un emploi en 1995 occupent un emploi à forme particulière (stage, emploi aidé, apprentissage, contrat à durée déterminée ou intérim).

Le plus souvent pour embaucher une main-d'œuvre flexible et parfois pour prendre à l'essai des salariés qu'elles pourraient embaucher définitivement, les entreprises ont tendance à multiplier les emploi précaires qui deviennent de plus en plus un passage obligé avant d'avoir un emploi stable.

Les jeunes qui ne parviennent pas à occuper ces emplois précaires proposés par les entreprises et les administrations n'ont souvent pas d'autre choix que d'accepter des emplois aidés comme les contrats-emploi-solidarité.

Les jeunes sont donc bien plus concernés que les adultes par les formes particulières d'emploi et cela aussi bien dans la fonction publique dans laquelle près de 45 % des jeunes sont non titulaires que dans le secteur privé.

■ Les jeunes, surtout les jeunes femmes, sont aussi fortement concernés par le travail à temps partiel. Le travail à temps partiel parfois souhaité par les femmes de plus de 30 ans est généralement subi par les jeunes. Presque 30 % des jeunes femmes qui ont un emploi travaillent à temps partiel. Le travail à temps partiel ne concerne que 9 % des jeunes hommes, mais il a tendance à augmenter.

Les difficultés d'insertion des jeunes sont donc réelles. Les différentes aides à l'insertion sont peu efficaces et elles sont parfois préjudiciables aux actifs plus âgés qui risquent d'être licenciés pour que les entreprises embauchent des jeunes. La seule solution durable est l'amélioration de la situation de l'emploi et donc le retour à la croissance.

FICHE 81

LA FORMATION PROFESSIONNELLE

La formation professionnelle comporte deux aspects principaux : d'une part, la formation organisée par les entreprises qui cherchent à recycler les salariés en cas d'obsolescence de leurs anciens savoirs ou à les qualifier afin qu'ils deviennent plus polyvalents ; d'autre part, les actions publiques de formation professionnelle des chômeurs que nous examinerons plus précisément ici. Il s'agira d'expliquer, dans le cas de la France, la logique de cette formation professionnelle puis d'en dresser un bilan.

1 LES OBJECTIFS DE LA FORMATION PROFESSIONNELLE : FORMER ET INSÉRER

A Les principaux bénéficiaires : les jeunes chômeurs non diplômés et les chômeurs de longue durée

■ En 1995, encore 15 % des jeunes sortent du système éducatif sans diplôme. Ces jeunes éprouvent de grandes difficultés à trouver un emploi. En effet, avec la crise, ce sont les emplois non qualifiés qui régressent le plus et l'élévation général du niveau d'étude conduit les employeurs à choisir les actifs les plus qualifiés même pour des emplois qui ne nécessitent pas de savoir ou de savoir-faire particulier.

En raison de ces difficultés, le taux de chômage des jeunes non diplômés sortis depuis moins de neuf mois du système scolaire atteint 72 %.

L'objectif d'une politique de formation professionnelle est donc de qualifier ces jeunes afin qu'ils puissent s'insérer sur le marché du travail. Leur formation est d'autant plus difficile qu'ils ont, jusqu'à maintenant, vécu l'enseignement comme un échec.

■ Les chômeurs de longue durée sont aussi les bénéficiaires des politiques de formation professionnelle. Ces chômeurs de longue durée sont nombreux puisque 36 % des demandeurs d'emploi en 1994 sont au chômage depuis plus de douze mois. Ils sont peu employables et ils sont victimes d'un chômage d'exclusion *(cf. fiche 67)*.

Les politiques de formation sont fondées sur l'idée selon laquelle le chômage est dû à un manque de qualification des actifs ; ce qui est en partie justifié par le fait que les chômeurs de longue durée sont majoritairement peu qualifiés alors que les rares emplois non pourvus requièrent plutôt un niveau de qualification élevé.

B Deux logiques : « former pour insérer » ou « insérer pour former »

■ Jusqu'au début des années 90, les actions de formation professionnelle étaient fondées sur l'idée selon laquelle un niveau minimal préalable de qualification est une condition nécessaire à l'insertion sur le marché du travail ; il fallait « former pour insérer ». Ainsi, instauré à l'automne 1989 pour les jeunes chômeurs, le CFI (crédit formation individualisé) se décompose en trois phases. Durant une première phase de mobilisation, les jeunes élaborent un projet, puis ils acquièrent des savoirs de base (calcul et écriture), pour enfin, dans une troisième phase, apprendre un métier grâce à un stage de formation ou un contrat en alternance. En réalité, manquant de motivation, l'immense majorité des jeunes arrêtent le parcours avant la fin des trois phases.

- De plus en plus, la logique « insérer pour former » prend le pas sur la logique précédente. Cette logique fait appel à la formation en alternance ou au stage en entreprise comme tout préalable d'action de formation. Ainsi, plus de 200 000 personnes bénéficient chaque année de stages d'insertion et de formation à l'emploi (SIFE). Ces stages ont pour objectif d'insérer ou de réinsérer sur le marché du travail des personnes qui en étaient exclues et, par voie de conséquence, leur offrir une formation professionnelle.

2 Un bilan très nuancé

A Les actions de formation permettent d'améliorer la qualification des chômeurs et de les remotiver

- En termes de formation et de qualification, les différents dispositifs ont souvent atteint leurs objectifs. Nombreux sont les chômeurs de longue durée qui voient monter leur niveau de qualification et les jeunes qui valident un niveau de formation équivalent au CAP.
- Ces actions permettent aussi de donner un regain d'espoir aux chômeurs, c'est surtout le cas des stages en entreprise lorsque les stagiaires escomptent une embauche ultérieure, et de resocialiser les chômeurs de longue durée. Toutes ces actions ont aussi l'intérêt d'inciter les chômeurs à rester actifs et à continuer de chercher effectivement un emploi. Ces actions sont donc efficaces contre l'exclusion et la marginalisation.

B ... mais elles sont peu efficaces en termes d'insertion

- Ces actions sont globalement inefficaces en termes d'insertion. Les chômeurs de longue durée enchaînent souvent plusieurs stages sans réussir une véritable insertion professionnelle. Les taux d'insertion des actions de formation sont proches de ceux des emplois aidés comme les CES (contrats-emploi-solidarité). Les formations des chômeur n'augmentent pas fortement leur employabilité et ils demeurent pour la plupart exclus du marché du travail.
- Il faut dire que les actions de formation sont fondées sur l'idée que le chômage est dû à un manque de qualification alors qu'en réalité, il est essentiellement dû à un manque d'emplois. La qualification peut être perçue comme une stratégie individuelle pour obtenir un emploi, mais les actions globales de qualification ne pourront pas résorber le chômage tant que la demande d'emplois sera largement supérieure à l'offre d'emploi.

Les dispositifs de formation sont donc peu efficaces contre le chômage. Leur intérêt principal réside dans le fait qu'ils permettent de lutter contre l'exclusion et la marginalisation en proposant une sorte de resocialisation aux chômeurs ; elles permettent aussi à l'État de diminuer les chiffres du chômage.

L'ÉCOLE : FACTEUR D'INTÉGRATION OU DE REPRODUCTION

L'école est, après la famille, le principal instrument de socialisation des jeunes. Les sociologues sont divisés sur les effets de cette socialisation ; certains pensent que l'école est un outil d'intégration à la société alors que d'autres pensent qu'elle est un outil de reproduction des inégalités sociales.

1 L'ÉCOLE EST UN FACTEUR D'INTÉGRATION SOCIALE...

A Facteur d'intégration selon E. Durkheim...

- E. Durkheim est généralement considéré comme le fondateur de la sociologie de l'éducation *(cf. fiche 11)*. Il n'a pas seulement bâti une théorie de l'éducation, il s'est activement engagé dans les débats scolaires de la IIIe République. Selon lui, l'école doit transcender les rivalités et les conflits et se conformer aux différentes évolutions de la société pour pouvoir y adapter les individus qu'elle doit socialiser.
- L'école est un instrument de socialisation qui a deux rôles principaux. Le premier est d'unifier la société autour de valeurs générales comme le respect de la patrie, de la raison et de la discipline ; ce rôle est d'autant plus important selon Durkheim que les individus sont naturellement asociaux et que l'individualisme croissant doit être contré par des valeurs et des principes forts.

  Le deuxième rôle de l'école est de préparer les individus aux différents emplois ; il s'agit là d'un rôle de qualification professionnelle.

B ... l'école est aussi un facteur de développement social

- L'école participe au développement social de l'humanité, elle permet de substituer la raison à l'obscurantisme. On s'aperçoit en effet que, dans les pays en voie de développement, l'école est le plus sûr moyen d'apporter aux individus un recul vis-à-vis de leurs traditions et vis-à-vis de la religion. Ainsi, une conséquence directe des politiques d'éducation est de faire battre en brèche le fatalisme en démontrant aux individus qu'ils peuvent jouer sur leur avenir. Ils vivent moins au quotidien et planifient davantage leur vie ; on peut d'ailleurs établir une corrélation entre la baisse du taux de natalité et le niveau moyen d'éducation dans les pays pauvres.
- Dans nos sociétés développées, l'école est aussi un facteur d'intégration et de développement. En effet, l'économie exige un niveau global de qualification élevé et la lutte contre l'illettrisme est un moyen de faire reculer l'exclusion.

  L'école est aussi un des facteurs de l'uniformisation culturelle. Quelles que soient leur région et leur catégorie sociale d'appartenance, tous les individus peuvent profiter du même enseignement primaire.

2 ... OU DE REPRODUCTION DES INÉGALITÉS

A Selon C. Baudelot et R. Establet, l'école reproduit les inégalités nées du capitalisme

■ Dans *L'école capitaliste en France* paru en 1971, Baudelot et Establet affirment que l'école est au service du capitalisme et de la reproduction sociale. L'école permet de faire perdurer l'opposition entre travail manuel et travail intellectuel et l'opposition entre prolétariat et bourgeoisie.

■ Il existerait deux réseaux différents d'éducation correspondant aux deux grandes classes sociales. Les enfants issus du prolétariat entrent dans un réseau primaire-professionnel qui reproduit la situation sociale de leurs parents et les enfants issus de la bourgeoisie entrent dans un réseau secondaire-supérieur qui lui aussi tend à la reproduction sociale. L'école contribue donc à la survie du capitalisme qui est fondé sur la division entre ces deux classes.

Seuls, de rares enfants de catégories défavorisées pourront dépasser l'obstacle du primaire et pourront, en intégrant le secondaire, espérer une ascension sociale.

L'analyse de Baudelot et Establet est fortement nuancée par la démocratisation de l'école et le fait que, maintenant, environ 65 % d'une classe d'âge parvienne au niveau du baccalauréat, mais l'étude comparative des catégories d'origine des élèves des lycées d'enseignement professionnel et des élèves des lycées d'enseignement général témoigne de la persistance des deux réseaux décrits par les auteurs.

B Selon P. Bourdieu et J.-C. Passeron, l'école participe à la reproduction sociale

■ Dans *Les héritiers* (1964) et *La reproduction* (1970), Bourdieu et Passeron expliquent les inégalités face à l'école *(cf. fiche 25)*. Leur point de vue est que la réussite scolaire est fortement déterminée par la distance entre la culture des enfants et la culture scolaire. Cette dernière est une culture savante qui utilise l'abstraction et qui privilégie la théorie et la démonstration sur la pratique et l'exemple. Cette culture scolaire est empruntée à la culture des catégories dominantes et les enfants de ces catégories ne percevant pas de rupture entre leur culture familiale et la culture scolaire ont toutes les chances de réussir leurs études et donc de rester dans la même catégorie sociale que celle de leurs parents.

Les enfants des catégories défavorisées sont au contraire victimes d'une rupture entre culture familiale et culture scolaire et peuvent donc éprouver des difficultés à s'adapter. Leur chance de réussite scolaire et d'ascension sociale est donc faible.

■ Ainsi, les catégories favorisées utilisent l'école comme un instrument de reproduction sociale, les catégories moyennes dont les modèles culturels ne sont pas fortement éloignés de ceux de l'école l'utilisent comme un instrument d'ascension sociale et les catégories populaires souvent passives et fatalistes acceptent l'échec scolaire et, par voie de conséquence, la reproduction sociale.

Si l'école reproduit en partie les inégalités sociales, elle n'en est pas moins le plus puissant instrument de mobilité sociale (cf. fiche 62). *Cette mobilité est certes loin d'être parfaite, mais elle est largement supérieure à celle des sociétés sans éducation de masse. Entre l'école parfaitement intégratrice et l'école reproduisant totalement les inégalités, il y a donc une école incapable d'assurer à tous les mêmes chances, mais qui demeure le principal outil de l'ascension sociale.*

LA DÉMOCRATISATION DE L'ENSEIGNEMENT

Durant les Trente Glorieuses, les effectifs scolaires ont fortement augmenté. L'école est de plus en plus ouverte à toutes les catégories sociales. La démocratisation de l'enseignement doit toutefois être nuancée car de nombreuses inégalités subsistent. Nous examinerons surtout le cas de la France.

1 L'ÉCOLE S'EST DÉMOCRATISÉE...

A La tendance à la démocratisation de l'école durant les Trente Glorieuses...

■ Jusqu'en 1945, l'enseignement français est largement dual. L'école primaire, ouverte à tous et sanctionnée par le certificat d'études, témoigne d'une réelle volonté de démocratisation de l'enseignement de base. L'enseignement secondaire est, quand à lui, réservé à une élite.

■ Après 1945, c'est au tour de l'enseignement secondaire de se démocratiser : le nombre d'élèves inscrits dans le second degré, largement inférieur à 3 millions en 1960, avoisine les 5 millions une quinzaine d'années plus tard.

Une politique étatique volontariste de démocratisation du second degré est à l'origine du phénomène. L'école prend une importance croissante car avec la salarisation de la population active, les liens entre diplôme et réussite sociale sont de plus en plus étroits, et parce que le progrès technique exige un niveau croissant de qualification.

La pression démographique exercée par le baby boom explique aussi l'envolée des effectifs du secondaire.

B ... s'est poursuivie depuis le début des années 70

■ La part des dépenses de l'Éducation nationale dans le PIB est passée de 6,5 % en 1975 à 7,2 % en 1993. Progressivement la durée des études augmente ; elle est, en France, en moyenne de 18,5 ans. La France est d'ailleurs l'un des pays de l'OCDE qui enregistre un taux de scolarisation des 15-29 ans des plus élevés puisque 58,4 % des jeunes de cette tranche d'âge y poursuivent des études.

La démocratisation a surtout profité aux catégories les moins favorisées ; ainsi la proportion des bacheliers parmi les personnes de 50-59 ans ayant un père ouvrier est de 9,7 % contre 19,1 % parmi les personnes de 25-39 ans.

■ À partir du début des années 70, c'est au tour de l'enseignement supérieur de commencer à se démocratiser. En 1972, les étudiants de l'enseignement supérieur sont environ 1 million et ils dépassent les 2 millions à partir de 1993. Cette forte croissance s'explique principalement par la généralisation de l'accès à la classe de Terminale puis de la poursuite des études dans le supérieur. De nos jours, plus de 65 % d'une classe d'âge parvient en Terminale et la quasi-totalité des bacheliers poursuivent des études supérieures ; celles-ci durent de plus en plus longtemps.

2 … MAIS ELLE DEMEURE TRÈS INÉGALITAIRE

A Les échecs de la démocratisation

■ Malgré le développement du système scolaire, les inégalités sont encore très fortes. Ainsi, alors que seulement 19,1 % des enfants d'ouvriers entre 25 et 39 ans sont bacheliers, 72,3 % des enfants de cadres le sont. Les enfants de cadres poursuivent plus longtemps leurs études et les réussissent globalement mieux que ceux des catégories populaires *(cf. fiches 82 et 84)*.

■ La démocratisation de l'enseignement supérieur doit aussi être nuancée :
- environ un tiers des étudiants quitte l'enseignement supérieur sans avoir obtenu de diplôme ;
- la poursuite des études n'est pas toujours le signe d'une meilleure intégration dans la société ou le signe d'une ascension sociale car nombreux sont les jeunes qui poursuivent leurs études de peur du chômage ;
- avec le sous-emploi, les diplômes les plus élevés ne permettent pas toujours d'accéder aux positions sociales les plus hautes. Comme l'a montré C.A. Anderson, à diplômes équivalents, les enfants de cadres accèdent généralement à des positions sociales plus élevées que les enfants d'ouvriers.

B Certaines filières sont plus sélectives

■ Si l'enseignement s'est démocratisé, de nombreuses filières restent sélectives. Alors qu'une grande partie des jeunes qui entrent dans les filières d'enseignement professionnel sont d'origine sociale défavorisée, les enfants de cadres sont surreprésentés dans les classes d'enseignement général qui étudient le latin. Ces derniers constituent 40 % de l'effectif des classes de Première et de Terminale S alors que leurs pères ne représentent guère plus de 10 % du total de la population active.

■ C'est dans le supérieur que les filières sont les plus inégales. Les enfants des catégories les plus favorisées rejoignent souvent les filières les plus cotées comme les classes préparatoires puis les grandes écoles. Dans ces dernières, la part des étudiants d'origine populaire s'est même réduite ces dernières années. Tous les titulaires d'un diplôme de niveau « Bac + 2 » ne se valent pas sur le marché du travail : 35,1 % des enfants de cadres deviennent cadres avec « Bac + 2 » contre 21,3 % des enfants d'ouvriers.

L'éducation s'est démocratisée et elle est devenue un instrument de mobilité, mais les inégalités face à l'école sont encore très fortes. Les grilles de lecture sont nombreuses pour expliquer l'échec scolaire ; l'inégalité peut être considérée comme le résultat de la stratégie des acteurs ou comme la conséquence d'un phénomène de reproduction sociale (cf. fiche 84).

LES INÉGALITÉS FACE À L'ÉCOLE

La réussite scolaire est largement corrélée à la catégorie sociale d'origine. Les enfants des catégories sociales favorisées poursuivent plus longtemps leurs études et ont de meilleurs résultats que les enfants des catégories sociales défavorisées. Pour expliquer ce phénomène, il est possible de faire appel à plusieurs grilles d'analyse. Certains sociologues pensent que la réussite scolaire a des déterminants individuels alors que d'autres croient qu'elle est largement liée à l'environnement social et scolaire des individus.

1 CERTAINES THÉORIES CONSIDÈRENT QUE L'INÉGALITÉ DES CHANCES A DES DÉTERMINANTS INDIVIDUELS...

A Les données biologiques et héréditaires sont parfois avancées pour expliquer l'inégalité des chances

- Nombreux sont ceux qui croient que la réussite scolaire est en grande partie déterminée par le patrimoine génétique. Ainsi, l'expérience des «bébés Nobel» aux États-Unis ou la multiplication des tests d'intelligence va dans le sens de la croyance de l'existence d'inégalités héréditaires. Déjà au XIXe siècle, H. Spencer faisait preuve de darwinisme social en estimant que les interventions de l'État visant à diffuser l'éducation étaient condamnables car elles risquaient de fausser la sélection sociale des plus aptes.
- E. Durkheim pense au contraire que les caractères génétiques sont très flous et que c'est l'histoire sociale de l'individu qui est déterminante. J.-J. Rousseau accepte aussi l'existence d'inégalités naturelles, mais il les considère bien marginales par rapport aux inégalités sociales. Effectivement, la mesure de l'intelligence paraît très difficile, d'autant plus qu'elle devrait se réaliser juste à la naissance et donc avant que l'environnement social et culturel n'ait pu entrer en jeu.

B L'individualisme méthodologique explique les inégalités par les stratégies des individus

- Raymond Boudon, chef de file de l'individualisme méthodologique, explique dans *L'inégalité des chances* publié en 1973 que les individus rationnels cherchent à optimiser leur satisfaction. Pour cela, ils se livrent à un calcul et adaptent leur stratégie en fonction de celui-ci *(cf. fiche 24)*.
- Chaque individu se livre à une optimisation sous contrainte. Il met en balance le coût relatif des études et le gain qu'il est en droit d'attendre de celles-ci. Le résultat dépend de différentes contraintes qui impliquent entre autres le milieu social d'origine : niveau de revenu, existence ou non d'un patrimoine, mais aussi habitudes culturelles.

  Dans cette optique, la scolarité est perçue comme le résultat d'une succession de choix ; à chaque étape scolaire, l'individu rationnel se demande s'il poursuit ou non ses études et si oui, dans quelle filière. Pour R. Boudon, il est alors rationnel que des enfants de milieu défavorisé, ayant des attentes différentes et des revenus plus faibles adoptent une stratégie d'études courtes.

Mais le rendement de la scolarité et du diplôme n'est pas toujours conforme aux attentes individuelles. Ainsi, alors qu'il est rationnel pour un individu de poursuivre des études longues afin d'obtenir une position sociale et une rémunération élevées, la généralisation de cette pratique conduit à une dévalorisation du diplôme du fait de l'insuffisance relative du nombre d'emplois qualifiés.

Donc, pour R. Boudon, l'individu est libre de son choix, même s'il doit composer avec différents paramètres. D'autres sociologues considèrent au contraire que ce sont ces paramètres qui sont déterminants.

2 ... ALORS QUE D'AUTRES THÉORIES METTENT L'ACCENT SUR L'ENVIRONNEMENT SOCIAL ET SCOLAIRE DES INDIVIDUS

A La réussite scolaire est déterminée par l'environnement social...

- Dans *L'école capitaliste en France* paru en 1971, Baudelot et Establet affirment que l'école reproduit l'opposition entre travail manuel et travail intellectuel et l'opposition entre prolétariat et bourgeoisie.

  Il existerait deux réseaux d'éducation différents correspondant aux deux grandes classes sociales. Les enfants issus du prolétariat entrent dans un réseau primaire-professionnel qui reproduit la situation sociale de leurs parents et les enfants issus de la bourgeoisie entrent dans un réseau secondaire-supérieur qui lui aussi tend à la reproduction sociale.

  Seuls, de rares enfants de catégories défavorisées dépasseront l'obstacle du primaire et pourront, en intégrant le secondaire, espérer une ascension sociale.

- Dans *Les héritiers* (1964) et *La reproduction* (1970), Bourdieu *(cf. fiche 25)* et Passeron expliquent les inégalités face à l'école par les différences de dotation en capital économique et social, mais surtout culturel. La proximité entre la culture de l'école et celle des catégories dominantes favorise la réussite scolaire des enfants de ces dernières.

  Les enfants des catégories défavorisées sont au contraire victimes d'une rupture entre culture familiale et culture scolaire et peuvent donc éprouver des difficultés à s'adapter. Leur réussite scolaire est donc plus aléatoire.

B ... mais aussi par l'environnement scolaire

- En 1969, Robert Rosenthal et Lenore Jacobson ont publié *Pygmalion à l'école. L'attente du maître et le développement intellectuel des élèves* où ils relatent une expérience éloquente. Ils avaient affirmé à des enseignants disposer d'un test capable de détecter les élèves dont on pouvait espérer des progrès rapides, alors qu'ils avaient choisi certains élèves au hasard. Quelques temps plus tard, les élèves qui avaient été désignés à leurs maîtres comme de bons élèves potentiels avaient réellement fait de gros progrès et leur quotient intellectuel s'était même amélioré.
- Il existerait donc une pédagogie implicite de la part des maîtres et les élèves seraient fortement influencés par la façon d'être des professeurs. L'attitude général d'un professeur face à chacun de ses élèves, sa réaction face aux succès ou aux échecs seraient donc fortement déterminantes sur la réussite scolaire.
- D'autres études ont mis en avant le style de fonctionnement des classes ; ainsi un fonctionnement démocratique aurait un meilleur rendement qu'un fonctionnement autoritaire, ayant lui-même un rendement supérieur à celui d'un fonctionnement anarchique.

Chaque individu dispose d'une marge de choix, mais il doit aussi composer avec des contraintes qui lui sont imposées par la société. Chaque individu est unique, mais il est aussi l'exemplaire d'un type social. La probabilité de réussite scolaire résulte donc de tous ces facteurs.

FICHE 85

NIVEAU SCOLAIRE ET ILLETTRISME

En 1989, C. Baudelot et R. Establet, s'opposant à ce que ressentent beaucoup d'enseignants, ont fait paraître un livre au titre provocateur de Le niveau monte. Réfutation d'une vieille idée concernant la prétendue décadence de nos écoles. *L'opinion publique considère au contraire que la démocratisation de l'école, c'est-à-dire l'accès de la majorité des individus à l'éducation, s'accompagne inévitablement d'une baisse des exigences scolaires et des connaissances requises ainsi que d'une dévalorisation des diplômes. Nombreux sont ceux qui soutiennent que le certificat d'étude d'autrefois était au moins équivalent au baccalauréat d'aujourd'hui. En réalité, cette conception doit nettement être nuancée, même si le nombre de personnes concernées par l'illettrisme reste très important.*

1 EN FRANCE, LE NIVEAU GÉNÉRAL A TENDANCE À MONTER...

A La démocratisation de l'enseignement s'est accompagnée d'une augmentation du niveau moyen des connaissances

■ La démocratisation de l'enseignement est un phénomène ancien *(cf. fiche 83)*. Avant 1945, seul l'enseignement primaire était vraiment ouvert à tous. Après 1945, c'est au tour de l'enseignement secondaire de se démocratiser. Le nombre d'élèves inscrits dans le second degré, largement inférieur à 3 millions en 1960, avoisine les 5 millions une quinzaine d'années plus tard.

Progressivement la durée des études augmente, elle est, en France, en moyenne de 18,5 ans.

À partir du début des années 70, c'est au tour de l'enseignement supérieur de commencer à se démocratiser. En 1972, les étudiants de l'enseignement supérieur sont environ 1 million et ils dépassent les 2 millions à partir de 1993. Cette forte croissance s'explique à la fois par la démocratisation de l'enseignement secondaire et la généralisation de la poursuite des études dans le supérieur.

■ La démocratisation de l'enseignement a permis d'augmenter sensiblement le niveau moyen de connaissances de la population. Ainsi, en France, une étude portant sur les compétences en mathématiques montre que le niveau moyen des jeunes de 13 ans a progressé de 4 points sur 100 entre 1964 et 1982. Les tests passés par les conscrits permettent aussi de rendre compte de l'augmentation du niveau moyen de la population et de la diminution du pourcentage d'individus « illettrés » ou « semi-illettrés » (de 10,5 % en 1961 à 8,5 % en 1985). Il est à noter que les progrès enregistrés en France sont largement supérieurs à ceux de la moyenne des pays développés.

B La dévalorisation des diplômes est à nuancer

■ Pour l'opinion publique, la démocratisation de l'enseignement conduit à une dévalorisation des diplômes. L'accès du plus grand nombre au baccalauréat se serait accompagné d'une diminution des exigences de l'école. Cela expliquerait pourquoi les mêmes emplois requièrent des diplômes plus élevés.

■ En réalité, la dévalorisation des diplômes n'est effective que par rapport à l'emploi et s'explique par une augmentation plus rapide du nombre des diplômés que celui des emplois qualifiés.

Il n'y a pas, en revanche, de dévalorisation des diplômes par rapport au niveau de connaissances. Le niveau requis dans chaque classe ne diminue pas. Les tests d'entrée en sixième montrent au contraire que, depuis 1980, le niveau moyen des élèves augmente en français et en mathématiques. Dans le même ordre d'idées, les tests passés par les conscrits montrent que les bacheliers ont en 1993 un niveau supérieur à celui de 1981. Les mêmes résultats se retrouvent pour les conscrits diplômés de l'enseignement supérieur. En revanche, le niveau général des jeunes ayant suivi des filières techniques et professionnelles ou de ceux qui ont arrêté leurs études avant le baccalauréat a tendance à diminuer.

2 ... MAIS L'ILLETTRISME RESTE TRÈS IMPORTANT

A L'ampleur de l'illettrisme

■ L'illettrisme est un phénomène plus large que l'analphabétisme. Les personnes « illettrées» ont des difficultés dans la maîtrise de la lecture et de l'écriture dans la vie courante. L'illettrisme est bien sûr un phénomène relatif dont les frontières sont difficiles à tracer.

■ Sur les 2,3 millions de personnes qui souffrent de l'illettrisme en France, environ 1 million sont des personnes dont la langue maternelle n'est pas le français. Plus de 500 000 sont des personnes de plus de 65 ans qui ont pu oublier certaines notions, mais surtout qui ont été scolarisées à une époque où la scolarité n'était obligatoire que jusqu'à douze ans et où les travaux des champs puis de l'usine primaient sur les travaux scolaires. Plus de 700 000 individus touchés par l'illettrisme sont d'origine française et ont moins de 65 ans. Plus de 20 % d'entre eux sont titulaires d'un diplôme au moins équivalent au CAP, mais ils ont perdu une partie de leurs compétences en raison d'un manque de pratique de la lecture et de l'écriture après la fin de leur scolarité.

B L'illettrisme favorise la marginalisation sociale

■ Les problèmes d'illettrisme des parents sont toujours des sources de difficulté pour la scolarité des enfants. L'illettrisme tend ainsi à se reproduire d'une génération à l'autre.

■ L'illettrisme participe aussi à l'exclusion sociale et à l'exclusion du marché du travail. Ainsi, 72 % de ceux qui ont du mal à maîtriser la langue sont au chômage. Parmi ceux qui ont effectivement un emploi, on remarque une proportion importante d'emplois aidés et d'emplois exigeants des conditions de travail physiquement pénibles et répétitives.

L'augmentation du niveau moyen des connaissances d'une population participe à l'amélioration de la vie économique et sociale. Ceux qui sont exclus de ce phénomène d'amélioration de la formation subissent une exclusion sociale plus large.

PARTIE X

FAMILLE, CONSOMMATION ET MODE DE VIE

FICHE 86

LES FORMES FAMILIALES

Les formes familiales sont très diverses car elles résultent de nombreux facteurs : facteurs démographiques comme l'âge du mariage ou la fécondité, facteurs économiques comme la taille des propriétés et la structure en secteurs d'activité, facteurs juridiques comme le droit successoral et enfin facteurs religieux. L'étude de l'évolution des formes familiales montre néanmoins une grande stabilité de celles-ci.

1 LA DIVERSITÉ DES FORMES FAMILIALES

A Les formes familiales sont diverses

■ Nos sociétés occidentales sont des sociétés monogames, mais la grande majorité des sociétés traditionnelles étaient polygames. La polyandrie (une femme a plusieurs maris) est très rare, contrairement à la polygynie (un homme a plusieurs femmes) qui est très fréquente et qui résulte de nombreux facteurs :

- volonté d'augmenter la descendance, d'autant plus que, dans ces sociétés, le sevrage est souvent très long ;
- symbole de richesse ;
- source de richesse car les femmes travaillent ;
- multiplication des alliances avec d'autres clans.

Parfois la polygynie prend des formes particulières ; c'est par exemple le cas de la polygynie sororale (un homme se marie avec plusieurs sœurs) comme en Chine, de la polygynie des chefs (alors que le reste de la société est monogame) étudiée par Claude Lévy-Strauss au Brésil ou de la polygynie sérielle en Afrique où un homme épouse successivement plusieurs femmes.

■ Dans nos sociétés occidentales, il est habituel de différencier trois grands types de famille selon la classification de Frédéric Le Play (1871) :

- un modèle de famille nucléaire caractérisé par l'absence de cohabitation des enfants mariés et de leurs parents, ainsi que par un partage successoral égalitaire ;
- un modèle de famille-souche qui regroupe trois générations dans un même foyer (les parents, le couple formé par l'héritier, sa femme et leurs enfants). Le partage successoral est inégalitaire car un seul enfant hérite de l'exploitation, les autres bénéficient de donations ;
- un modèle de famille communautaire qui regroupe les parents et tous les fils mariés (et leurs femmes et enfants) sous un même toit. Le partage successoral est égalitaire.

B Les familles françaises de l'Ancien Régime

■ Dans le Nord de la France, la famille était de type nucléaire. Ces familles étaient restreintes ; leur dimension moyenne ne dépassait guère plus de quatre ou cinq membres. En effet, les naissances étaient assez nombreuses mais souvent espacées et les enfants quittaient rapidement le domicile familial pour être embauchés comme domestiques ou comme apprentis. Le mariage était tardif (souvent plus de 25 ans car les individus doivent s'établir avant). Cette forme familiale privilégiait la mobilité et l'esprit d'entreprise.

- La famille-souche était surtout présente dans le Sud. Elle regroupait souvent plus de huit personnes sous un même toit. Le père n'émancipait pas l'héritier et gardait la direction du groupe familial tant qu'il le pouvait. Cette forme familiale permettait de ne pas morceler la propriété, elle était donc la formule la plus adaptée à la propriété de taille moyenne. Le mariage était assez précoce de façon à exclure rapidement du groupe familial ceux qui ne devaient pas y rester.
- La famille communautaire était surtout présente dans le centre de la France. Elle procédait d'une logique intermédiaire entre celle de la famille nucléaire et celle de la famille-souche : la succession était égalitaire, mais plusieurs générations vivaient sous un même toit.

2 La famille se nucléarise, mais une certaine continuité peut être remarquée

A La thèse de l'évolution de la famille élargie vers la famille nucléaire...

- Avec le développement économique et l'industrialisation, on serait passé d'un modèle de famille élargie à un modèle de famille restreinte. Cette évolution résulte, pour Émile Durkheim, de la division sociale du travail. Talcott Parsons *(cf. fiche 18)* a insisté sur le rôle de l'individualisme dans la nucléarisation de la famille ; la famille nucléaire serait plus adaptée aux exigences de mobilité des sociétés industrielles. La famille moderne n'est plus une unité de production, le salariat n'est plus compatible avec une forme familiale élargie, autoritaire et peu mobile.

  La famille nucléaire moderne est une famille « isolée », elle est repliée sur elle-même et n'est pas insérée dans un large réseau de parenté comme la famille nucléaire de l'Ancien Régime.
- Les formes familiales résultent de l'environnement économique, social et juridique. La consommation de masse, l'urbanisation, la libération des mœurs et l'individualisme ont donc profondément transformé le modèle familial qui serait passé d'un modèle patriarcal (avant 1945) à un modèle conjugal dans lequel l'homme n'est plus le seul pourvoyeur de ressources (la femme est encore assujettie aux travaux ménagers, mais elle peut travailler à titre complémentaire), puis à une famille associative dont les « deux apporteurs » contribuent presque à égalité aux besoins du ménage.

B ... doit être nuancée

- Une étude approfondie de la famille de l'Ancien Régime montre une grande similarité avec la famille moderne : âge tardif du mariage, rareté du célibat définitif, espace important entre les naissances successives, taux très faible de naissances illégitimes... L'image de la famille nombreuse composée de couples unis très jeunes et rapidement très féconds procède en grande partie d'un mythe.
- Selon Emmanuel Todd, « les quelques plongées rétrospectives réalisées à ce jour ont mis en évidence une formidable stabilité, portant un coup final aux vieux schémas évolutionnistes concernant l'histoire de la famille ». Ainsi, la famille nucléaire n'est pas un modèle familial nouveau, elle était déjà présente dans le Nord de la France et c'est encore là qu'elle est la plus représentative. Il est vrai que la famille s'est nucléarisée, mais c'est encore dans le Sud et surtout dans le Sud-Ouest que l'on rencontre de nombreux « ménages complexes » ayant des formes différentes de la famille nucléaire ; survivance du passé, ces ménages complexes sont aussi le résultat des difficultés économiques qui obligent les jeunes à demeurer plus longtemps chez leurs parents.

Les formes familiales sont diverses. La tendance générale est celle de la nucléarisation de la famille, mais cette tendance ne doit pas cacher une certaine stabilité de l'institution familiale.

FICHE 87

LES FONCTIONS DE LA FAMILLE

La famille a de nombreuses fonctions. Son premier rôle est, d'après l'Église, la procréation. Mais en plus de ce rôle biologique, la famille a des fonctions économiques et sociales. Elle était dans la société traditionnelle le groupe social le plus important qui remplissait de nombreuses fonctions indispensables comme la production ou la consommation. Avec le développement économique et social, les fonctions économiques de la famille perdent un peu d'importance ; en revanche, les fonctions sociales restent centrales.

1 Les fonctions économiques de la famille perdent progressivement de l'importance

A La famille remplissait trois fonctions économiques principales...

- La première fonction traditionnelle de la famille est la fonction successorale. Cette fonction, appelée aussi patrimoniale, permet de doter les enfants d'un certain patrimoine dont dépendra leur situation économique et sociale. Chaque génération successive se devait généralement de grossir ce patrimoine familial.
- La seconde fonction économique est la fonction de production. La famille était dans la société agricole et artisanale l'unité de production de base. Sous l'Ancien Régime et avant l'apparition des grandes entreprises et du salariat, la quasi-totalité de la production nationale était réalisée dans le cadre familial.
- La troisième fonction économique de la famille est la fonction de consommation ; c'est en effet dans le cadre familial que s'effectue la consommation des ménages. Cette fonction, contrairement aux deux autres fonctions économiques, ne s'estompe pas avec la société moderne ; au contraire, la consommation de biens durables et de loisirs devient un objectif central de la famille.

B ... mais deux d'entre elles ont tendance à perdre de l'importance

- La fonction patrimoniale de la famille est moins importante. Avec l'extension du salariat, le capital économique, pour reprendre l'expression de P. Bourdieu, perd de l'importance au profit du capital culturel. Rares sont les professions qui exigent encore un patrimoine ; dans la plupart des cas, le diplôme est plus influent pour déterminer la situation sociale et le niveau de revenu des individus.
- La fonction familiale de production perd aussi de son importance. Nos sociétés modernes ne sont plus menacées par la disette, elles sont de moins en moins agricoles et la production de nourriture n'est plus une fonction de la famille. Le nombre de travailleurs indépendants et d'entreprises individuelles diminue fortement. C'est à l'extérieur de la famille que s'effectue maintenant l'essentiel de la production.

2 LES FONCTIONS SOCIALES DE LA FAMILLE DEMEURENT ESSENTIELLES

A La famille remplit une fonction de socialisation et de transmission des valeurs

■ La fonction de socialisation demeure l'une des fonctions principales de la famille. Encore plus que l'école, c'est la famille qui transmet les principales valeurs de la société et du groupe social.

Annick Percheron distingue quatre grands domaines de transmission des valeurs :

– le premier domaine est celui de la transmission des valeurs liées au travail et à la profession ; la transmission du métier de père en fils est moins automatique qu'auparavant, mais la mobilité sociale est loin d'être parfaite et le sentiment d'appartenance à un groupe, le groupe ouvrier par exemple, reste souvent fort ;

– les comportements domestiques et les rapports de sexes sont aussi transmis au sein de la famille et force est de remarquer que le modèle social traditionnel de répartition des rôles demeure largement dominant ;

– la transmission des croyances religieuses est aussi une des fonctions traditionnelles de la famille ; dans les milieux très pratiquants, cette transmission s'effectue encore d'une façon presque parfaite, mais ce n'est plus le cas dans la plupart des autres milieux ;

– en revanche, les valeurs liées à l'idéologie et au choix politique se transmettent assez facilement des parents aux enfants ; en raison d'une certaine banalisation du phénomène politique (la politique n'est plus un sujet tabou), la transmission des choix politiques s'effectue de mieux en mieux.

■ La famille dispose de deux instruments principaux de socialisation et de transmission des valeurs. Il s'agit d'abord de la socialisation inconsciente fondée sur l'imprégnation implicite ; les parents sont en effet les premiers référents des enfants. Il s'agit ensuite de la socialisation consciente que l'on peut définir comme l'éducation et l'apprentissage explicite des normes et des règles de comportement.

B La famille demeure un lieu important de solidarité

■ La famille a été pendant longtemps le seul lieu de solidarité entre les générations ; après avoir été nourris et logés par leurs parents, les enfants leur devaient ensuite la réciproque. Les services de protection sociale prennent maintenant en charge une partie de ce rôle, mais la famille n'en demeure pas moins un lieu important de solidarité.

■ La solidarité entre générations d'une même famille demeure en effet très forte. Il est possible de distinguer trois types d'aides : les aides financières comme les dons et les prêts, les aides domestiques comme l'entretien du ménage ou la garde des enfants et les aides sociales comme les démarches administratives.
Si les aides financières s'effectuent principalement vers les descendants, les aides domestiques et les aides sociales s'échangent largement entre les trois générations (enfants adultes, parents et grands-parents). C'est la génération intermédiaire qui fournit aux autres générations le plus d'aides et de services ; la quasi-totalité des individus de cette génération déclarent aider leurs parents ou leurs enfants.
La fonction de solidarité de la famille se fortifie avec la crise économique car les enfants restent de plus en plus tardivement sous le toit de leurs parents.

La famille conserve donc des fonctions essentielles dans la société moderne. On se marie de plus en plus par amour, les enfants prennent une place grandissante dans la famille ; les liens affectifs semblent donc avoir remplacés en partie les liens économiques.

FICHE 88

LA CONJUGALITÉ EN FRANCE

La constitution d'une famille passe par la formation du couple qui peut être officialisée ou non par le mariage. Le choix du conjoint résulte de nombreux critères, mais on peut remarquer une tendance forte à l'homogamie sociale (mariage avec un conjoint appartenant au même groupe social que le sien) et à l'endogamie géographique (mariage avec un conjoint originaire d'un même lieu).

1 LE CHOIX DU CONJOINT

A Homogamie sociale et endogamie géographique

■ Sous l'Ancien Régime, l'homogamie sociale est la règle. Chacun doit se marier en fonction de son rang et de sa condition. Chez les catégories aisées, le mariage résulte d'une stratégie d'alliance, souvent conclue grâce à un entremetteur. Du point de vue géographique, le mariage dans ces milieux est relativement exogame ; les bourgeois vont souvent chercher leurs conjoints dans d'autres villes, les nobles dans d'autres provinces et les princes dans d'autres pays.

Chez les catégories populaires les conjoints habitent généralement le même village ou le même quartier. L'homme a généralement le droit de choisir son épouse lorsqu'il respecte les règles d'homogamie sociale et d'endogamie géographique.

■ Dans son étude sur le choix du conjoint, A. Girard montre que dans la société actuelle l'homogamie sociale est encore forte *(cf. fiche 63)*, tout particulièrement aux extrémités de l'échelle sociale alors qu'elle est plus limitée pour les catégories moyennes salariées.

L'homogamie est également culturelle, mais, quand les diplômes sont différents, c'est généralement l'homme qui est le plus diplômé, ne serait ce que parce qu'il est rare que la femme soit dans une catégorie sociale plus élevée que celle du mari et parce que le rendement des diplômes des hommes est généralement supérieur à celui des femmes.

En revanche, l'exogamie géographique a fortement augmenté et est d'autant plus élevée que la catégorie sociale est aisée.

B Lieux et circonstances de rencontre

■ Dans les années 20, les deux tiers des futurs mariés se rencontraient pour la première fois au bal. Cette proportion n'est plus que d'un tiers dans les années 70. De plus en plus, les lieux de rencontre sont les lieux de travail, d'étude et de loisir. Les catégories défavorisées se rencontrent surtout dans les cafés, les bals et les fêtes publiques alors que les catégories favorisées se rencontrent davantage dans des lieux plus fermés comme le monde du travail, les associations ou les lieux d'étude.

■ Les couples déclarent de plus en plus se marier par amour, ce qui semble en partie contredire le constat d'homogamie. Mais les lieux et les circonstances de la première rencontre peuvent donner des éléments d'explication à cette homogamie. Les différentes catégories sociales ne fréquentent pas les mêmes lieux. Selon M. Bozon, « la segmentation sociale des lieux de sociabilité fraie la voie à l'homogamie ».

2 CÉLIBAT, UNION LIBRE ET DIVORCE

A L'alternative au mariage : célibat et union libre

- Le célibat est une caractéristique de nos sociétés occidentales car il demeure très faible dans les autres sociétés. Sous l'Ancien Régime, le célibat résultait de nombreux facteurs : il était valorisé par la religion ; il permettait de moins morceler les successions et il était subi par de nombreux pauvres qui n'avaient pas les moyens de s'établir. Au XIXe, le célibat des hommes était un signe de liberté voire de libertinage, alors que celui des femmes était plutôt dévalorisant. La diffusion des moyens contraceptifs a permis aux femmes de mener à leur tour « une vie de garçon ».

  De nos jours, chez les hommes, le célibat est plus fréquent au bas de l'échelle sociale et chez les agriculteurs à cause des contraintes de la vie rurale et parce que le mariage est souvent considéré par les femmes comme un moyen de promotion sociale comme l'explique F. de Singly.

  Ce sont au contraire les femmes les plus diplômées et issues des milieux les plus aisés qui se marient le moins. Selon F. de Singly, le mariage, conçu comme stratégie de promotion, est inutile si cette promotion peut se réaliser par la voie professionnelle *(cf. fiche 89)*.

- En France, le nombre des couples cohabitant en union libre est passé de 300 000 en 1962 à presque 2 000 000 au début des années 90.

  L'union libre peut être considérée de deux façons différentes : comme un rejet du mariage ou comme un « mariage à l'essai ». L'union libre prend ainsi parfois la forme d'une cohabitation prénuptiale, mais l'augmentation des naissances hors-mariage et la part importante des divorcés vivant en union libre semblent être symptomatiques d'un certain rejet du mariage. Ainsi, le modèle du mariage précoce, qui se prolonge toute la vie, recule au profit d'une grande diversité de formes de conjugalité ou de vie solitaire.

  L'union libre est très rare dans le monde agricole car le contrôle social et la tradition y sont prégnants et parce que la formation des couples a souvent des conséquences patrimoniales, mais elle est assez fréquente chez les catégories supérieures. Assez usuelle chez les chômeurs, qui avant de régulariser une union, préfèrent souvent trouver un emploi, l'union libre est plus courante à la ville qu'à la campagne et elle est bien sûr assez rare dans les milieux très catholiques.

B L'achèvement du mariage : le divorce

- Après une hausse importante à partir des années 60 et une accélération notoire à partir de 1975 quand le consentement mutuel a été légalisé, le nombre des divorces tend à se stabiliser depuis la fin des années 80 en raison surtout de la baisse de la nuptialité. Les divorces sont de plus en plus précoces et le maximum de la divortialité se situe à la quatrième année de mariage. Le divorce est surtout demandé par les femmes et les principaux facteurs de risque sont la précocité du mariage, les naissances prénuptiales ou bien encore l'absence d'enfants.

- Il est possible de dégager certaines caractéristiques sociales du divorce. Ainsi, rare chez les indépendants et surtout chez les agriculteurs, le divorce est plus fréquent chez les salariés. Plus le groupe social est favorisé, plus le divorce est prononcé par consentement mutuel. Le taux de divortialité est plus élevé quand la femme est active. Plus courant à la ville qu'à la campagne, le divorce dépend également de la pratique religieuse ; il est faible dans les milieux catholiques.

Si la formation des couples continue à répondre à des règles homogamiques, la conjugalité prend des formes de plus en plus diverses. Le mariage n'est plus le modèle unique, la famille moderne se caractérise par une grande flexibilité.

FICHE 89

MARIAGE : COOPÉRATION OU DÉPENDANCE

Lorsqu'une personne se marie, elle déclare généralement le faire par amour. Il n'en demeure pas moins que cet amour se fonde généralement sur un système cohérent de choix et sur certaines attentes. Les attentes ne sont pas seulement affectives, elles peuvent aussi concerner le mode relationnel entre les deux conjoints qui peut être fondé sur plus ou moins d'autonomie ; chaque conjoint peut aussi espérer une modification de sa situation sociale grâce au mariage.

1 ATTENTES ET MODES RELATIONNELS

A Les qualités attendues du conjoint

■ Dans la société traditionnelle, le choix du conjoint n'était pas guidé par des considérations affectives *(cf. fiche 63)*. Le mariage était généralement guidé par des nécessités économiques ou sociales, c'était un mariage d'intérêt. En revanche, dans la société moderne, le mariage est généralement un mariage d'amour. Cela se traduit par une liberté accrue concernant le choix du conjoint, bien que la femme, traditionnellement demandée en mariage, profite parfois d'une liberté moindre que l'homme.

■ Le mariage, même s'il est fondé sur des jugements amoureux, résulte d'une certaine stratégie plus ou moins consciente. Les jugements de goût qui peuvent se transformer en jugements amoureux ont une certaine cohérence ; ces jugements varient d'un milieu à l'autre, mais aussi d'un sexe à l'autre.

F. de Singly et M. Bozon montrent que les femmes des catégories populaires apprécient les hommes pour leur solidité et leurs qualités morales (sérieux, courage, travail, fiabilité) alors que les femmes des catégories favorisées les apprécient surtout pour leur éducation sociale et scolaire et pour leurs qualités intellectuelles.

Tous milieux sociaux confondus, les hommes recherchent en priorité chez les femmes les qualités physiques et relationnelles alors que les femmes mettent en valeur les qualité intellectuelles, morales et la position sociale.

B Le mariage : fusion ou autonomie

■ La vie de couple peut se décliner de multiples façons ; on a l'habitude de distinguer deux types de mode relationnel : l'autonomie et la fusion. Dans le premier mode, les conjoints conservent une certaine indépendance et fondent une «famille association » alors que dans le second cas, les conjoints cherchent à créer des liens affectifs et des liens de solidarité très denses, le «nous-couple» prime sur le «moi».

Les couples fusionnels se caractérisent généralement par une division stricte du travail, alors que les couples privilégiant l'autonomie cherchent à répartir plus également les tâches ; le mode relationnel des couples vivant en union libre est généralement plutôt autonome.

■ Fusion et autonomie ne s'opposent pas totalement, la plupart des mariages combinent ces deux modes relationnels. La plupart des couples recherchent la fusion dans des domaines tels que l'argent (le principe communautaire de l'utilisation et de la gestion du budget prime largement sur le principe séparatif), l'utilisation du temps et les sentiments, mais ils recherchent l'indépendance dans le domaine des idées et des croyances. Il est aussi à noter que les enquêtes montrent que l'autonomie est une exigence plus souvent demandée par les femmes que par les hommes ; cette différence tient peut-être au fait que dans le mode fusionnel, la dépendance réciproque n'a souvent pas la même ampleur et que l'homme tient souvent le rôle de chef de famille.

2 « Fortune et infortune de la femme mariée »

A Certains sociologues mettent l'accent sur l'intérêt divergent des époux et sur l'appauvrissement de la femme mariée…

- La femme se charge des tâches domestiques souvent peu valorisantes. C. Delphy considère que le mariage est un mode de production domestique se caractérisant par l'extorsion d'un travail gratuit à toute une catégorie de la population : les femmes. Ce phénomène est encore plus visible chez les indépendants car le travail des femmes ne correspond pas seulement à du travail domestique, il s'agit ici d'une participation non rémunérée à la production nationale. D'ailleurs, dans certaines professions indépendantes, l'installation ne peut être envisagée qu'après le mariage.
- Le mariage peut contribuer à dévaloriser la richesse sociale des épouses ; d'une part de nombreuses études ne définissent la position sociale des femmes que par rapport à celle de leurs maris et d'autre part les enquêtes montrent que les femmes actives, à niveau de diplôme équivalent ont plus de chance d'occuper un emploi socialement plus élevé si elles restent célibataires. Souvent, la réussite professionnelle des hommes résulte d'une mobilisation conjugale, alors que la réussite professionnelle des femmes résulte d'une mobilisation individuelle.

  La grande perdante du mariage serait donc la femme qui, qu'elle soit active ou non, subirait un appauvrissement social et une sorte d'exploitation par son mari. Le grand gagnant du mariage serait au contraire l'homme.

B … mais cette thèse peut être nuancée

- La répartition sexuelle des tâches conduisant la femme à s'occuper du travail domestique est une réalité, que l'on retrouve même chez des couples jeunes. Elle ne conduit pas forcément à l'aliénation de la femme. Les intérêts de l'épouse ne sont pas forcément opposés à ceux du mari. Ainsi M. Chaudron remarque que les femmes mariées les plus dépendantes de leurs maris (celles qui sont non actives) sont celles qui sont les plus « enchantées » de faire la cuisine. De plus, la familiarisation des budgets et des choix de dépenses semble montrer une certaine coopération et non une divergence entre les époux.
- Dans *Fortune et infortune de la femme mariée* paru en 1987, F. De Singly explique que le choix d'un mari peut correspondre à une stratégie de valorisation sociale pour la femme. Sa situation professionnelle risque d'être dévalorisée, mais elle peut tirer partie de la situation sociale de son mari et donc être valorisée par ce biais. Son niveau scolaire, même si elle est inactive, n'est pas inutile ; il constitue une « valeur ajoutée » sur le marché matrimonial (elle aura donc plus de chance de trouver un conjoint répondant à ses attentes) et il concourt largement à la formation du capital culturel de ses enfants. La femme mariée inactive peut aussi, en organisant la sphère domestique et en contribuant aux réseaux de relations, participer à l'ascension sociale de son mari et, par voie de conséquence, en tirer des dividendes.

L'inégalité des hommes et des femmes dans la répartition des tâches et dans la réussite professionnelle est une chose avérée. Il semble que les hommes aient intérêt à se marier alors que les femmes y perdraient en indépendance et en probabilité de réussite professionnelle. Mais les attentes et les liens de dépendance varient d'une personne à l'autre, d'un couple à l'autre ; la thèse de l'appauvrissement du capital des femmes par le mariage doit donc être nuancée car elle est normative et fondée sur un jugement de valeur.

FICHE 90

LA CRISE DE LA FAMILLE

De nombreux indicateurs comme la diminution du nombre des mariages ou l'augmentation du nombre des divorces peuvent faire croire en une crise de l'institution familiale. En réalité, la famille se transforme, elle n'est pas en crise car les liens familiaux sont de plus en plus étroits.

1 L'INSTITUTION FAMILIALE TRAVERSERAIT UNE CRISE...

A La crise de la nuptialité et l'augmentation du nombre de divorces...

■ La nuptialité est en crise. Le nombre des mariages diminue fortement : il est passé de plus de 400 000 par an en France au début des années 70 à 254 000 en 1995. Les couples se marient de plus en plus tardivement et l'union libre progresse fortement *(cf. fiche 88)*. Ainsi, en 1993, 39% des naissances sont des conceptions hors mariage. Il n'existe plus une figure unique de famille, mais un grand nombre de formes différentes : couple marié, union libre, famille monoparentale, célibat définitif ou succession de séquences de couple et de célibat.

■ Un autre aspect de cette supposée crise de la famille est la diminution de la fécondité qui concerne tous les pays industrialisés depuis le début des années 70. La taille des familles est de plus en plus restreinte car les enfants sont moins nombreux et parce que rarement plus d'une génération cohabite dans une même famille.

■ De plus, le nombre des divorces augmente fortement depuis le milieu des années 60 *(cf. fiche 88)*. 115 000 divorces ont été prononcés en 1994, soit presque la moitié du nombre des mariages. Les divorces sont de plus en plus précoces : c'est après quatre ans de mariage que les divorces sont les plus nombreux.

B ... semblent indiquer une crise de la famille

■ La crise de la nuptialité semble être un indicateur d'une désagrégation de la famille. Celle-ci résulte de nombreuses mutations économiques et sociales. Il faut citer la libéralisation des mœurs des années 60 et 70. Le travail et l'émancipation des femmes a aussi certainement joué un rôle important ; dans la plupart des cas, c'est par les femmes qu'est demandé le divorce.

■ Le cadre institutionnel joue aussi un rôle important. Ainsi, le divorce par consentement mutuel existe en France depuis 1975. Les organismes d'État reconnaissent de plus en plus l'union libre : les concubins peuvent exercer une autorité parentale conjointe depuis 1987 et le Trésor public traite maintenant de la même façon les couples mariés et les non mariés.

2 ••• MAIS ELLE SUBIT PLUTÔT DE PROFONDES MUTATIONS

A La famille demeure un lieu de socialisation et de solidarité

■ Quelle que soit sa forme, la famille continue à remplir son rôle de socialisation. Elle partage ce rôle avec l'école, mais elle en est de loin le premier instrument car la socialisation dans le cadre familial débute dès les premiers instants de la vie de l'enfant.

■ La famille demeure le lieu principal où s'exerce la solidarité. La solidarité familiale se renforce avec la crise. Que les aides soient financières, domestiques ou sociales, elles sont très fortes et lient étroitement les générations.

Cette solidarité peut aussi être constatée au niveau du couple. De plus en plus, la gestion du budget du ménage n'est plus du seul domaine de l'homme et les deux conjoints sont financièrement solidaires. Il faut aussi noter que le régime de la communauté des biens est de plus en plus fréquent au détriment de celui de la séparation des biens.

B Les liens affectifs sont de plus en plus forts

■ La famille est de moins en moins soudée par des liens économiques, ce sont les liens affectifs qui maintenant jouent ce rôle. Alors que dans les sociétés traditionnelles, le choix du conjoint était guidé par la tradition et la nécessité économique, celui-ci est dorénavant guidé par l'amour. Ce lien affectif est l'une des causes de la montée du divorce puisque les couples ont tendance à se séparer lorsqu'ils ne s'aiment plus.

Philippe Ariès a montré que le « sentiment de l'enfance » est récent. L'enfant n'était pas reconnu en tant que tel jusqu'au XVIe siècle dans les classes dirigeantes et jusqu'au début du XXe siècle dans les classes populaires. L'affection portée par les parents aux enfants est donc une des caractéristiques de la société moderne ; les parents ont des devoirs d'affection et d'éducation et c'est afin de mieux être à même de remplir ces devoirs que certains préfèrent limiter leur nombre d'enfants.

■ Tous les sondages témoignent de la résistance de certaines valeurs comme la fidélité et la volonté de réussir sa vie de couple et sa vie de famille. La majorité des jeunes déclarent entretenir de bonnes relations avec leurs parents.

De plus, l'union libre ne signifie pas toujours un rejet du mariage ; elle prend souvent la forme d'une cohabitation prénuptiale et témoigne de la volonté de réussir absolument son mariage et sa vie familiale.

Ce n'est pas l'institution familiale qui est rejetée, mais la nuptialité et la famille traditionnelle fondée sur la stabilité conjugale et sur une division très stricte des rôles. La famille moderne, qui se caractérise par une exigence de liberté, n'est pas en crise.

La phrase de G. Simmel peut parfaitement s'appliquer à la famille: « la vie, qu'elle soit biologique, psychologique, historique ou sociale, est sans cesse confrontée à ce mouvement contradictoire de l'unification et de la désagrégation, la faisant constamment renaître sous de nouvelles formes ».

FICHE 91

LES DÉTERMINANTS DE LA CONSOMMATION

La consommation est à la fois un fait social et un fait économique ; elle a donc, par voie de conséquence, des déterminants sociaux et économiques. Le déterminant principal est le revenu, mais les déterminants sociaux et individuels parmi lesquels il faut citer l'âge et la situation professionnelle, ne sont pas négligeables. Après avoir présenté les principaux déterminants de la consommation, nous montrerons que celle-ci est un acte symbolique et social.

1 LA CONSOMMATION A DIFFÉRENTS DÉTERMINANTS...

A Le premier déterminant de la consommation est le revenu

■ La consommation des ménages est une fonction croissante du revenu. Ainsi, en 1989, un couple avec deux enfants consacrait en moyenne 180 000 francs à sa consommation ; cette somme n'était que de 141 000 francs pour les familles ouvrières, mais de 269 000 francs pour les familles de cadres et de professions libérales *(cf. fiche 93)*.

Selon la « loi psychologique fondamentale » de l'économiste John Maynard Keynes, lorsque le revenu augmente, les dépenses de consommation augmentent aussi, mais moins que proportionnellement alors que l'épargne augmente plus que proportionnellement.

■ La structure de consommation est aussi une fonction du revenu. Dès 1867, le statisticien allemand Ernst Engel a démontré que l'augmentation du revenu provoquait une modification de la structure de consommation.

Il est possible de différencier trois catégories de biens :
- les premiers, les « biens inférieurs » sont dans une situation particulière car leur consommation diminue quand le revenu augmente. Ces produits sont uniquement des biens alimentaires de première nécessité parmi lesquels figurent le sucre, l'huile, les pommes de terre ou le vin de table ;
- les seconds sont des « biens normaux », leur consommation augmente quand le revenu augmente, mais proportionnellement moins fortement ; on y trouve surtout des produits alimentaires et vestimentaires ;
- la consommation des « biens supérieurs » croît plus fortement que le revenu ; ces biens sont des biens de confort ou de luxe ; il s'agit par exemple des loisirs et des automobiles.

B La consommation résulte de différents critères sociodémographiques

■ La structure du budget des ménages varie en fonction de leur composition démographique. Plus une famille est nombreuse et plus la part de l'alimentation dans son budget est forte alors que les dépenses de logement sont au contraire relativement faibles. Ces différences résultent de plusieurs facteurs : les besoins sont différents, certaines dépenses peuvent bénéficier d'économies d'échelle (c'est par exemple le cas des dépenses de logement) et les familles nombreuses appartiennent pour la plupart à des catégories moins élevées, elles ont donc le mode de consommation de ces catégories.

■ L'âge est aussi un déterminant important de la consommation. Les personnes âgées ont tendance à privilégier l'alimentation, le logement et la santé au détriment des loisirs ou des dépenses de transport. Mais la différence entre les consommations des ménages jeunes et celles des ménages âgés diminue fortement, car ces derniers voient leur pouvoir d'achat augmenter et parce que les différences ne sont pas seulement dues à un effet d'âge, mais aussi à un effet de génération. Les loisirs ou l'automobile étaient déjà répandus quand les nouvelles générations de retraités étaient jeunes, il y a donc toutes les chances qu'elles poursuivent leur ancien mode de consommation.

■ La localisation urbaine ou rurale est aussi un déterminant non négligeable de la consommation des ménages. Ainsi, indépendamment de l'effet d'âge et de revenu, on consomme davantage de loisirs dans les grandes villes et les dépenses de loyer ou de transport collectif y sont supérieures. En revanche, la population rurale dépense davantage dans le domaine de l'automobile et des articles électroménagers.

2 ... MAIS ELLE EST AVANT TOUT UN ACTE SOCIAL

A La consommation est un acte symbolique...

■ Le sociologue français J. Baudrillard présente en 1970 dans *La société de consommation*, la consommation comme un acte symbolique. Le consommateur n'achète pas un objet uniquement pour la satisfaction qu'il retire de son utilisation, mais pour afficher son appartenance à un groupe social qui lui sert de référence.

La consommation est alors un élément du système de communication. Un individu par sa consommation expose son statut et sa personnalité, et lui-même peut lire ceux des autres dans les produits qu'ils possèdent et qu'ils achètent.

■ Pierre Bourdieu lie la consommation à la notion d'habitus *(cf. fiche 25)*. Les individus ont des goûts et des préférences qui leur paraissent naturels, mais qui sont en réalité le résultat d'un habitus qui lui-même résulte de la société, de la classe sociale et de l'histoire personnelle des individus. Ainsi dans *La distinction*, Pierre Bourdieu oppose les repas traditionnels fortement énergétiques des catégories populaires durant lesquels règnent profusion et décontraction aux repas raffinés, équilibrés et « distingués » des classes dominantes. La spécificité des consommations ouvrières déjà mise en valeur en 1906 par Maurice Halbwachs n'a donc pas disparu.

B ... qui résulte en partie d'effets d'ostentation et de démonstration

■ Dès 1899, le sociologue Thorstein Veblen présente l'aspect ostentatoire de la consommation dans *La théorie de la classe des loisirs*. Selon lui, la classe oisive utilise la consommation dans un but ostentatoire. La consommation ostentatoire n'est pas spécifique aux catégories dominantes, mais elle permet à ces dernières d'exposer leur richesse et d'afficher leur oisiveté et leur refus du travail.

■ Selon Duesenberry, la consommation évolue en raison de l'existence d'un double effet : un effet de démonstration (qui évolue en effet de différenciation) et un effet d'imitation. Les catégories les moins favorisées cherchent à imiter la consommation des catégories favorisées, qui optent pour un nouveau mode de consommation afin de se différencier. L'exemple du sport est éloquent : à chaque fois que le sport des catégories favorisées commence à se démocratiser, ces dernières optent pour un nouveau sport. Cela a été le cas du football et de la boxe ; le tennis se diffuse et le golf commence à se diffuser.

Les déterminants de la consommation sont donc nombreux. Certes, l'individu dispose d'un choix individuel, mais ses goûts sont en partie déterminés par son groupe social. Sa consommation ne sert pas uniquement à satisfaire un besoin d'usage, elle sert aussi à satisfaire un besoin social, à montrer à quel groupe il appartient ou à quel groupe il se réfère.

FICHE 92

LES TRANSFORMATIONS DE LA CONSOMMATION

La consommation a fortement augmenté en France durant les Trente Glorieuses, elle s'est aussi profondément modifiée. Depuis le début des années 70, les grandes tendances des Trente Glorieuses perdurent, mais la croissance de la consommation s'est ralentie et les comportements des consommateurs semblent se modifier de façon sensible.

1 Durant les Trente Glorieuses, la consommation a fortement augmenté et elle s'est transformée

A L'apparition d'une consommation de masse

■ Durant les Trente Glorieuses, le pouvoir d'achat des ménages a fortement augmenté ce qui a permis à la consommation de croître à un rythme jamais égalé jusqu'alors.

En effet, après le ralentissement des années 30 et de la guerre, la croissance de la consommation redémarre à partir de 1950 et s'accélère au cours des années 60. Elle augmente en France de 4,6 % par an en moyenne de 1950 à 1960 puis de 4,9% au cours de la décennie suivante.

■ L'évolution la plus marquante a été la diffusion croissante des biens durables. À la fin des Trente Glorieuses, la grande majorité des Français est équipée des principaux biens durables. L'équipement de chaque bien passe généralement par trois phases :

– une phase de démarrage durant laquelle seule la population aisée s'équipe ;

– une phase de diffusion à l'ensemble de la population ;

– une phase de saturation lorsque le taux d'équipement de la plupart des ménages est proche de 100%.

B Les modifications qualitatives de la consommation

■ La structure de consommation s'est beaucoup transformée pendant la période. La part des dépenses d'alimentation et d'habillement s'est réduite au profit des dépenses de santé, de logement, de loisirs et de transport. Ces évolutions ont été analysées par Ernst Engel qui explique que lorsque le revenu augmente, la part de celui-ci consacrée à l'achat des biens de première nécessité diminue au profit des autres dépenses *(cf. fiche 91)*. Mais, ces transformations peuvent aussi s'expliquer par d'autres causes :

– la forte croissance des dépenses de santé est aussi due à l'augmentation de l'offre de soin, à l'amélioration de la protection sociale et à l'augmentation de l'espérance de vie ;

– l'augmentation considérable des dépenses de loisir est directement due à l'augmentation du pouvoir d'achat des ménages, mais aussi à la diffusion de nouveaux bien durables comme les chaînes hi-fi ou les magnétoscopes.

■ Les comportements de consommation se sont aussi modifiés. Les années 60 sont celles de la transformation des circuits de distribution : c'est l'essor des supermarchés puis des hypermarchés. D'autre part, le travail des femmes, la diffusion des réfrigérateurs puis des congélateurs, l'élargissement de la gamme des produits alimentaires ont incité les ménages à acheter des produits alimentaires de plus en plus élaborés.

2 DEPUIS LES ANNÉES 70, LA TENDANCE GÉNÉRALE PERDURE, MAIS UN « NOUVEAU CONSOMMATEUR » SEMBLE APPARAÎTRE

A La crise économique ne provoque pas de modifications très sensibles...

- Depuis le début de la crise, la croissance de la consommation se poursuit, mais à un rythme ralenti. Dès 1974, le premier choc pétrolier fait descendre la croissance de la consommation à une moyenne annuelle d'environ 3 % par an. Puis, en raison du prolongement de la crise et de la mise en place des politiques d'austérité, la croissance de la consommation plafonne à un rythme annuel de 2,1% par an entre 1982 et 1994. Ce ralentissement est inégal selon les ménages : alors que la consommation des ménages les plus pauvres diminue, celle des ménages les plus aisés continue d'augmenter.
- La structure de consommation ne subit pas de profondes modifications ; les grandes tendances des Trente Glorieuses se poursuivent. Il faut toutefois signaler que, grâce aux efforts des différents plans gouvernementaux, la croissance des dépenses de santé ralentit sensiblement ; c'est aussi le cas des dépenses en biens durables. Cette dernière évolution peut être considérée comme le résultat d'une certaine saturation de l'équipement en biens durables, mais aussi d'un nouveau mode de consommation des ménages qui semblent tourner le dos à la consommation ostentatoire.

B ... mais un « nouveau consommateur » semble apparaître

- Les années 70 et 80 semblent avoir donné naissance à « un nouveau consommateur », qui limite ses dépenses d'habillement et de biens durables et qui semble consommer de façon plus rationnelle en comparant systématiquement les différents produits et en optant pour le meilleur rapport qualité/prix. Les catégories aisées ne boudent plus les hypermarchés, elles fréquentent même certains commerces de type « maxidiscount » qui se développent depuis la fin des années 80.
- On remarque une certaine désaffection vis-à-vis de la consommation ostentatoire. La crise aurait contribué à provoquer un certain désenchantement à l'égard des vertus symboliques de la consommation. Les consommateurs voulant gérer rationnellement leurs dépenses sont de plus en plus réticents à acheter des articles qui ne quittent pas l'étagère ou des bateaux qui ne quittent pas le port de plaisance.

  Selon A. Hirschman, la consommation de biens durables provoque à la longue une insatisfaction ; le consommateur ne se lasse pas des produits alimentaires, mais les biens durables finissent par lui apparaître vains. À ce moment, un certain ascétisme, généralement accompagné par un retour en force des valeurs religieuses, a tendance à se produire.

Entre 1959 et 1994, en France, la consommation par habitant a été multipliée par environ 2,5. Cette forte croissance s'est accompagnée de modifications qualitatives importantes. Durant les Trente Glorieuses, la consommation semblait surtout être un acte social et symbolique (cf. fiche 91), *elle devient de plus en plus un acte individuel et raisonné.*

FICHE 93

HOMOGÉNÉISATION OU DIVERSIFICATION DE LA CONSOMMATION

Au XIXe siècle, la consommation des ouvriers était très différente de celle des catégories aisées. De nos jours, les différences de consommation se sont fortement amoindries. La tendance à l'homogénéisation de la consommation a été forte durant les Trente Glorieuses, à tel point que l'on a même pu parler de moyennisation. La consommation a eu tendance à s'homogénéiser, mais elle est loin d'être homogène, d'autant plus que la crise ravive les différences.

1 UNE TENDANCE GÉNÉRALE À L'HOMOGÉNÉISATION DE LA CONSOMMATION DURANT LES TRENTE GLORIEUSES

A La tendance à l'homogénéisation sociale et régionale de la consommation...

■ Le premier aspect de l'homogénéisation de la consommation concerne les régions. Ces dernières étaient autrefois cloisonnées et les habitudes culturelles de consommation étaient bien différentes d'une région à l'autre. Maintenant, les disparités se sont fortement amoindries. Les différences géographiques les plus importantes ne sont plus celles qui opposent les régions, mais celles qui opposent le monde rural au monde urbain.

■ Durant les Trente Glorieuses, les différences de consommation entre les catégories socioprofessionnelles se sont aussi fortement amoindries. Réelle pour tous les types de consommation, cette homogénéisation sociale est surtout forte pour l'équipement des ménages en biens durables. Au début des années 60, chaque groupe social avait sa propre norme de consommation et les cadres se distinguaient des autres catégories par un taux d'équipement en appareils électroménagers et en automobiles élevé.

Durant les Trente Glorieuses, est apparue une norme unique de consommation qui constitue un objectif relativement accessible à la très grande majorité de la population. Les taux d'équipement n'enregistrent plus de différences fondamentales, il semble même que le type et la localisation de l'habitat soit davantage une variable explicative des disparités de taux d'équipement que la catégorie socioprofessionnelle (cela est vrai pour le congélateur et même l'automobile).

B L'homogénéisation de la consommation résulte de différents facteurs

■ L'homogénéisation de la consommation s'insère dans un mouvement plus large d'unification culturelle, lui-même dû à de nombreux facteurs : décloisonnement des régions, école pour tous, diffusion des médias, mobilité géographique, publicité, volonté des entreprises de proposer une norme de consommation et de créer sans cesse de nouveaux besoins.

■ L'homogénéisation de la consommation est aussi due à la diminution des disparités de revenu durant les Trente Glorieuses. Les salaires ont fortement augmenté, l'État providence a largement redistribué et l'extension du crédit a permis à de nombreux ménages de se procurer des biens durables qui jusqu'alors leur étaient inaccessibles.

■ La conception marxiste d'une société bipolaire est maintenant à nuancer. Les différences entre classes sociales se sont largement amoindries *(cf. fiche 57)*. Même la classe ouvrière qui semblait se caractériser par des valeurs spécifiques s'est « embourgeoisée » pour reprendre le terme d'Alain Touraine.

2 La consommation est loin d'être homogène et la tendance à l'homogénéisation est stoppée depuis le début de la crise

A La consommation demeure hétérogène

■ La consommation est loin d'être homogène, des différences importantes de consommation subsistent.

La part de budget consacrée aux différentes dépenses (coefficient budgétaire) par les groupes socioprofessionnels est loin d'être équivalente. Par exemple, le coefficient budgétaire de l'alimentation est largement supérieur chez les ouvriers que chez les cadres. De plus, si la possession d'une automobile ou d'un téléviseur s'est banalisée, force est de constater que les biens sont souvent de qualité et de gamme bien différente ; ce n'est plus la possession d'une automobile, mais la marque ou le type de l'automobile qui distingue le cadre de l'ouvrier.

Certaines dépenses de consommation comme les dépenses de culture, de loisir, d'éducation et même de santé demeurent très différentes selon les catégories socioprofessionnelles.

■ Parallèlement au mouvement d'homogénéisation de la consommation, un mouvement de diversification se produit *(cf. fiche 92)*. En effet, dans les sociétés modernes, les différences entre catégories sociales s'atténuent, la contrainte sociale est moins forte, les individus sont plus libres et plus autonomes dans leur choix ; ils diversifient donc leur consommation. Les producteurs multiplient leurs gammes (l'exemple des producteurs automobiles est à cet égard éloquent) pour répondre à ce besoin de diversité qui émane des consommateurs.

B La crise a ravivé les inégalités de consommation

■ Avec la crise, les différences de consommation s'accroissent de nouveau. L'éventail des revenus s'est élargi et une société à deux vitesses se développe. Ainsi, alors qu'une partie de la population peut maintenir des dépenses élevées de consommation, de nombreuses personnes sont touchées par la pauvreté et sont exclues de la consommation « normale ». Il s'agit bien sûr des « sans domicile fixe » qui en sont totalement exclus, mais aussi des nombreux chômeurs et des salariés embauchés dans des emplois précaires qui, devant réduire leurs dépenses de consommation et n'ayant plus accès au crédit, sont marginalisés car ils ne peuvent plus suivre la norme de consommation.

■ Les plus grandes disparités de consommation ne résultent plus des différences socioprofessionnelles en termes de qualification et de catégorie sociale, mais des différences en termes de forme d'emploi : d'un côté, ceux qui disposent d'un emploi sûr et d'un autre côté, ceux qui sont chômeurs ou dans une situation d'emploi précaire.

Durant les Trente Glorieuses, la consommation a eu tendance à s'uniformiser et une norme unique de consommation est apparue. La consommation est toutefois loin d'être uniforme ; de nombreux individus sont exclus de la norme de consommation, et la crise fait chaque jour augmenter leur nombre.

FICHE 94

SÉCULARISATION ET CRISE DE L'ÉGLISE

Dans la société traditionnelle, la vie sociale est organisée par la religion ; les villages entourent les clochers, tous les actes importants sont célébrés à l'église...

E. Durkheim pense que la religion trouve sa source dans la séparation entre le sacré et le profane : « une religion est un système solidaire de croyances et de pratiques relatives à des choses sacrées, c'est-à-dire séparées, interdites ». Or, le profane semble prendre de plus en plus de place dans la vie sociale au détriment du sacré. La société se sécularise, ce qui signifie que ce qui relève du « siècle » (monde non religieux) prend de plus en plus d'importance. La sécularisation est une réalité, mais elle ne signifie pas pour autant que l'Église catholique ou la religion dans son ensemble soit en crise.

1 SÉCULARISATION ET PERTE D'INFLUENCE DE L'ÉGLISE CATHOLIQUE

A Les indicateurs de la sécularisation des sociétés occidentales

■ Dans la civilisation industrielle, le sacré semble s'éclipser au détriment du profane ; le sacre du roi est remplacé par l'élection par le peuple, la paroisse par le village, l'exorcisme par la médecine... Le monde moderne se caractérise par une rationalisation des comportements qui, selon M. Weber participe au « désenchantement du monde » ; les hommes prennent conscience qu'ils peuvent transformer l'ordre social et que la société n'est pas d'origine divine *(cf. fiche 13)*.

■ La sécularisation de la société se caractérise par plusieurs phénomènes :
- la religion n'organise plus l'ensemble de la vie sociale ;
- la religion perd certaines de ses attributions qui sont prises en charge par l'État : actes officiels (naissances, mariages et décès), structures d'accueil et de solidarité, santé et éducation ;
- avec la séparation entre l'Église et l'État (en France en 1905), la religion est de moins en moins une affaire d'ordre public, elle est devenue une affaire d'ordre privé résultant de choix individuels. Il y a donc une individualisation des croyances, d'autant plus forte que l'individu dispose d'un choix entre plusieurs religions.

B La perte d'influence de l'Église catholique

■ L'indicateur principal de la crise de la religion catholique est la participation aux offices religieux ; celle-ci est en baisse régulière et l'écart entre le nombre des fidèles potentiels (baptisés) et des fidèles effectifs (pratiquants) se creuse. Un autre indicateur est l'ordination des prêtres qui mesure la capacité qu'a l'Église à se reproduire. Or, l'Église traverse une grande crise de recrutement et la courbe tendancielle des ordinations est largement à la baisse.

■ La crise de l'Église résulte de plusieurs facteurs.
Gurvitch croit en la diversité des temps sociaux, or l'Église catholique n'a pas su ou n'a pas voulu s'adapter à l'évolution de la société ; elle progresse au ralenti et est donc en décalage par rapport à la société qui évolue à un rythme plus rapide.

Le passage, décrit par E. Durkheim, d'une solidarité mécanique à une solidarité organique *(cf. fiche 11)* peut aussi fournir des éléments d'interprétation à la crise de l'Église. Dans la société traditionnelle à solidarité mécanique, la contrainte sociale est forte, ce qui s'accommode bien avec une Église imposant une morale contraignante et manichéenne. En revanche, dans la société moderne à solidarité organique, les principes de l'Église semblent s'opposer à la liberté des individus.

2 La religion est loin d'être en crise

A La crise de la religion catholique est à nuancer

- La crise de la religion catholique est à nuancer car le pourcentage des personnes baptisées et se mariant à l'Église demeure très élevé. De plus, au travers de mouvements laïcs comme les scouts ou le Secours catholique, l'Église se donne sans cesse de nouveaux moyens pour exercer son encadrement. On peut aussi soutenir comme Jean Delumeau qu'à l'époque de la « chrétienté obligatoire », les masses ne vivaient pas plus chrétiennement que de nos jours ; la pratique de la religion était obligatoire, mais la pratique de ses principes l'était beaucoup moins. Dieu était autrefois moins vivant qu'il ne paraît et il serait moins mort aujourd'hui qu'on ne le dit.
- L'œcuménisme marque une sorte de renaissance de la religion ainsi qu'une volonté d'organiser collectivement la résistance contre la sécularisation. Pourtant, si l'Église catholique traverse une crise, la religion protestante semble mieux résister ; elle laisse effectivement une marge de liberté plus large aux individus qui peuvent sur de nombreux points exercer leur libre arbitre, elle s'accommode donc mieux avec la société moderne. La crise de l'Église catholique dans nos sociétés développées et le mouvement de sécularisation ne doivent pas cacher une réalité : globalement, la religion se porte bien.

B Le renouveau religieux

- En réaction à la sécularisation et à la mondialisation qui détruisent les modes de vie traditionnels, des intégrismes se développent ; il s'agit bien sûr de l'intégrisme musulman, mais aussi des intégrismes juif et catholique. L'intégrisme musulman provoque dans certaines régions du monde un retour en force du sacré ; la religion organise de nouveau la vie sociale et c'est au tour du profane de s'effacer.
- On remarque un renouveau religieux concernant la quasi-totalité du monde, il s'agit bien sûr du développement des Églises orthodoxes et catholiques dans les pays de l'Est qui deviennent le symbole de la lutte contre le communisme puis le symbole de la liberté retrouvée, mais aussi d'une montée des sectes dans les pays occidentaux :
  - évolution rapide des sectes et Églises protestantes comme les pentecôtistes, les évangélistes ou les témoins de Jéhovah ;
  - engouement pour les religions orientales ; le bouddhisme est en forte croissance dans les pays occidentaux ;
  - engouement pour les mouvements affirmant mettre en valeur le potentiel humain, comme l'église de scientologie ;
  - développement de sectes autoritaires centrées sur la personnalité d'un gourou, leader charismatique (secte du Mandarom par exemple).

La sécularisation et la crise du christianisme semblent être des tendances lourdes, mais il n'y a pas de crise globale de la religion ; au contraire, en réaction à cette sécularisation et en raison des difficultés liées à la crise et au « désenchantement » du monde, on observe un retour du fait religieux dont l'ampleur est encore difficile à évaluer.

FICHE 95

MENTALITÉS ET STYLES DE VIE

Dans une société stratifiée selon une hiérarchie unique, les classifications sociales sont aisées à établir. Mais dans les sociétés multidimensionnelles, les regroupements sociaux posent plus de difficultés. Classiquement, le critère principal de ces regroupements est la situation socio-économique, mais cela est de plus en plus mis en cause, d'où l'apparition de nouvelles classifications fondées non plus sur l'origine de la diversité sociale, mais fondées sur la diversité sociale elle-même.

1 LES CLASSIFICATIONS EN TERMES DE CLASSES SOCIALES OU DE GROUPES SOCIOPROFESSIONNELS SEMBLANT PARFOIS INSUFFISANTES...

A Les mentalités évoluent suivant des mouvements contradictoires d'homogénéisation et de diversification

- Les déterminants socio-économiques semblent avoir perdu de l'importance. Les classes sociales se sont disloquées, la classe ouvrière s'est « embourgeoisée » et la culture s'est, en partie, uniformisée. Il y aurait donc une certaine moyennisation sociale, et les classifications en termes de classes sociales ou de groupes socioprofessionnels *(cf. fiche 58)* ne seraient plus assez fiables pour décrire la réalité sociale.
- Mais parallèlement à ce processus d'homogénéisation sociale, un processus d'autonomisation individuelle qui crée une certaine diversité se développe. Avec la société moderne et industrielle, la contrainte sociale s'affaiblit, les individus sont de plus en plus libres, individualistes et donc différents. C'est le primat du « je » sur le « nous ». Les déterminants des comportements seraient donc de plus en plus individuels et de moins en moins socio-économiques.
- Le seul critère de position sociale semble largement insuffisant, les comportements dépendent, en plus de critères individuels, de nombreux facteurs socio-démographiques. Il s'agit essentiellement de l'âge (par un effet de génération et un effet de cycle de vie), du sexe et du lieu de vie (campagne ou ville par exemple). Les anciennes classifications qui se fondaient essentiellement sur des critères socioprofessionnels manquent donc de pertinence.

B La création de regroupements sociaux est toutefois nécessaire et légitime

- La réalisation de catégories ou de regroupements est toutefois nécessaire pour étudier et représenter la réalité sociale. Sans regroupement, le social n'existe plus et s'efface totalement devant l'individu. L'étude de la réalité sociale ne peut donc se passer de regroupements d'individus représentant des points communs et ayant une vision commune du monde.
- La réalisation de regroupements est légitime car les comportements des individus ne sont pas totalement atomisés ; ils conservent une certaine cohérence. Lorsqu'on est catholique très pratiquant, on vote généralement à droite. B. Cathelat et G. Mermet expliquent que, si pour faire plaisir à certains, il faut leur offrir un berger allemand, leur parler de légitime défense ou les faire assister à l'enregistrement des Grosses Têtes sur RTL, pour faire plaisir à d'autres, il vaut mieux les abonner à Pilote, leur proposer un raid dans le Sahara ou leur indiquer une combine pour ne plus acheter dans les circuits traditionnels.

Cette cohérence, cette unité des individus, s'explique selon Pierre Bourdieu par l'habitus *(cf. fiche 25)* qui est le « principe unificateur et générateur » de toutes les pratiques.

■ Les classifications traditionnelles se fondent sur les différences socioprofessionnelles et donc sur l'origine supposée des différences de comportements, mais les déterminants socio-économiques ayant perdu de leur importance, les nouvelles classifications sont beaucoup plus empiriques et se fondent sur les différences de comportements elles-mêmes. Elle regroupent les individus en fonction de leur mentalité sans chercher à expliquer les raisons de la diversité des comportements.

2 ... ON A DE PLUS EN PLUS RECOURS À DES CLASSIFICATIONS EN TERMES DE MENTALITÉS ET DE STYLES DE VIE

A Les mentalités et sociostyles du CCA (Centre de communication avancée)

■ Bernard Cathelat et le CCA considèrent que les catégories socioprofessionnelles de l'INSEE sont inadaptées à la réalité sociale. Ils proposent de regrouper les individus selon leurs mentalités, sans à priori et sans rechercher les explications de ces mentalités. Les sociostyles ainsi créés offrent un cliché intéressant de la réalité sociale. Le CCA cherche à exposer le social et non à expliquer le social par le social.

■ Le CCA différencie quatre grands types de mentalité :
- les activistes sont dynamiques et veulent changer le monde ;
- les matérialistes sont repliés sur leur bonheur personnel et familial ;
- les rigoristes fondent leur vie sur des principes intangibles comme la famille ou le patriotisme ;
- les décalés ont peu d'idéologie et ils ont peur de se faire embrigader ; ils ont des principes humanistes et mondialistes ;
- les égocentrés se caractérisent par leur manque de morale, ils veulent gagner beaucoup d'argent et en profiter individuellement.

B Cette nouvelle classification semble néanmoins biaisée et partielle

■ Les sociostyles ne sont pas aussi éloignés des déterminants socio-économiques et démographiques que les auteurs veulent bien le dire. Ainsi, ils reconnaissent que les égocentrés sont pour la plupart jeunes et peu qualifiés, que les décalés sont généralement jeunes et qualifiés, que les rigoristes sont d'âge moyen à retraités et se recrutent surtout chez les artisans, commerçants et agriculteurs, que les matérialistes sont souvent des individus d'âge mûr et de situation modeste et que les activistes ont généralement un âge moyen. Le CCA voulait refuser les stéréotypes sociaux qui réduisent l'individu à un pantin, mais il semble qu'il reconnaisse leur existence.

■ Cette classification n'a pas été créée sans à priori. Une représentation schématisée de la réalité ne peut jamais être neutre puisqu'elle met forcément en avant certains critères au détriment d'autres. B. Cathelat est un expert pour les entreprises qui utilisent sa classification à des fins de marketing. Sa carte sociale représente la France des consommateurs, mais elle n'offre pas d'analyse explicative.

Si les critères de classes sociales et de catégories socioprofessionnelles sont insuffisants pour expliquer certains domaines du social, il ne faut pas pour autant les oublier car ils demeurent l'une des variables principales d'explication. Il faut chercher à bâtir de nouvelles nomenclatures permettant de regrouper de nombreux déterminants comme l'âge, le sexe, le lieu d'habitation et bien sûr la catégorie socioprofessionnelle.

PARTIE XI

POUVOIR, ÉTAT ET POLITIQUE

Le pouvoir

Le pouvoir n'est pas quelque chose que l'on possède ; c'est une relation qui unit deux partenaires. Un premier courant de pensée s'attache à analyser les stratégies des différents partenaires et la marge de manœuvre des uns et des autres. Pour d'autres sociologues, ces interactions sont l'aspect le plus visible d'un phénomène qui trouve son origine dans une inégalité durable des positions des agents.

1 Le pouvoir comme interaction

A Le pouvoir est une relation

■ Le pouvoir est généralement considéré par les politologues comme une relation entre deux ou plusieurs personnes. Robert Dahl pour qui « A exerce du pouvoir sur B dans la mesure où il obtient de B une action *y* que ce dernier n'aurait pas effectuée autrement » s'inscrit dans cette conception d'un pouvoir qui n'est pas l'attribut de quelqu'un ou de quelque chose mais qui s'exerce sur quelqu'un.

■ Dans cette relation, la personne qui exerce son pouvoir peut utiliser soit la sanction, soit la gratification.

- Le pouvoir basé sur la sanction est celui du chef hiérarchique qui place son subordonné devant une alternative simple : soit il adopte le comportement demandé, soit il prend le risque d'une sanction.
- Le pouvoir basé sur la gratification ne fait pas appel à la force mais à une gratification matérielle (argent) ou symbolique (de la reconnaissance par exemple).

B Il est l'enjeu des stratégies des acteurs

■ Étudiant les relations de pouvoir au sein des organisations bureaucratiques, Michel Crozier *(cf. fiche 22)* a montré que le pouvoir n'y était jamais absolu et que les acteurs de ces interactions gardaient toujours une relative marge de manœuvre. Cela tient d'une part à la surabondance des réglementations qui peuvent se neutraliser les unes les autres et, d'autre part, à la compétence spécifique des subordonnés. Il s'ensuit que chacun des acteurs d'une relation de pouvoir cherche à accroître sa marge de manœuvre et à réduire celle de l'autre. Le pouvoir est l'enjeu des stratégies des acteurs.

■ L'intérêt de cette analyse interactionniste est d'avoir montré que le pouvoir était présent dans une multitude de relations microsociales et qu'il ne s'exerçait jamais sans résistances. Mais cette mise en scène d'acteurs mobilisant des ressources afin d'augmenter leur degré d'autonomie et de réduire celui des autres peut amener à sous-estimer l'aspect structurel des relations de pouvoir qui s'inscrivent dans une organisation économique, politique et culturelle.

2 LE POUVOIR COMME DOMINATION STRUCTURELLE

A Les positions des acteurs sont inégales

- Que ce soit dans les domaines économique, politique ou culturel, le pouvoir s'exerce, en effet, entre individus ou groupes sociaux inégalement situés dans l'espace social.
  - Dans le domaine économique, les relations entre individus prennent, en principe, la forme d'un échange et la relation de pouvoir est parfois niée en raison du principe même d'une transaction équilibrée. Pourtant, la possession d'un capital ou un revenu élevé permet à un individu ou à un groupe social d'imposer sa volonté aux acteurs dépourvus de ces ressources. Le contrat de travail associant un salarié obligé de travailler à un employeur ayant la possibilité de choisir entre plusieurs postulants est l'illustration de cette asymétrie.
  - Dans le domaine culturel, la maîtrise d'un langage considéré comme distingué, un diplôme prestigieux ou la création d'une œuvre culturelle offrent à certains une position sociale supérieure à celle des acteurs privés de ce capital culturel.
  - Dans le domaine politique, l'inégalité peut se mesurer à la capacité de mobiliser certaines éléments de l'appareil d'État afin de parvenir à ses fins.
- Ce pouvoir s'incarne dans des règles sociales qui sont, à la fois, la condition de son exercice et l'expression de l'inégalité des acteurs. Certaines de ces règles sont officielles à l'image des lois qui autorisent certains fonctionnaires à exercer un pouvoir. D'autres sont tacites (c'est le cas des normes socio culturelles) et sont souvent intériorisées par les individus. Dans ce dernier cas, le pouvoir n'est pas perçu comme tel puisque les individus adoptent spontanément un comportement que la société juge normal.

B La domination a recours à la violence et à la légitimation

- La violence est le premier des attributs de la domination. Quelle que soit la forme prise par l'organisation politique, elle est présente dans ce domaine. Elle est le fait de l'État et, parfois, de mouvements politiques ou religieux, mais seul l'État a « le monopole de la violence légitime » selon l'expression de Max Weber. L'État est la seule organisation a avoir le droit d'exercer une violence parfaitement maîtrisée sur les citoyens.
- Mais, dit Weber, un pouvoir qui ne reposerait que sur la violence ne pourrait pas subsister. Il doit également être légitime, c'est-à-dire accepté tacitement par la population qui y est soumise *(cf. fiche 13)*. Il en est de même de toute forme de domination mais, dans les domaines économiques et culturels, la légitimation du pouvoir passe souvent par une occultation des rapports de force. Ainsi, l'analyse des rapports entre individus sous la forme d'un échange mutuellement réciproque permet, en économie, de ne pas mentionner l'inégalité des positions sociales.

Assimiler le pouvoir à une relation est une hypothèse très féconde en sociologie politique. L'étude des interactions individuelles permet de faire une analyse fine des relations de pouvoir, mais peut conduire à une occultation de l'inégalité des positions sociales des acteurs. Les sociologies de la domination (Marx, Dahrendorf, Touraine, Bourdieu...) répondent à cette exigence mais doivent éviter un autre écueil : celui d'une conception unilatérale des relations sociales.

FICHE 97

L'ÉTAT

Les sociologues se sont souvent opposés sur leurs conceptions de l'État : pour les uns, l'État est un instrument de régulation de la société alors que pour les autres, il est, au moins potentiellement, un instrument d'oppression.

1 La principale fonction de l'État est de maîtriser la violence

A La spécificité de l'État moderne

- Amorcée dès le XIIIe siècle en France et en Angleterre, la construction de l'État s'accélère au XVIe alors que la chrétienté se déchire et que la croissance économique s'accélère. Le pouvoir politique s'est progressivement affranchi de la tutelle religieuse pour se présenter, finalement, comme le garant de l'ordre social.
- Cet État moderne se distingue des organisations qui l'ont précédé sur trois points :
  - La centralisation de la coercition. Le roi a, dans un premier temps, monopolisé le pouvoir exécutif qui était, jusque-là, entre les mains de ses vassaux. Puis, le pouvoir législatif a également été centralisé et organisé sur la base d'une constitution.
  - L'institutionnalisation. Elle se traduit par une distinction entre le pouvoir et la personne qui l'exerce à un moment donné. Amorcée sous la royauté, cette dissociation est devenue effective sous la République. Elle s'y est généralisée à l'ensemble des agents de l'État qui exercent un pouvoir non pas à titre personnel mais en raison de la fonction qu'ils occupent.
  - La spécialisation des acteurs. Dans un premier temps sont apparus des professionnels de la politique dont l'activité consistait à exercer le pouvoir. Ensuite, l'État a recruté de façon durable des agents devant exercer une fonction sur la base d'une compétence reconnue.

B L'État doit maîtriser la violence

- Dans une société que la violence de tous contre tous risquerait de détruire, la fonction de l'État est de limiter et de canaliser cette violence. La limiter car il est le seul habilité à l'exercer ; la canaliser car sa propre violence doit être strictement encadrée par des textes de lois et ne peut, en aucun cas, être discrétionnaire. À cette condition, la population reconnaît à l'État le droit de punir un criminel, de lever des impôts, d'interdire une manifestation, etc. Pour reprendre les mots de M. Weber, l'État a « le monopole de la violence légitime ».
- Dans le domaine politique, l'institutionnalisation du pouvoir a permis de réglementer la lutte pour sa maîtrise et de lui donner des formes compatibles avec la sécurité des citoyens. Sa conquête ne se fait plus par la force mais suppose le respect d'un certain nombre de règles au premier rang desquelles figure le suffrage universel. L'État a ici pour fonction de réguler le champ politique et d'en exclure la violence physique.

2 L'OPPRESSION DES INDIVIDUS PAR L'ÉTAT EST UN RISQUE QUI PEUT ÊTRE ÉVITÉ

A L'État peut être un instrument d'oppression

- Cependant, les rapports entre un individu isolé et un État centralisé sont fortement inégalitaires. Pour Tocqueville *(cf. fiche 6)*, l'égalité des conditions peut conduire à une atomisation des individus qui sont tentés de se désintéresser des affaires publiques pour se replier sur leur sphère privée. Dans le même temps, le penchant des hommes pour l'égalité peut leur faire accepter un État tout puissant qui traiterait les individus de façon égalitaire en les prenant en charge et en les privant de leur liberté. Pour Tocqueville, comme pour les polititologues libéraux, l'État dont la nécessité n'est pas remise en cause, risque d'être un moyen d'oppression des individus.

- La critique anarchiste est plus radicale que celle des libéraux puisqu'elle rejette le principe même d'une autorité de l'homme sur l'homme. Pour Joseph Proudhon, l'État qui concentre le pouvoir politique infantilise les individus et restreint leurs capacités créatrices. Loin de limiter la violence dans l'espace social, l'État incarne la violence exercée par la société sur les individus.

B La nécessité d'un État de droit et d'une citoyenneté active

- La première solution préconisée par les penseurs libéraux afin d'empêcher l'État de se transformer en appareil oppressif est d'instituer un État de droit. Afin de mériter cette dénomination, un État ne doit pas seulement être soumis au droit, il doit également s'abstenir de le manipuler. Dans un État de droit, le gouvernement s'interdit toute transformation des lois et, tout particulièrement de la Constitution, dans l'objectif, de faciliter ses desseins politiques. À cette condition, les individus peuvent être protégés de l'arbitraire étatique. Dans sa forme momentanément la plus achevée, cet État est non seulement soumis au droit national mais également au droit international plus difficile à manipuler que le premier.

- La seconde solution est de favoriser la participation des citoyens aux affaires publiques. Persuadé que le lien politique est le ciment de la société, Tocqueville est un chaud partisan de cette mesure. Il préconise une décentralisation qui rapproche les lieux de pouvoir des citoyens et leur permet de participer effectivement aux décisions. Il souhaite également le développement d'associations qui, en regroupant les individus, leur donnent plus de poids face à l'État. Une citoyenneté active permet donc à la fois de lutter contre l'atomicité des individus et de faire reculer l'oppression étatique.

- Proudhon, de son côté, préconise un fédéralisme associatif basé sur des régions autonomes regroupées dans une République fédérale autogestionnaire, elle-même partie prenante d'une confédération internationale. Dans son esprit, cette décentralisation devait permettre de redistribuer le pouvoir de l'État vers les individus et donc de libérer leur créativité.

Au nom de la régulation sociale, l'État peut opprimer les individus. Cette oppression n'est pas une fatalité et la liberté des individus peut être préservée à condition de soumettre l'État au droit et de favoriser une citoyenneté active.

FICHE 98 NATION ET NATIONALITÉ

La nation est une unité humaine et politique installée sur un territoire. Les individus qui la composent ont un sentiment d'unité et la volonté de vivre ensemble. Ils acceptent donc de faire passer au second plan les oppositions sociales ou régionales qui fragiliseraient leur unité. Sur quoi se fonde la nation ? Deux grandes conceptions s'opposent, et de cette différence découlent deux modes d'acquisition de la nationalité.

1 DEUX CONCEPTIONS DE LA NATION S'OPPOSENT

A La conception communautariste

■ La première grande conception de la nation est celle de l'écrivain allemand Herder qui, à la fin du XVIIIe siècle, considère que la culture et, tout particulièrement, la langue maternelle est le fondement de la nation. Elle est un héritage qui s'impose presque naturellement aux individus et dont la légitimité n'est pas contestable.

■ Cette conception de la nation renvoie à l'idée de communauté telle que la définit Tönnies *(cf. fiche 36)*. L'appartenance à une communauté est fondée sur la naissance et les reniements sont rares et souvent dramatiques. Dans les communautés de petite taille, les relations sociales y sont toujours personnalisées et fortement empreintes d'émotions. En tant que communauté, la nation est supérieure aux individus et extérieure à leur volonté.

B La conception contractualiste

■ Un siècle plus tard, l'écrivain et historien français Ernest Renan a ouvert d'autres perspectives à la nation en la définissant comme étant un « plébiscite de tous les jours ». Elle ne peut pas être fondée sur la base de critères géographiques, biologiques ou linguistiques, mais sur la volonté exprimée par un groupe d'hommes de vivre ensemble. La nation est un contrat passé volontairement entre des individus afin de rendre possible une vie commune. Ce faisant, Renan légitimait le rattachement de l'Alsace et de la Lorraine à la France alors que ces deux départements étaient de culture germanique.

■ Issue de la volonté des hommes, la nation a besoin d'être construite. En France, l'école et le service militaire ont été les instruments de la formation d'une idée nationale républicaine tout au long de la IIIe République. Ce travail idéologique s'est doublé de la construction d'un marché national. Les voies de communication ont désenclavé les régions françaises, la monétarisation des échanges s'est développée et les paysans se sont progressivement détournés de leur terroir.

2 L'ACQUISITION DE LA NATIONALITÉ REFLÈTE LA CONCEPTION DE LA NATION ADOPTÉE PAR UN PAYS

A Droit du sang et droit du sol

- À la conception communautariste de la nation correspond un droit de la nationalité favorable aux étrangers partageant la même culture et la même langue que les nationaux. La RFA dont la politique de naturalisation était à la fois très libérale pour les étrangers de langue allemande (souvent des réfugiés de RDA) et restrictive pour les autres constitue un cas de figure. Dans ce pays, le droit de la nationalité est basé sur le « droit du sang » *(jus sanginis)* qui offre la nationalité aux individus dont un des parents (au moins) la possède déjà. L'acquisition de la nationalité par un étranger qui n'est pas de langue allemande ou par ses enfants y est donc difficile.

- À la conception contractualiste de la nation correspond un droit de la nationalité favorable aux étrangers exprimant la volonté de l'acquérir. Les États-Unis sont l'exemple même d'un pays dont la population s'est constituée par naturalisation successive de vagues de migrants d'origines très diverses. Son droit de la nationalité intègre le principe du « droit du sol » qui offre la nationalité aux enfants nés sur le territoire national même quand leurs parents sont étrangers.

B Le modèle français d'intégration

- En raison de la diminution précoce de la fécondité dès le XVIIIe siècle et des besoins en main-d'œuvre générés par l'industrialisation, la France est traditionnellement un pays d'immigration. Le modèle français d'intégration est caractérisé à la fois par une politique de naturalisation libérale fondée en partie sur le droit du sol et le refus d'accepter les particularismes ethniques. La nation française s'étant constituée sur la base d'une négation des spécificités régionales, ce principe s'est appliqué aux migrants dont la culture est considérée comme un obstacle à leur intégration dans la société.

- Ce modèle français d'intégration a fait la preuve de son efficacité tout au long des XIXe et XXe siècles en transformant des étrangers en citoyens comme les autres en l'espace de deux générations. Mais les instruments de l'intégration des étrangers (école, syndicats, Église) ont perdu de leur efficacité ces dernières décennies et l'on parle souvent de crise du modèle français d'intégration. Pour certains, la société moderne serait devenue pluriculturelle et le modèle français imprégné d'universalité fondamentalement inadaptée. Pour d'autres, la perte d'efficacité de ce modèle trouve son origine dans la crise de l'emploi qui perturbe l'intégration des moins qualifiés et incite ceux qui le peuvent à se chercher une identité ethnique faute d'identité par le travail. Les difficultés rencontrées par le modèle français d'intégration seraient conjoncturelles et tout à fait comparables à ce que nous avons déjà connu au cours des années 30.

En l'espace de quelques siècles, l'idée nationale s'est imposée dans tous les pays développés face aux identités régionales et à la revendication ouvrière. En Europe occidentale, le défi est aujourd'hui l'intégration de ces nations dans une pluri-nation européenne. L'intégration économique et la volonté des Européens de vivre en paix ensemble vont dans ce sens mais cela exige de redéfinir les identités nationales.

FICHE 99 LES DÉTERMINANTS DU VOTE

L'étude du comportement électoral est un thème privilégié par la science politique française. Un clivage classique oppose les chercheurs qui expliquent le vote par des phénomènes politiques et individuels à ceux qui l'expliquent par des données sociologiques.

1 LES DÉTERMINANTS POLITIQUES ET INDIVIDUELS DU VOTE

A La dimension politique du vote

■ Le comportement de l'électeur dépend tout d'abord du contexte dans lequel il s'inscrit et donc de la configuration électorale. Le type d'élection (présidentielle, municipale...), la nature du scrutin (un ou deux tours), et les partis en présence forment une offre politique à laquelle les électeurs sont bien obligés de se plier.

■ Les enjeux politiques de l'élection interviennent également dans la détermination du vote. La focalisation d'une campagne électorale sur un thème aux détriments des autres peut modifier le vote de certains électeurs en direction du candidat ou du parti qui, sur ce point, leur paraît le plus crédible. Ces électeurs qui ne se sentent proches d'aucun parti et se situent généralement au centre, sont politiquement instables et passent fréquemment du vote à l'abstention et parfois de la droite à la gauche ou inversement selon les enjeux de l'élection.

B La théorie de l'électeur rationnel

■ Cette relative instabilité électorale a favorisé la diffusion d'une théorie de l'électeur rationnel élaborée dans le cadre de l'individualisme méthodologique *(cf. fiche 24)*. L'hypothèse de base est que l'électeur est rationnel et qu'il cherche à maximiser son utilité en votant pour le candidat dont l'action lui sera le plus bénéfique. Son choix dépend de l'enjeu des éléctions, des programmes des candidats et, bien entendu, de leur crédibilité. La volatilité électorale est alors expliquée par l'existence de ce type d'électeurs qui ne se sentent pas prisonniers d'un parti mais choisissent leur candidat en fonction des avantages qu'il peut leur procurer.

■ La principale difficulté rencontrée par cette théorie est d'expliquer la raison pour laquelle les électeurs votent. En effet, le choix d'un candidat et le vote en lui-même exige que l'électeur y consacre du temps et un peu d'argent alors que la probabilité que son vote modifie le scrutin est pratiquement nulle. Un individu rationnel qui comparerait les coûts et les avantages de son action ne voterait donc pas. Pour expliquer ce «paradoxe de l'électeur», il faut introduire des notions telles que le devoir, l'habitude, les gratifications symboliques, etc. qui relèvent d'une autre conception de l'individu que celle de l'individu rationnel.

2 Les déterminants sociologiques du vote

A Les variables sociologiques

■ En France, deux variables sociologiques sont fortement corrélées avec l'orientation politique : la religion et la place dans la division du travail.

– Plus l'intégration dans le catholicisme est forte et plus le vote à droite est fréquent : les catholiques dont la pratique religieuse est régulière votent plus fréquemment à droite que ceux dont la pratique est occasionnelle, alors que les électeurs se déclarant athés votent plus facilement à gauche que la moyenne des Français. Il faut sans doute y voir une congruence entre les valeurs du catholicisme ou de l'athéisme et certaines idéologies politiques.

– Au sein de la population active, le clivage essentiel est celui qui oppose les indépendants qui votent majoritairement à droite et les salariés, plus enclins à voter à gauche. Chez les salariés, le vote de gauche est d'abord le fait des ouvriers et employés alors que les cadres votent plus fréquemment à droite que la moyenne.

■ Par contre, l'âge et le sexe sont des variables de plus faible importance.

– Les femmes dont le droit de vote est récent se situaient plus souvent à droite que les hommes, mais cette inégalité s'amenuise au fur et à mesure que le taux d'activité des femmes et que leur rapport à la religion se rapprochent de ceux des hommes.

– L'âge est une variable peu explicative du vote. Par contre, le cycle de vie (période d'activité, de retraite, etc.) ou la génération (ensemble des personnes dont la socialisation politique s'est effectuée au moment d'événements marquants) peuvent expliquer des orientations politiques.

B Les théories de l'identification

■ Les théories de l'identification cherchent à expliquer les relations observées entre des groupes sociaux et des inclinations partisanes. Le vote est d'abord le signe d'une loyauté, d'une solidarité envers les autres membres d'un groupe social et témoigne de la reconnaissance d'une identité de classe, religieuse, ethnique ou autre. Le vote est ensuite un rite *(fiche 29)* par lequel un groupe social réactive son identité. Comme tous les rites politiques, il rappelle les valeurs du groupe et entretient la solidarité. Le vote n'a donc pas pour fonction de choisir la politique la plus apte à satisfaire des besoins mais plutôt de renforcer une identité.

■ Ces théories permettent d'expliquer la stabilité des votes mais restent relativement désarmées face à leur volatilité. Le passage du vote à l'abstention s'expliquerait par le brouillage du positionnement politique d'un parti, un électeur fidèle ayant le sentiment d'être trahi. L'alternance de votes à droite et à gauche pratiquée par certains est plus délicate à interpréter dans le cadre de cette théorie.

Le comportement électoral donne lieu à deux types de théories. La première, dérivée de l'économie libérale, considère le vote comme le choix de la politique ou du candidat le plus apte à procurer des satisfactions. La seconde, plus spécifiquement sociologique, voit dans le vote l'expression d'un conflit constitutif d'identités sociales. La démocratie représentative est alors conçue comme une forme apaisée car réglementée des contradictions sociales.

FICHE 100

La citoyenneté

À la différence du sujet qui a, avant tout, des devoirs vis-à-vis de son seigneur, le citoyen est un individu qui possède des droits et participe à la vie de la nation. La préoccupation première des députés de 1789 étant de substituer au bon plaisir du roi un régime de légalité et de liberté ; ces droits ont d'abord été d'ordre politique. Mais la citoyenneté politique peut-elle s'exercer si l'on ne bénéficie pas de droits économiques et sociaux ? Le cas de la France sera privilégié.

1 La citoyenneté politique

A La jouissance des droits civiques

- La citoyenneté moderne est une construction dont l'origine remonte à la *« Déclaration des droits de l'homme et du citoyen »* de 1789. Au sujet soumis à l'autorité de son souverain se substitue alors un individu dont les droits civiques considérés comme inaliénables le protègent de l'arbitraire du pouvoir. C'est en 1848 que la citoyenneté est étendue à l'ensemble des hommes adultes. Il faudra attendre 1944 pour que les femmes obtiennent le droit de vote dont l'âge est abaissé à 18 ans en 1974.

- La citoyenneté politique ne se réduit pas au droit de vote : sont également reconnus le droit à l'éligibilité et l'exercice des libertés publiques. Dans leur acception la plus restreinte, ces libertés publiques sont de deux ordres : celles de la personne (liberté d'opinion, liberté de conscience, liberté religieuse) et celles de communication (liberté de réunion, de presse, d'information, etc.). Acquises pour la plupart au cours de la IIIe République, elles ont pour finalité de favoriser la participation des citoyens aux affaires publiques.

B Les entraves à l'exercice de la citoyenneté

- Dès le XIXe siècle, les inégalités de statut dans le domaine économique ont été considérées comme des obstacles à l'exercice de la citoyenneté. Le chômage qui signifiait alors la perte totale de tout revenu était, plus qu'aujourd'hui, un facteur d'exclusion sociale. Même ceux qui bénéficiaient d'un emploi avaient souvent un niveau de revenu et un temps de travail tels que la jouissance de leurs droits civiques restait très formelle. Pour la plupart, ces droits se limitaient à celui de voter.

- À ces handicaps économiques s'ajoutait celui de l'analphabétisme ou de l'illettrisme qui rendait difficile la confrontation des opinions des différents candidats et partis. Une participation active de la masse de la population à l'action politique était entravée par une maîtrise imparfaite du langage classique utilisé par les hommes politiques et par un manque de familiarité avec les concepts utilisés (nationalisme, libéralisme, socialisme, etc.).

2 La citoyenneté économique et sociale

A Les droits économiques et sociaux complètent des droits politiques

- Le droit au travail avait été évoqué en 1848 ; il est reconnu par le préambule de la Constitution de 1946. Sont également mentionnés le droit de grève et celui de se syndiquer qui deviennent partie prenante des libertés publiques. Avec la confirmation de la législation régissant les conventions collectives et les comités d'entreprise, la citoyenneté s'étend au domaine économique : les travailleurs peuvent participer indirectement à la détermination collective de leurs conditions de travail. Depuis la Constitution de 1946, un citoyen est un individu qui participe à la vie de la nation dans le domaine politique, mais également dans le domaine économique.
- À la même époque, la composante sociale de la citoyenneté s'est affirmée avec le développement de la protection sociale. Il est depuis lors admis que tout citoyen a le droit à des conditions de vie respectueuses de la dignité humaine. Ce droit s'est concrétisé par la mise en place d'un système d'assurances sociales, d'aides sociales spécifiques et d'une aide sociale plus générale sous la forme d'un revenu minimum. Cet État providence est l'expression d'un contrat de solidarité passé entre les citoyens au terme duquel chacun d'entre eux est, à un moment de sa vie, le débiteur des autres.

B La citoyenneté économique et sociale est partiellement remise en cause

- La crise débutée en 1973 a montré à quel point le droit au travail était fragile. Depuis cette date, la notion de « citoyenneté économique » a perdu beaucoup de sa consistance. Au sein des entreprises, les relais traditionnels de l'expression des salariés (syndicats, comités d'entreprise, etc.) ont perdu de leur activité, même si d'autres formes d'expression se sont parfois développées. La priorité est, aujourd'hui, donnée à la réduction des effectifs plutôt qu'à la participation des salariés aux décisions de l'entreprise.
- Parallèlement, la légitimité de l'État providence a été remise en cause par les économistes libéraux. Lui sont reprochés à la fois un manque d'efficacité pour lutter contre la pauvreté et un coût excessif pour les entreprises ou certains ménages. Pour toutes ces raisons, le système de protection sociale a été revu à la baisse dans tous les pays développés depuis le début des années 80. Dans les pays les plus marqués par la pensée libérale, l'idée même d'une citoyenneté sociale a été rejetée.

La citoyenneté a d'abord été envisagé d'un point de vue politique mais s'est révélée très formelle en raison des inégalités de statut. Avec la mise en place d'un État providence, elle s'est renforcée en s'étendant aux domaines économiques et sociaux. Cependant, la progression du chômage depuis 1973 est l'illustration de la fragilité des droits économiques et certains des droits sociaux sont, aujourd'hui, revus à la baisse. La citoyenneté politique ne sort pas non plus indemne et subit le déclin des valeurs de solidarité et le repli des individus sur leur sphère privée.

INDEX

■ *Les termes recensés dans cet index sont accompagnés du numéro de la fiche dans laquelle ils apparaissent.*

F

G

H

I

J

L

M

N

O

TABLE DES AUTEURS

Les noms recensés dans cette table sont accompagnés du numéro de la fiche dans laquelle ils apparaissent.